Kundenkommunikation bei Events

Sandra Müller

Kundenkommunikation bei Events

Interaktion planen
und erfolgreich umsetzen

Prof. Dr. Sandra Müller
Kommunikationsberatung simply ahead
München, Deutschland

ISBN 978-3-658-05029-0   ISBN 978-3-658-05030-6 (eBook)
DOI 10.1007/978-3-658-05030-6

Die Deutsche Nationalbibliothek verzeichnet diese Publikation in der Deutschen Nationalbibliografie; detaillierte bibliografische Daten sind im Internet über http://dnb.d-nb.de abrufbar.

Springer Gabler

Springer Gabler ist eine Marke von Springer DE. Springer DE ist Teil der Fachverlagsgruppe Springer Science+Business Media
www.springer-gabler.de

No man is an island (John Donne).

Vorwort:
Interaktive Zusammenarbeit

Dieses Buch leistet an dieser Schnittstelle zwischen Praxis und Wissenschaft einen wertvollen Beitrag. Denn wenn es darum geht, Methoden und Werkzeuge für die häufigsten Anwendungsfälle der Praxis zu erarbeiten, bleiben bislang auf beiden Seiten Wünsche offen: Hochschulen suchen in qualitativen wie quantitativen Forschungsdesigns weniger nach Einzelfalllösungen, um die es meist in der Praxis geht, als vielmehr nach standardisierbaren Mustern, deren Lösungen auf andere Fälle übertragbar sind. Andererseits passen die von den Hochschulen angebotenen Methoden und Werkzeuge aus der Sicht der Praktiker nur mit deutlichem Transferaufwand in deren spezifische Arbeitswelt.

So beschäftigt sich dieses Werk inhaltlich mit Kundenveranstaltungen und beleuchtet aktuelle Fragestellungen aus dem Blickwinkel der konzeptionellen Planung wie der praktischen Umsetzung. Der Aspekt „zwischenmenschliche Interaktion bei Events" steht bei der Analyse des Falls und bei den vorgestellten Lösungsstrategien im Mittelpunkt.

Methodisch bietet die Autorin fünf Praxisfälle als Referenzpunkte für die Reflexion. Die Fallbeispiele thematisieren Events aus unterschiedlichen Wirtschaftszweigen mit eigenständigen Formaten. So ist das Buch attraktiv für Kommunikationsexperten und Eventmanager unterschiedlicher Erfahrungstiefe.

Die Leserführung ist zeitgemäß und erlaubt es, den Titel sowohl als Nachschlagewerk als auch als Lesebuch zu nutzen. Der Leser entscheidet, zu welchem Zeitpunkt er sich mit Einzelaspekten beschäftigen möchte, dem „roten Faden" des Buches folgt oder sich mit den interpretierten Werkzeugen der Toolbox auseinandersetzt.

Unabhängig davon, wie intensiv Sie in die Bearbeitung einsteigen: Ich bin mir sicher, Sie behalten die geschilderten Fälle und die genutzten Werkzeuge in Ihrer Erinnerung. Die Autorin beschreibt ihre Protagonisten bildhaft und lebensnah. Bei der Lektüre regt sich unwillkürlich das Interesse für die nötigen Lösungsstrategien, um den Event zum Erfolg zu führen. Es gelingt der Autorin, Interaktion zwischen sich und den Lesern zu schaffen, weil sich an jedes Fallbeispiel ein Kapitel mit auf den Fall abgestimmten Arbeitsfragen, Praxistipps und Checklisten anschließt.

Die Verknüpfung der Werkzeuge mit der erzählten Eventgeschichte ist eng, um dem Leser den konkreten Nutzen wie auch die Grenzen der Wirksamkeit vorzustellen.

Dies passiert bewusst, denn die realistischen Fälle laden dazu ein, Analogien zur eigenen Berufserfahrung zu bilden. Das Buch bietet Ihnen an, Ihre Expertise mit der der Protagonisten im Fall zu vergleichen. So unterstützt es Sie beim Transfer zwischen Lektüre und Ihrem konkretem Arbeitsalltag.

In den realistischen Einschätzungen zeigt sich die Erfahrung der Autorin im Eventmanagement. Um Ihnen ein konkretes Fazit mit Handlungsoptionen anzubieten, schildert und beurteilt sie am Ende der Praxiskapitel die Schritte der Eventmanager. Dabei verliert sie die selbst aufgestellte Anforderung der angemessenen Interaktion beim Event – bitte aus der Sicht der Kunden, nicht des Eventmanagers – nie aus den Augen.

Die Praxisdiskussionen im Buch ermutigen Eventmanager, klare Qualitätsstandards festzulegen, nachzuhalten und die eigene Arbeit nach diesem Feedback auszurichten. Neben dem Feedback ihrer externen oder internen Auftraggeber und der Eventgäste sind sie als die Experten ebenfalls aufgerufen, eigene Qualitätsmaßstäbe für alle Prozessschritte in jedem Eventformat festzulegen. Sicher sind auch neue Messgrößen nötig, um Erfolg und Misserfolg noch besser zu beschreiben.

Sie merken an diesem Beispiel: Der Eventberuf stellt hohe Anforderungen – und nicht nur in der Evaluation der Events. Insgesamt ist ein sehr ausgewogenes und breit angelegtes Kompetenzprofil nötigt, um dauerhaft in diesem Beruf erfolgreich zu sein. Fachliche, methodische, soziale und persönliche Kompetenzen sind wichtig, um die Rahmenbedingungen zu verstehen und angemessen auf Problemstellungen zu reagieren. Auch hier unterstützt Sie das Buch. Es bereitet nicht nur Faktenwissen auf, sondern liefert auch Methoden für die verschiedenen Phasen der Eventplanung. Selbstverständlich sind auch Lernerfahrungen im Feld nötig, damit Eventmanager Handlungs- und Umsetzungskompetenzen sammeln oder weiterentwickeln.

Das Buch diskutiert die Konzeption wie die Eventdurchführung. Damit bildet es eine Klammer zwischen Praxisratgebern und Theoriewerken rund um Kundenbindung durch Events.

Prof. Dr. Florian Kainz
Geschäftsführer der Hochschule für angewandtes Management
Erding, im April 2014

Inhaltsverzeichnis

Abbildungsverzeichnis

Einleitung: Positive Erlebnisse bei Events

1

Es ist sicher keine Neuigkeit für Sie: Unternehmen möchten ihre Kunden dauerhaft an sich binden. Kommunikationsexperten haben für dieses Ziel verschiedene Methoden in ihrem Werkzeugkasten. Als Referenzpunkt für die Auswahl der für den Anwendungsfall passenden Vorgehensweise steht das Schlagwort „Erlebnismarketing durch Events" im Vordergrund. Ich möchte Sie dazu einladen, mit mir zusammen über Events nachzudenken. Ein erfolgreicher Kundenevent löst bei den Teilnehmern ein Erlebnis aus, das sie positiv erinnern und mit der Unternehmensmarke verbinden. Gelungene Interaktion ist für dieses Ziel ein wichtiger Erfolgsfaktor.

Die Möglichkeiten, mit Kunden ins Gespräch zu kommen und auch zu bleiben, sind in den letzten Jahren gestiegen. Neben klassischen Werbe- und Kommunikationsformen mit hohen Streuverlusten fallen Ihnen sicher die sozialen Medien ein. Sie sind eine wichtige Schnittstelle geworden, um die Begegnung zwischen Auftraggeber und Lieferant, Produzent und Konsument oder unter Geschäftspartnern zu gestalten. Trotzdem – oder gerade deshalb – konnte sich eine sehr konkrete Form des persönlichen Kundenkontakts behaupten: Events und Kundenkongresse haben aber nicht nur ihren Platz verteidigt. Sie sind für viele Unternehmen die wichtigste Ergänzung zur Kundenkommunikation durch konventionelle und elektronische Vertriebskanäle. Sie leisten einen entscheidenden Beitrag zur Beziehung mit den Kunden und damit auch zum Beziehungsmarketing.

Ein wichtiges Erfolgskriterium für Veranstaltungen in der Zeit von Social Media, Blogs und Onlineforen ist die Kommunikation auf Augenhöhe zwischen Gästen und Gastgebern. Die Ansprüche der Zielgruppen an Interaktion haben sich durch die breite Nutzung des Internets auch außerhalb der digitalen Welt unwiederbringlich geändert.

Die Gleichberechtigung zwischen Sender und Empfänger löste im Netz traditionelle, asymmetrische Kommunikationsmodelle bereits ab. Diese Erfahrungen verändern schrittweise auch die Angebote in Massenmedien. Denken Sie bitte an TV-Sendungen, die immer mehr Zuschauerbeteiligung und Rückkopplung der Inhalte mit dem Publikum anbieten, oder auch an die Interaktionsmöglichkeiten in sogar sehr seriösen Tageszeitungen.

S. Müller, *Kundenkommunikation bei Events*, DOI 10.1007/978-3-658-05030-6_1,
© Springer Fachmedien Wiesbaden 2014

So kommt es, dass sich auch die Ansprüche der Kongressteilnehmer an die Gesprächs-kultur in Real-Live-Events einem Wandel unterzogen haben, selbst wenn es sich nicht im-mer um aktive Internetnutzer handelt. Althergebrachte Dialog- oder Diskussionsformate verlieren ihren Reiz. Ein zeitgemäßes Kongresskonzept geht auf aktuelle Kommunikations-wünsche ein und integriert sie planvoll. Jetzt sind neue Eventformate gefragt, bei denen der Gast seine Expertise zu jedem Zeitpunkt in das Programm einbringen kann.

Das Buch leistet einen Beitrag zur Weiterentwicklung von Eventkonzepten und deren Umsetzung: Ich befasse mich mit der Kommunikation, die bei Kundenevents zwischen dem gastgebenden Unternehmen und den Teilnehmern stattfindet. Dazu konzentriere ich mich auf Erlebnisse durch zwischenmenschliche Interaktion. Hier gilt mein Interesse den Gästen und dem Gastgeber und/oder dem Kontakt zwischen den Gästen. Ich biete Ihnen meine Erfahrungen aus der Industrie, Beratung und Lehre an.

Drei Fragen stehen im Mittelpunkt meiner Überlegungen:

- Welche zwischenmenschlichen Erlebnisse bei Events – unabhängig von handwerklich machbaren Spezial- und Überraschungseffekten – lösen aktuell bei den Teilnehmern eine positive Resonanz aus?
- Wie plant man diese Erlebnisse bei Events?
- Wie setzt man sie souverän um?

Mein Ziel ist es, Ihnen, unabhängig von der Tiefe Ihrer bisherigen Berufserfahrung im Arbeitsfeld „Event und Kommunikation", praxistaugliche Handwerkszeuge vorzustel-len. Sie finden Anregungen, wie Sie interessante Begegnungen zwischen Menschen sowohl als eigenständigen Baustein Ihrer Eventidee als auch als roten Faden der gesamten Veran-staltung konzipieren und einsetzen. Das Buch bietet zur Veranschaulichung fünf Praxis-fälle, zahlreiche Arbeitsblätter und Checklisten. Sie intensivieren oder wiederholen Ihre Erkenntnisse zum Zeitpunkt Ihrer Wahl durch Reflexionsfragen.

Mein Material leitet Sie dabei an,

- interaktive Elemente passend zur Zielgruppe auszuwählen
- Interaktion als Teil des Gesamtkonzepts zu planen und
- Interaktionen erfolgreich beim Event umzusetzen.

Die angemessene Distanz- und Respektzone zwischen Gästen und Organisatoren ist mir ein großes Anliegen. Sicher kennen auch Sie Situationen mit Animateuren in Hotels oder gut gemeinten Interaktionsaufrufen bei Events à la „tschaka, tschaka", die bei den Zielgrup-pen das widerwillige Gefühl von „jetzt muss ich mitmachen, sonst finde ich keine Ruhe" auslöst. Solche Eindrücke möchte ich bei professionellen Events vermeiden. Dieser Gedan-ke ist meine selbst gezogene Leitlinie in der Veranstaltungspraxis, in der Lehre wie auch beim Schreiben dieses Buches.

Warum? Mein Ziel ist es, bei den Teilnehmern den Interaktionswunsch zu wecken. Ich möchte die Gäste zum Mitmachen motivieren und nicht emotional überfahren. Das beginnt beim interessierten Zuhören und reicht bis zu lebhaften Diskussionen in Workshops, beim gemeinsamen Kochen oder Eisstockschießen. Dazu stelle ich dem Leser verschiedene Handlungsoptionen vor und bewerte sie in Bezug auf das Fallbeispiel. Gelungene Interaktion verlangt Methodenwissen, eine solide Kenntnis über die bei der Zielgruppe akzeptierten Schritte und Fingerspitzengefühl für den Geschmack Ihrer Gäste. Ich biete Ihnen meine Erfahrungen aus Praxis und Theorie an. Das lässt Sie noch sensibler für die Kommunikationsbedürfnisse Ihrer Gäste werden – so können Sie Ihre bisherigen Schritte prüfen und auf Wunsch anpassen. Es ist mir zudem wichtig, den realistischen Ressourceneinsatz für die Projektplanung und Steuerung vor Ort im Auge zu behalten. Mein Buch verknüpft Gedanken der strategischen Eventkonzeption und -inszenierung mit den Erfolgsfaktoren für gutes Handwerk. Es ist ein Praxisbuch, das neben Umsetzungsunterstützung auch konkrete Anleitungen für die Erstellung, Beurteilung und Weiterentwicklung von Konzeptideen liefert. So schließt es eine Lücke zwischen konzeptioneller und praxisorientierter Eventliteratur.

Was sind positive Erlebnisse durch gelungene Interaktion bei Events? Eine eindeutige Antwort im Sinne einer vollständigen Liste muss ich Ihnen schuldig bleiben. Es gilt die Einschränkung „das kommt darauf an": auf Ihr Kommunikationsziel, Ihre Zielgruppe und die weiteren Rahmenbedingungen. Um Ihnen Anhaltspunkte für eigene Reflexionen anzubieten, biete ich Ihnen diese (unvollständige) Aufzählung an:

- **Eine Veranstaltungsagenda,** bei der die Anliegen der Gäste im Mittelpunkt stehen: von Themenauswahl über die Zeiteinteilung bis zur Dauer des Events.
- **Teilnehmerzentrierte Informationsvermittlung,** bei der die Gäste im Mittelpunkt stehen: Die Wort- und Bilderwelt der Gäste sind Ausgangs- und Endpunkt, nicht die Denk- und Sprachstrukturen der Gastgeber oder Referenten.
- **Eine Gesprächskultur auf Augenhöhe** mit ausgewogenen Gesprächsanteilen zwischen den Akteuren: Gespräch und Diskussion kommen aufgrund der gelungenen redaktionellen Vorbereitung schnell in Gang, ohne das bedrohliche Vorhalten eines Mikrofons mit der Aufforderung „jetzt sagen Sie doch mal was!".
- **Gemeinsame Aktionen und sinnvoll angelegte Pausen** (räumlich, zeitlich) geben Raum für Kontakte und Diskussionen: Die Gesprächspartner gehen ohne Barrieren aufeinander zu. Im direkten Diskurs verknüpft sich das Gehörte und Gesehene mit der konkreten, ganz persönlichen Erfahrungswelt der Eventgäste.
- **Die Teilnehmer gewinnen neben Einsichten echte Handlungsoptionen,** denn der Transfer aller Theorien von und auf Fallstudien und Beispiele steht im Mittelpunkt. So ist der Nutzen für die Teilnehmer greifbar, weil Chancen und Herausforderungen der Anwendung durchdacht und diskutiert werden.

Was ist gelungene zwischenmenschliche Interaktion in Zeiten von Web 2.0? Mein Buch identifiziert und reflektiert Erfolgsfaktoren in fünf Praxisfällen. Ich stelle Ihnen kritische Incidents vor, die den Erfolg oder Misserfolg im Fallbeispiel beeinflussen. Das Verhalten der Eventmanager steht im Mittelpunkt: Ich stelle Ihnen die Entscheidungen der Protagonisten vor und biete Reflexionsmethoden an, damit Sie Ihre Einschätzung zum Fall entwickeln. Die Daten stammen aus strukturierten Beobachtungen in meiner Rolle als Eventmanagerin, systematischen Beobachtungen bei Events anderer Veranstalter, Interviews mit Eventexperten sowie Eventgästen – und nicht zuletzt aus zahlreichen Diskussionen mit meinen Studierenden. In meinem Buch schlage ich diese Handlungsfelder vor:

- **Zielgruppenorientierte Programme** mit realistischer Zeitplanung: Das Programm muss echte Berührungspunkte mit dem Anliegen der Gäste haben (Unterhaltungs-, Informations- oder Diskussionswunsch in verschiedenen Ausprägungen). Auch hochwertige Show-Elemente dürfen nicht nur mechanisch abgespult werden, sondern profizieren von der redaktionellen Einbettung in das Gesamtkonzept.
- **Kontinuierliche Feedbackschleifen** mit den Teilnehmern und wichtigen Stakeholdern: Im Idealfall ist dies entlang des gesamten Lebenszyklus Ihres Events möglich – während der Planung und nach der Durchführung: als strukturierte Evaluation oder als aussagekräftige Stichprobe beispielsweise mit Interviews, um die Kommunikationswirkung der Bausteine oder der ganzen Veranstaltung zu prüfen.
- **Integrierte Interaktionselemente**, die sich gegenseitig (oder einseitig) in Bezug auf das Kommunikationsziel unterstützen.
- **Handwerklich gelungene Umsetzung der Maßnahmen**, um die gewählten Interaktionsgelegenheiten glaubwürdig und auf natürliche Weise anzubieten.
- **Information und Diskussion auf Augenhöhe**, die den Gästen einen greifbaren Nutzen durch den Event liefern.

Ich wünsche Ihnen viel Freude beim Lesen und Durcharbeiten. Ihre Erfahrungen und Eindrücke zu meinem Buch interessieren mich sehr. Ihr Feedback unter mueller@simply-ahead.com ist deshalb jederzeit herzlich willkommen.

Prof. Dr. Sandra Müller
Hochschule für angewandtes Management
München, im April 2014

Start in die Lektüre

2

2.1 Wie Sie das Buch für Ihren täglichen Erfolg nutzen

Mein Buch wendet sich an Eventmanager – vom Junior bis zum erfahrenen Kommunikationsprofi mit Gesamtverantwortung für Marketing oder Kommunikation. Es bietet didaktisch aufbereitetes Material, wenn Sie konkrete Auskunft zu spezifischen Themen suchen. Ich unterstütze Sie mit Arbeitsblättern und Checklisten: vor, während und nach einem Kundenevent. Lesen Sie unten, wann Sie das Buch besonders anspricht:

Sie bereiten sich auf unterschiedliche Aufgaben in Events vor Sie haben erste Erfahrungen im Eventmanagement gesammelt. Die Aufgaben haben Ihnen Freude gemacht. Ihre theoretischen und praktischen Vorkenntnisse betrachten Sie als gute Grundlage. Sie möchten diese Kompetenzen veredeln, um sich in der Branche als Eventmanager zu etablieren.

- Ihnen ist aufgefallen, dass ein erfolgreiches Event in idealer Weise auf die Erwartungen der Zielgruppe eingeht. Neben dem Budget steht Kundenorientierung im Mittelpunkt – nicht nur die Machbarkeit. Sie möchten Methoden kennenlernen, um mehr über Ihre Zielgruppen zu erfahren und sie noch zutreffender einzuschätzen.
- Bei Events bilden Experten mit unterschiedlichen Ausbildungen und Berufserfahrungen interdisziplinäre Teams und arbeiten unter hohem Zeitdruck miteinander. Mein Buch möchte es noch einfacher für Sie machen, Ihre persönlichen Chancen im Eventmarketing zu erkennen. Ihr Verständnis für die Anforderungen steigt. Es gelingt Ihnen noch besser, Ihre Stärken geschickt zu platzieren und Ihre Kunden oder Führungskräfte mit zielgruppenorientierten Initiativen positiv zu überraschen.

Sie arbeiten aktuell an einem Kundenevent Ihnen sind in der Planung oder Umsetzung von Events vielleicht Störungen aufgefallen, deshalb suchen Sie nach gezielten Informationen. Sie möchten Ihr Wissen über das Eventmarketing auffrischen oder abrunden – und

S. Müller, *Kundenkommunikation bei Events*, DOI 10.1007/978-3-658-05030-6_2,
© Springer Fachmedien Wiesbaden 2014

Ihre Kenntnisse über die Auswahl und den Einsatz der passenden Interaktionswerkzeuge erweitern.

- Sie lernen durch die fünf Praxisfälle, mit welchen Herausforderungen Sie bei der Umsetzung von Events rechnen sollten. Mit geschärftem Blick gelingt es Ihnen noch besser, den aktuellen Status einzuschätzen.
- Sie lernen durch die Lektüre weitere Handlungsoptionen kennen. Sie werden schrittweise angeleitet, Ihr Verhaltensrepertoire zu überdenken und sich auf künftige Aufgaben vorzubereiten. Meine Systematik unterstützt Sie mit Reflexionen dabei, Ihren Standpunkt im Fallbeispiel zu erkennen, das Gesamtziel in den Fokus zu nehmen und die richtigen Schritte zu gehen.
- Ich gehe ausführlich auf häufige Themenstellungen und deren Lösungen ein. Fragenkataloge zur Klärung der Ausgangssituation, praxisbezogene Fachinformationen und Zusammenfassungen am Ende jedes Kapitels helfen Ihnen dabei, die Inhalte zu verankern und in Ihr Alltagswissen zu übertragen.
- Der Vergleich zwischen Ihren Lösungen und den Lernkontrollen gibt Ihnen Sicherheit auf diesem Weg.

Sie möchten Ihre breiten Erfahrungen im Eventmanagement reflektieren Sie haben als Eventmanager in verschiedenen Rollen erfolgreich Verantwortung übernommen. Die wichtigen Methoden sind Ihnen vertraut. Sie kommen bei einem Event mit Konzeptionsaufgaben und der Praxis vor Ort gut zurecht.

- Jetzt möchten Sie Ihr Wissen aus einer neuen Perspektive betrachten und mit Abstand vom Tagesgeschäft reflektieren. Ein Blick auf zeitgemäße Systematiken und Werkzeuge erscheint Ihnen sinnvoll, um Ihre langjährige Berufserfahrung auf den Prüfstand zu stellen.
- Es ist Ihnen wichtig, Ihre Fähigkeiten im Eventmanagement auszubauen und auf aktuelle Veränderungen in den Erwartungen Ihrer Zielgruppen kompetent zu reagieren. Mit meinem Buch schärfen Sie Ihre breiten Kenntnisse. Sie bringen Ihr Wissen und Ihr Argumentationsvermögen auf den Punkt. So können Sie als Führungskraft schneller überzeugen und Nachwuchseventmanager noch besser steuern.
- Meine Fallbeispiele sind speziell für Praktiker aufbereitet. Sie runden Ihr Verständnis zu den Herausforderungen und Interaktionselementen ab – und aktivieren Ihr momentan brachliegendes Fachwissen, das Sie nicht jeden Tag einsetzen. Zudem ist der Blick auf einzelne Fragestellungen möglich, die Ihnen aktuell besonders am Herzen liegen.

Der Aufbau in drei Kapitel Das Buch ist in drei Teile untergliedert. Abbildung 2.1 zeigt Ihnen den Aufbau und Inhalt als Grafik. Das erleichtert Ihnen das schrittweise Lesen und Durcharbeiten.

- Sie beginnen damit, Ihr Interaktionsprofil zu reflektieren. So erfahren Sie mehr darüber, welcher Interaktionstyp Sie sind. Sie wissen nach dem Test noch besser, worauf Sie ach-

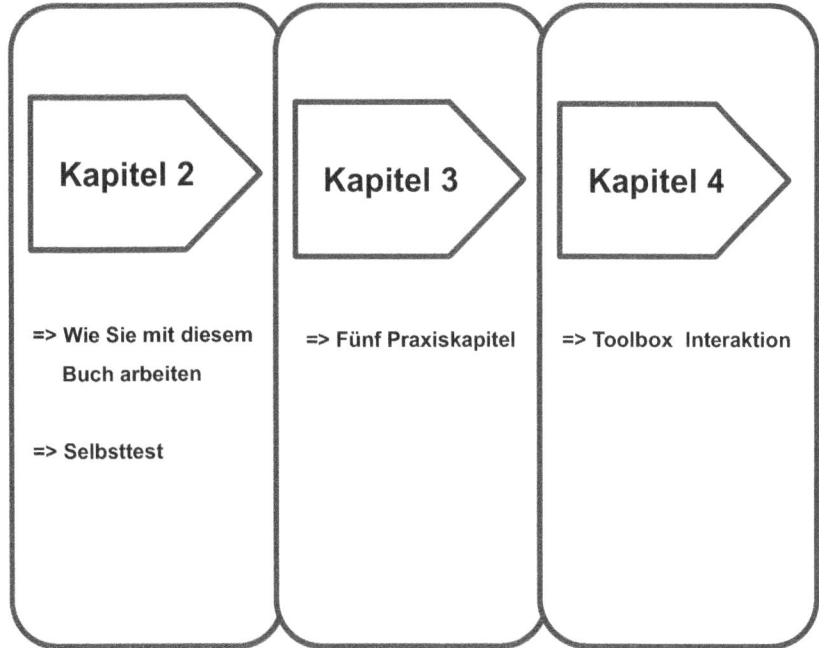

Abb. 2.1 Übersicht über den Aufbau und die Inhalte im Buch

ten müssen, um nicht versehentlich Ihre Vorlieben beim Event umzusetzen, sondern die Zielgruppe immer im Fokus zu behalten.

- Anschließend begleiten Sie Eventmanager in fünf Praxisfällen dabei, wie sie die bestehenden Eventformate unter dem Aspekt „Interaktion" prüfen und ganz oder teilweise neu konzipieren. Sie lesen, wie diese weiblichen und männlichen Eventmanager ihre Herausforderungen im Eventalltag von der Idee bis zur erfolgreichen Umsetzung lösen.
- Im letzten Teil des Buches finden Sie die kommentierte Zusammenfassung aller vorgestellten Arbeitsmethoden und Instrumente. Mit dieser kommentierten Sammlung reflektieren Sie die Vor- und Nachteile der Werkzeuge. Sie lernen, die Methoden auf Ihren Anwendungsfall anzupassen. So stellen Sie sich einen persönlichen Methodenkoffer für das Management Ihrer Events zusammen.

Sie möchten sich trotz Zeit- und Entscheidungsdruck informieren? Sehr gerne komme ich auch Schnell- und Querlesern entgegen: Sie finden unten Orientierungspunkte, um sich auch gezielt zu einem Anliegen zu informieren:

- Übersicht zum Aufbau und den Inhalten im Buch
- Leseanleitung, wie Sie mit den Kap. 1, 2 und 3 erfolgreich arbeiten
- Inhaltsangabe der Praxisfälle, um gezielt zu lesen oder ausgewählte Themen zu rekapitulieren

Abb. 2.2 Eventformate der
Praxiskapitel

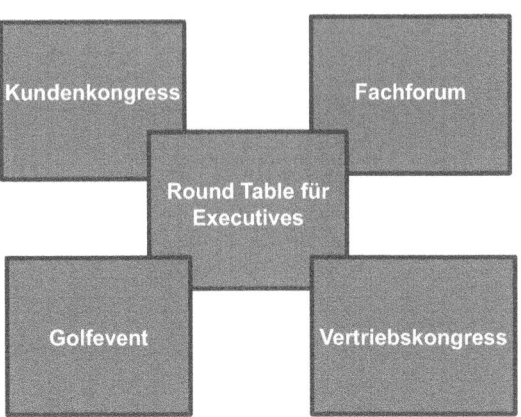

Wie Sie mit Kap. 2 arbeiten Zu Beginn lade ich Sie ein, einen kurzen Selbsttest zu machen. Er gibt Ihnen Anregungen, wie Ihr Interaktionsprofil aktuell ist. Bitte entscheiden Sie sich bei jeder Frage für nur eine Antwort. Die Punkteverteilung und die Einschätzung Ihres Ergebnisses finden Sie anschließend. Die Antwort ist ein kurzes Feedback, das Sie sehr gerne sorgfältig und kritisch prüfen. Sehen Sie es als erste Grundlage, um mehr über Ihre Stärken in und mit Interaktion zu erfahren. Bitte bedenken Sie, dass der Test nicht Ihre Persönlichkeit charakterisieren will.

Wie Sie mit Kap. 3 arbeiten Fünf Praxiskapitel sind das Herzstück des Buches. Sie schildern jeweils einen Event. Dabei unterteilen sie sich in einen Praxisfall und situationsangemessene Interaktionselemente. Es handelt sich bei einigen Events um internationale Veranstaltungen, deshalb biete ich Ihnen ausgewählte Werkzeuge als Original in englischer Sprache an. Das ist allerdings die Ausnahme: Die Mehrheit der Arbeitsinstrumente steht Ihnen in deutscher Sprache zur Verfügung.
　Diese Eventformate stelle ich Ihnen in den Praxiskapiteln vor. Sie finden Sie in Abb. 2.2 auch in grafischer Darstellung.

- Internationaler Kundenkongress für Unternehmensleiter
- Fachforum mit einer Lounge für den Ehrengast
- Executive Round Table für Abteilungs- und Bereichsleiter
- Golfevent für den Partnervertrieb ohne Produktinformationen
- Als Exkurs in die Welt der Mitarbeiterveranstaltungen: Vertriebskongress für fünfhundert Teilnehmer aus siebzehn Nationen

Die Praxiskapitel bearbeiten Sie in fünf Schritten

1. Der erste Schritt stellt Ihnen eine fallbezogene Klärungssystematik vor, die Sie wie ein roter Faden dabei unterstützt, alle Herausforderungen des Eventmanagers im Praxisfall zu erfassen und gemeinsam mit ihr oder ihm zu analysieren.

Abb. 2.3 Aufbau der Praxiskapitel

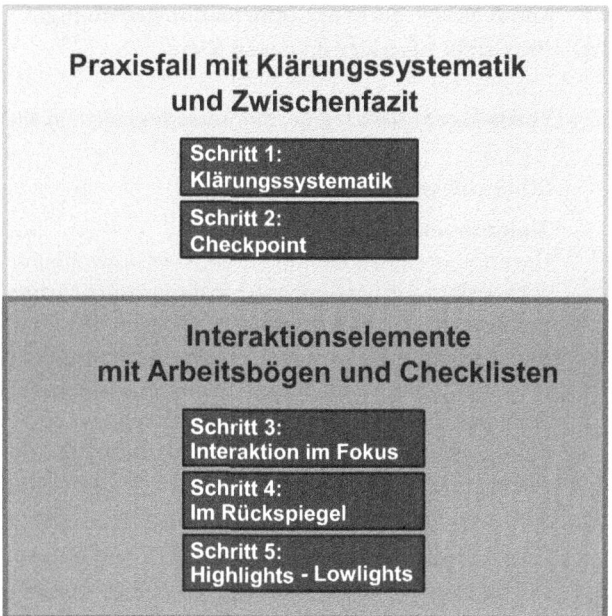

2. Im zweiten Schritt reflektieren Sie Ihre Einschätzung zum Praxisfall. Ihre Notizen können Sie in der Rubrik „Feedback" mit meinen Vorschlägen vergleichen.
3. Im dritten Schritt stehen die Lösungsschritte des Eventmanagers im Mittelpunkt. Sie
   lernen Arbeitsbögen und Checklisten kennen. Einige Praxisfälle bieten auch Praxistipps, mit denen der Protagonist im Fall gearbeitet hat.
4. Der vierte Schritt erzählt das Fallbeispiel zu Ende: Sie erfahren, wie sich der Eventmanager im Fallbeispiel verhalten hat, um die Herausforderungen bis zur erfolgreichen
   Abwicklung des Events zu meistern.
5. Im fünften Schritt bespreche ich in der Rubrik „Highlights and Lowlights" die gelungenen und weniger gelungenen Schritte im Eventmanagement. Am Ende des Kapitels sind
   Sie eingeladen, Ihre Lernfortschritte zusammenzufassen und Ihre Eindrücke rund um
   den Praxisfall zu dokumentieren. Die Abb. 2.3 zeigt Ihnen den Aufbau als Übersicht.

Inhalte der Praxisfälle in Kap. 3   Um auch in Lesesituationen mit Zeitdruck „Ihren richtigen Fall" nachzuschlagen, finden Sie hier eine Vorschau auf die Inhalte der Praxisfälle:

- das Fokusthema des Praxisfalls
- die Schlüsselbegriffe, die ich – nicht wissenschaftlich umfassend – fallspezifisch erkläre
- die Systematik zur Reflexion und Klärung der Anforderungen an den Event
- die Interaktionselemente im Event und welche Werkzeuge genutzt werden

3.1 Kundenkongress in der Informationstechnologie
3.1.1 Praxisfall: Klassiker im neuen Kleid

▶ **Fokusthema** Mehrtägige Kongresse sind nicht in allen Branchen zeitgemäß

▶ **Schlüsselbegriffe**

Zielgruppenorientierung
Um erfolgreich zu kommunizieren, ist es sinnvoll, eine Vorstellung von Ihren Gesprächspartnern vor Augen zu haben. Im persönlichen Gespräch ist das der Fall – und schon hier ist es nicht einfach, ein für beide Seiten zufriedenstellendes Kommunikationsergebnis zu erzielen. Wenn es um die erfolgreiche Vermarktung ihrer Veranstaltung geht, nutzen Experten das Konzept der „Zielgruppe", um die Vorlieben dieser Personen zu identifizieren und zu beschreiben. Nur dann können Sie einen klaren Nutzen für Ihre Gäste schaffen, den Sie in ein Konzept „übersetzen" und für die Vermarktung werblich formulieren. In diesem Sinne arbeite ich in diesem Buch mit dem Ausdruck „Zielgruppenorientierung".

Geschäftsstrategie und abgeleitetes Eventkonzept
Events gehören zum Instrumentarium des Marketings. Der Nutzen von Marketing für das Unternehmen steigt, wenn sowohl der Marketingplan als auch die einzelnen Maßnahmen die Unternehmensstrategie widerspiegeln. Im Praxisfall nutze ich diese Konzepte, um die Prüfung des Eventkonzepts auf der Arbeitsebene zu unterstützen. Die Zielgruppe des Events und das Format passen nicht mehr zur Unternehmensstrategie. So erklärt es sich auch, dass die potenziellen Teilnehmer (also die Geschäftspartner des Unternehmens), sich nicht mehr vom Programm angesprochen fühlen.

Zielgruppensystematik

a) Zielgruppe festlegen und/oder prüfen
b) Anforderungen der Zielgruppe erfassen
c) Übersetzen der Kundenanforderungen in das Eventprogramm

Interaktion im Fokus: Small is beautiful Mit diesem Werkzeug gelingt es Ihnen, die Erwartungen Ihrer Gäste zu erkennen und pragmatisch zu dokumentieren. Die Verknüpfung zwischen dem Kommunikationsziel Ihres Unternehmens/Auftraggebers und den Wünschen der Zielgruppe fällt Ihnen dadurch leichter.

• Werkzeug „Emotionale Bedürfnisse der Gäste" mit drei Arbeitsbögen
• Werkzeug „Abgeleitete Maßnahmen"

3.2 Fachforum für Projektmanager im Anlagenbau
3.2.1 Praxisfall: Schnell von null auf hundert

▸   **Fokusthema** Qualität anstatt Quantität

▸   **Schlüsselbegriffe**

Redaktionskonzept

Der Begriff Redaktionskonzept bezeichnet im Fall den roten Faden des Programms: die inhaltlichen Fragestellungen und die idealen Antworten. Es ist die Grundlage für die Auswahl der Redner und den Ablaufplan. Die Arbeitsweise im Praxisfall soll eine Anregung sein. Im Praxisfall legt der leitende Eventmanager Paul Schneider Wert darauf, die Inhalte der Veranstaltung gemeinsam mit seinem Team zusammenzustellen. Sein Ziel ist es, sich als kompetenter Impulsgeber seinen Partnern vorzustellen, anstatt als „nur" ausführender Umsetzer tätig zu werden. Viele Eventmanager verstehen sich als eine Mischung aus kreativen Aktionskünstlern und Organisatoren. Nur wenige von ihnen steigern ihren Marktwert durch redaktionelle Kompetenzen (Recherche, Konzepterstellung, Formulierung strategischer Botschaften, Wettbewerbsvergleich etc.). Die Vorgehensweise des Eventteams stellt vor, wie Sie mit Redaktionskonzepten Ihre Reputation bei internen oder externen Kunden ausbauen können.

Balance zwischen Senden und Empfangen

Sender- und Empfänger-Modelle sind hilfreich, um die abstrakten Prozesse in der menschlichen Kommunikation zu erklären und zu beschreiben. Im Praxisfall verdeutliche ich damit das Anliegen des Eventmanagers, die Gäste nicht mit Vorträgen oder anderen Elementen zu überfluten. Der Veranstalter möchte – wie in einer angenehmen Unterhaltung – allen Gesprächsteilnehmern (hier Eventorganisatoren und den Teilnehmern) die gleiche Chance geben, den Event mitzugestalten. Der Begriff der „Balance" spielt auf das Kräfteverhältnis zwischen Gastgeber „Schlüsselfertig" und dem Gast an. Der gewählte Ausdruck schlägt indirekt vor, einen Event zu konzipieren, der den Gästen durchgängig eine aktive Rolle zuschreibt.

Eisbrecher

Eisbrecher sind im wörtlichen Sinne Schiffe, die auf gefrorenen Gewässern Fahrtrinnen freibrechen. Sicher haben Sie den Begriff schon häufig im Zusammenhang mit Events oder Trainings gehört, um die anfängliche – normale – Zurückhaltung der Gäste aufzulösen. Im Praxisfall beschreibt der Begriff in der „Katalysatorensystematik" die Aufgabe, die heterogene Gruppe der Gäste (Nachwuchsprojektleiter und langjährige Experten) schnell miteinander ins Gespräch zu bringen. Der Eventmanager zeigt im Praxisfall, dass die gute Atmosphäre beim Fachforum durch seine geplanten Eisbecher-Maßnahmen erzielt wird und wesentlich zum Gesamterfolg beiträgt.

Katalysatorensystematik

a) Themenfinder
b) Vorbereitungsmotor
c) Einstiegsmonitor

Interaktion im Fokus: Große Bühne für einen Gast Meinungsaustausch im Plenum in einem Lounge-Format

- Werkzeug „Interview mit dem Abendgast"
- Werkzeug „Vortrag des Abendgastes"
- Werkzeug „Diskussion in zwei Phasen"
- Werkzeug „Tischgastgeber an jedem Gästetisch"
- Praxistipp „Raumkonzept ohne Kanzel"

3.3   Round Table für Einkaufsleiter
3.3.1 Praxisfall: Attraktiv für Hochkaräter

▷   **Fokusthema** Praxisnutzen hinterfragen

▷   **Schlüsselbegriffe**
Geschäftsbezug
Es ist Ihr Anliegen, die nötige Aufmerksamkeit zu erregen, um viel beschäftigte Entscheider zur Teilnahme am Event zu bewegen. Bei Informations- und Diskussionsformaten ist es besonders anspruchsvoll, weil Sie die neusten Informationen in Bezug zu den aktuellen beruflichen Interessen Ihrer Gäste setzen müssen. Der Begriff „Geschäftsbezug" beschreibt im Fall alle Aspekte der Arbeitswelt der Einkaufsleiter. Ich bezeichne damit alle Kenntnisse, Fähigkeiten und Erfahrungen, die die Einkaufsleiter benötigen, um die Entscheidungen in ihrem Verantwortungsbereich zu treffen. Branchentrends oder strategische Entwicklungen sind hier natürlich nicht ausgeschlossen, stehen aber nicht im Mittelpunkt.

Mehrwert im Tagesgeschäft
Der Event im Praxisfall möchte den Teilnehmern einen höheren Transfernutzen für die täglichen Aufgaben anbieten. Den Begriff „Mehrwert" habe ich für die Zielgruppe „Einkaufsleiter" bewusst operativ gefasst: Es geht um aktuelle Fragen, weniger um die Themen von morgen und übermorgen. Es werden konkrete Fragestellungen diskutiert. Im Mittelpunkt stehen authentische Erfahrungsberichte, die in der Umsetzung von Strategien oder Konzepten gesammelt wurden.

World Café
Es handelt sich um eine etablierte Methode, um Menschen miteinander ins Gespräch zu bringen. Im Praxisfall wird die klassische Vorgehensweise leicht abgewandelt: Frau Meineckes Team arbeitet in einem Raum mit mehreren runden Tischen. Jedem Tisch ist ein Thema zugeteilt. Dort machen die Kollegen ein Brainstorming, um dann nach einigen Minuten an den nächsten Tisch zu wechseln. Da die Gruppe sich kennt und die Aufgabe gut versteht, sind an den Tischen keine Kollegen in der Rolle der Gastgeber eingesetzt, um die Gespräche zu moderieren. Zielsetzung ist in diesem Fall, möglichst viele gute und neue Ideen zu sammeln.

Down-to-Earth-Systematik

a) Bodenhafter
b) Flügelverleiher
c) Zusammenbinder

Interaktion im Fokus: Kochrezepte für Erfolg

- Skalierungen „Bodenhafter"
- Brainstorming mit dem World Café als Beschreibung

Interaktion durch einen gezielten Ablauf

- Grafik und Beschreibung Dreisprung Interview-Vortrag-Diskussion
- Arbeitsblatt „Interaktionsplan zweidimensional"

Interaktion durch ausgewählte Bausteine

- Werkzeug „Gemeinsames Kochen als Teamerlebnis" mit Arbeitsfragen
- Werkzeug „Dinner ohne Tischordnung" mit Arbeitsfragen
- Werkzeug „Absacker zum Ausklang" mit Arbeitsfragen

3.4   Golfevent im Partnervertrieb
3.4.1 Praxisfall: Konsequenter Spaß

▹   **Fokusthema** Markenbotschaften teilnehmerorientiert senden

▹   **Schlüsselbegriffe**
   Markenführung
   Im Praxisfall arbeite ich mit dem Begriff in Bezug auf Markenmanagement. Die
   Eventmanagerin zieht die Definitionen und Nutzenbeschreibungen der Unternehmensmarke als Grundlage für ihre Planung heran. Sie nutzt sie wie einen
   Kompass, um ihre Konzeptideen daran auszurichten. Diese „Übersetzungsleis-
   tung" von abstrakter Beschreibung zu realen, erlebbaren Eigenschaften der Unternehmensmarke beim Event ist aus meiner Sicht eine der Kernkompetenzen
   eines Eventexperten.

   Bindung
   Die gute Zusammenarbeit mit dem Partnervertrieb steht im Praxisfall im Mittelpunkt der Eventkonzeption und -durchführung. Den Begriff der „Bindung"
   entlehne ich aus dem Kontext der „Mitarbeiterbindung", obwohl es sich im Partnervertrieb um ein freies Geschäftsverhältnis handelt. Durch die hohe Bedeutung der Partner ist die Situation vergleichbar mit den Bemühungen um Schlüs-
   selfunktionen im Unternehmen. Fluktuationskosten sollen vermieden werden

und das Ziel des Events ist es, die gute Zusammenarbeit zu fördern. Die positive Imagewahrnehmung des Unternehmens bei den Partnern soll gestärkt – und damit die emotionale Bindung zwischen Gästen und Gastgebern erhöht werden.

Markenführungssystematik

a) Markenbeschreiber mit Unternehmenssteckbrief
b) Markenwahrnehmer mit Interviewleitfaden

Interaktion im Fokus: Imagegewinn ohne Produktinformationen

- Reflexionsbogen „Spaßmacher"
- Praxistipp „Haben unterschiedliche Menschen Spaß an gleichen Dingen?"

3.5   Seitenblick: Sales Summit für Teilnehmer aus siebzehn Nationen
3.5.1 Praxisfall: Harte Arbeit und Dolce Vita

▸   **Fokusthema** Events als Motivatoren – und die Grenzen

▸   **Schlüsselbegriffe**

Motivation
Die Anforderung an den Vertriebskongress ist es, im Programm Handlungsanreize zu schaffen. Der Event muss einen Betrag zu den Unternehmenszielen bzw. den Verkaufszielen leisten. Dazu muss die Handlungsbereitschaft des internationalen Vertriebs gefördert werden: Die Kollegen sollen sich mit dem anspruchsvollen Themenkatalog auseinandersetzen und die Ideen in ihren hektischen Alltag integrieren. Die Eventmanagerin im Praxisfall setzt auf eine Mischung aus leistungs- und spaßorientierten Elementen. Sie will die Motivation bestmöglich fördern und gleichzeitig die Energie- und Stimmungskurve während der drei Kongresstage bei den Teilnehmern und im Eventteam hoch halten.

Interkulturelle Kommunikation
Die Eventmanagerin nutzt Forschungsergebnisse der „Interkulturellen Kommunikation", die Kulturen durch sogenannte Kulturstandards seriöse Charakteristika zuordnet. Einzelne Kulturen erhalten ein – natürlich stark vereinfachtes – Profil und sind leichter vergleichbar. Das ist im Fall wichtig, um bei Teilnehmern aus siebzehn Nationen auf die unterschiedlichen Erwartungen an einen Vertriebskongress einzugehen. Die Eventmanagerin nutzt das Konzept, um alle im Team zu sensibilisieren und an einigen Programmpunkten für erhöhte Aufmerksamkeit und Flexibilität zu sorgen. Die Begriffe Nation, Landeskultur und Kultur werden zur Vereinfachung im Kapitel synonym eingesetzt und nicht weiter differenziert.

Fokussierungssystematik

a) Haupt- und Nebenziele des Events erkennen
b) Kern- und Randbeiträge identifizieren
c) Ideale Mischung festlegen

Interaktion im Fokus: Motivation durch Struktur Arbeitsintensivierer mit Spaßcharakter

- Werkzeug „Management Attention für mehr Ernsthaftigkeit"
- Werkzeug „Working Dinner für Zusammenhalt auf der Arbeitsebene"
- Werkzeug „Qualifiziertes Feedback und Beratung"
- Werkzeug „Wettbewerb mit Awards als Bühne für Erfolgreiche"

Spaßmacher mit Leistungsanreizen

- Werkzeug „Professionelle Moderation, die für kurzweilige Orientierung sorgt"
- Werkzeug „Strukturiert angeleitetes Trainerteam"
- Werkzeug „Wettbewerbsgedanke"
- Werkzeug „Ernsthafte Feedbackrunden"

Wie Sie mit Kap. 4 arbeiten Das Kap. 4 fasst alle Werkzeuge und Methoden zusammen, die die Eventmanagerinnen und Eventmanager in den Praxiskapiteln einsetzen.

Das Kapitel unterstützt Sie als kompaktes Nachschlagewerk. Die Zusammenfassung enthält eine reflektierte Beschreibung und die Einschätzung, in welchen Situationen Sie mit dem Vorgehen erfolgreich sind. Ich bespreche die Werkzeuge, um Ihren Blick für die Anwendungsmöglichkeiten zu schärfen: Sie gewinnen Klarheit darüber, warum das Vorgehen im Praxisfall empfehlenswert war. Dieses Hintergrundwissen erleichtert es Ihnen, die Methoden an die Anforderungen bei verschiedenen Events anzupassen, sie unkompliziert zu nutzen und damit flexibel auf Ihre Zielgruppe einzugehen.

2.2 Selbsttest: Mein Interaktionsprofil

Jetzt haben Sie die Gelegenheit, einen Selbsttest zu machen. Sie erhalten durch das Feedback Anregungen zu Ihrem aktuellen Interaktionsprofil. Das ist hilfreich, um – bevor Sie mit dem Buch weiterarbeiten – noch besser zu verstehen, ob Sie eine Affinität für bestimmte Zielgruppen oder Methoden haben. Diese Klarheit unterstützt Sie in der Auswahl der idealen Methoden für jede Zielgruppe.

Bitte entscheiden Sie sich bei jeder Frage für nur eine Antwort. Die Punkteverteilung und die Einschätzung Ihres Ergebnisses finden Sie anschließend.

1. **Wie verbringen Sie am liebsten Ihre Zeit?**

   a) Alleine ist mir schnell langweilig – zusammen mit anderen habe ich einfach mehr Spaß am Leben. Wir quatschen und lachen die ganze Zeit.

   b) Ich mag beides: Festivals voller Menschen, wo man Wildfremde plötzlich wie Freunde behandelt, und einsame Naturerlebnisse. Das hängt von meiner Stimmung ab.

   c) Wenn ich in der Gesellschaft meiner Freunde bin, blühe ich auf. Fühle ich mich aber mit Menschen nicht wohl, konzentriere ich mich lieber auf mich.

   d) Ich mag es ruhig, weil ich einen anstrengenden Job habe. Erholung in der Natur ohne viele Menschen oder Lärm passt gut zu mir.

   e) Das hängt von meiner Zielsetzung ab: Einen Ausflug mit dem Mountainbike mache ich lieber mit meinen besten Freunden. Auf Konzerten oder anderen Veranstaltungen möchte ich neue Kontakte knüpfen, sonst kann ich zu Hause bleiben.

2. **Welche Aktivitäten mit anderen Menschen gefallen Ihnen bei Events am besten?**

   a) Es gefällt mir, auf fremde Menschen zuzugehen und ein Gespräch anzufangen. Solche Treffen inspirieren mich. Berührungsängste kenne ich nicht.

   b) Ich taue langsam auf. Spontan fällt es mir nicht leicht, mit Unbekannten warm zu werden. Eine Stunde später, nach etwas Beobachtungszeit, werde ich lockerer.

   c) Für mich ist es schwer, auf Menschen zuzugehen, die ich nicht kenne. Das finde ich anstrengend.

   d) Ich bin leider sehr schüchtern. Lockeres Plaudern mit alten und neuen Bekannten bewundere ich bei anderen sehr. Ich arbeite noch daran.

   e) Mit etwas Unterstützung durch gemeinsame Bekannte werde ich zwar nicht direkt zum Partylöwen. Andere nehmen mich jedoch als sympathisch und offen wahr.

3. **Wie reagieren Sie auf Veranstaltungstrends oder gesellschaftliche Veränderungen, die Ihre Zielgruppe betreffen?**

   a) Ein guter Event funktioniert immer nach den gleichen Regeln. Warum sollte ich über Dinge nachdenken, die mich nicht betreffen?

   b) Ich lese viel über die neuesten Entwicklungen im Eventbereich. Eine Möglichkeit, diese Ideen umzusetzen, finde ich allerdings so gut wie nie. Ich weiß einfach nicht, wie ich das genau machen soll.

   c) Natürlich recherchiere ich alle Trends und Informationen rund um meine Zielgruppen. Events sind meine Leidenschaft, da will ich einfach alles wissen.

   d) Ich versuche, möglichst alles über meine Zielgruppen mitzukriegen. Ich erwarte nicht, dass ich immer alle Informationen sofort nutze. Mein Hintergrundwissen hat sich allerdings schon bei vielen Events ausgezahlt.

4. **Gehen Sie Risiken ein, um ein – aus Ihrer Sicht – eindrucksvolles Erlebnis für Ihre Zielgruppe anzubieten?**

   a) Ich bin nicht unerfahren: Ich weiß, wie ich einen Event meistere. Wichtig sind mir aktuelle Informationen zu meinen Gästen. Dann kann aus meiner Sicht nichts schiefgehen und ich probiere gerne neue Konzepte aus.

   b) Ich habe Spaß daran, mich selbst herauszufordern. Unsicher fühle ich mich dabei nicht. Wenn mich eine Idee überzeugt, greife ich zu.

c) Ich mache mir viele Sorgen, ob ein Event wirklich klappt. So habe ich schon die eine oder andere gute Idee lieber in die Schublade gesteckt, anstatt sie umzusetzen.

d) Ich traue mir keine Experimente mit der Zielgruppe zu. Mir kommt dann sofort der Spruch „Schuster bleib bei Deinen Leisten" in den Sinn. So nutze ich bevorzugt konventionelle Formate und vermeide viel Interaktion.

e) Wenn ich mich gut über die Wünsche der Zielgruppe informiert fühle, habe ich keine Probleme, neue Wege zu gehen. Das bringt mich weiter nach vorne.

5. **Beschäftigen Sie sich mit der Lebens- und Geschäftssituation Ihrer Gäste?**

a) Meine Kunden und ihre Welt kenne ich gut. Ich interessiere mich auch selbst für die Themen. Natürlich kann ich nicht jedes Detail ihrer Aufgaben einschätzen aber ich weiß immer, was sie aktuell beschäftigt.

b) Im Großen und Ganzen kriege ich mit, was in der Branche meiner Kunden gerade wichtig ist.

c) Es kommt auf die Zielgruppe an. Von manchen Gästen weiß ich mehr, von manchen weniger.

d) Zu Beginn kannte ich meine Zielgruppe noch nicht gut. Jeder Event hilft mir dabei, mein Wissen weiterzuentwickeln.

e) Ich verstehe nicht viel von dem, was meine Kunden im Job bewältigen müssen. Das ist eine ganz andere Welt für mich, zu der ich nur schwer einen Zugang finde.

6. **Wie häufig bitten Sie Kollegen, Kunden oder Mitarbeiter um Feedback, wenn es um Ihr Zielgruppenwissen geht?**

a) Ich frage in wichtigen Situationen nach Feedback, schließlich will ich mehr über meine Erfolge bei der Zielgruppe erfahren.

b) Wenn man mir Feedback anbietet, höre ich aufmerksam zu.

c) Es macht mir Spaß, mein Verhalten durch „die Augen der Zielgruppe" zu reflektieren. Kleine Anregungen oder sogar Kritik finde ich sehr hilfreich. So werde ich immer besser.

d) Wenn es sich ergibt, bitte ich gute Freunde um ihre Eindrücke.

e) Ich vermeide formales Feedback. Das ist mir zu künstlich. Mir genügen die Hinweise über meine Arbeit im Alltag.

Punkte und Auflösung

1a)	10	2a)	10	3a)	6	4a)	10	5a)	8	6a)	2
1b)	2	2b)	8	3b)	10	4b)	6	5b)	4	6b)	6
1c)	4	2c)	6	3c)	4	4c)	8	5c)	10	6c)	10
1d)	8	2d)	2	3d)	2	4d)	2	5d)	6	6d)	4
1e)	6	2e)	4	3e)	8	4e)	4	5e)	2	6e)	8

Bis 14 Punkte: Sie sind kein Fan von geplanter Interaktion bei Events. Ihre Events sind bisher – dank Ihrer professionellen Arbeitsweise – gelungen. Das hat Ihr Selbstvertrauen gestärkt. Jetzt möchten Sie Ihren Projekten eine persönliche Note geben, dabei sind

Sie noch nicht sicher, welche Richtung zu Ihnen und Ihrer Arbeitsweise passt. Außerdem möchten Sie Ihre Kunden nicht gängeln. Es ist Ihnen wichtig, die Kunden respektvoll zu behandeln und dezent im Hintergrund zu agieren. Sie haben noch keine Recherchen gestartet, welche Interaktionsformen Ihre Zielgruppen aktuell ansprechen. Der Praxisfall „2.2.1 Schnell von null auf hundert" ist sicher interessant für Sie.

15–28 Punkte: Sie legen bei Ihren Events viel Wert auf klassische Erfolgsfaktoren – die gelungene Interaktion zwischen den Gästen ist in Ihrer Prioritätenliste bisher eher am Ende angesiedelt. Jetzt möchten Sie den nächsten Schritt Ihrer professionellen Entwicklung angehen und Ihr aktuelles Methodenwissen mit neuen Ansätzen sinnvoll verbinden. Der Praxisfall „2.1.1 Klassiker im neuen Kleid" bringt Ihnen weitere Anregungen.

29–42 Punkte: Sie haben bisher Events für ähnliche Zielgruppen gemacht. Ihr Wissen über Ihre Gäste ist überzeugend, an einigen Punkten sogar sehr gut. Sie wünschen sich noch etwas mehr Erfahrung mit unterschiedlichen Teilnehmergruppen, um aus den Unterschieden und Gemeinsamkeiten zu lernen. Systematische Methoden und klare Argumente stehen Ihnen noch nicht in jeder Situation zur Verfügung, das möchten Sie gerne ändern. Der Praxisfall „2.3.1 Attraktiv für Hochkaräter" liefert Ihnen besondere Denkanstöße.

43–56 Punkte: Sie kommen mit unterschiedlichen Zielgruppen sehr gut zurecht. Allerdings geraten Sie bei neuen Kunden oder Eventformaten ab und zu noch unter Druck. Dann lassen Sie sich auch mal von Ihrem persönlichen Geschmack beeinflussen, wenn Sie Interaktionsmethoden für Ihre Events auswählen. Jetzt möchten Sie Ihr Wissen verbreitern, um mit noch mehr Überblick und Augenmaß zu den idealen Methoden zu greifen. Werfen Sie deshalb einen Blick in das Kapitel „2.4.1 Konsequenter Spaß".

57–70 Punkte: Sie nutzen verschiedene Interaktionsmethoden für Ihre Events. Vielleicht haben Sie auch selbst viel Freude an intensiven zwischenmenschlichen Erlebnissen bei Events. Das steht für Sie aber niemals im Mittelpunkt. Sie folgen nicht Ihrem Geschmack, sondern analysieren mit der nötigen Distanz die Bedarfe der Zielgruppe. Erst dann stellen Sie Ihren Werkzeugkoffer zusammen. Das Feedback zu Ihren Events ist oft „exzellent". Der Praxisfall „2.5.1 Harte Arbeit und Dolce Vita" bringt Ihnen noch weitere Erkenntnisse.

Bitte bedenken Sie: Niemand kennt Sie so gut wie Sie selbst. Die Auflösung ist ein kurzes und aktuelles Feedback zu Ihren Antworten, keine Einschätzung Ihrer Persönlichkeit.

Praxisfälle und Interaktionselemente

3

3.1 Kundenkongress in der Informationstechnologie

3.1.1 Praxisfall: Klassiker im neuen Kleid

Die gute Beziehung zu seinen Kunden ist dem Anbieter für IT-Lösungen „Strategiekönner" ein Anliegen. Das Geschäftsmodell basiert darauf, Unternehmenskunden langfristig zu bedienen. Man möchte eine Partnerschaft für strategische Großprojekte aufbauen, um so die eigene Position im Wettbewerb immer weiter auszubauen. Marketing und Vertrieb veranstalten deshalb einen jährlichen Kundenkongress, bei dem weder an Mühen noch an Kosten gespart wird. Die Veranstaltung findet seit sechs Jahren statt und ist gut etabliert. Der Vertrieb merkt jedoch während der Einladungsphase, dass sich der Trend des Vorjahres fortsetzt: Es scheint immer schwerer, die Wunschgästeliste aus den hundert Vorständen und Entscheidern zu füllen und diese Partner für zwei Tage von ihrem Tagesgeschäft loszueisen.

Das Programm trug wie in jedem Jahr ein branchenrelevantes Motto. Zudem hatte man sich bewusst gegen ein „Spaßevent" entschieden. Durch einen internationalen Kongress in englischer Sprache sollten Kompetenz und Dialog zu IT-Strategie zwischen den Kunden und „Strategiekönner" im Mittelpunkt stehen. Die gefragtesten Referenten wurden eingeflogen und auch das Rahmenprogramm schien – wie immer – perfekt. Eine traumhafte Lokation und ein Feinschmecker-Menü mit einer Showeinlage am Abend waren angekündigt. Neben den Vorträgen gab es Workshops und eine Reihe edler Überraschungen für die Kunden wie hochwertige Gastgeschenke.

Marc Schubert, der Marketingleiter, war alarmiert. Die Anmeldezahlen hinkten noch stärker hinterher als im letzten Jahr. Die Account Manager zuckten auf Anfrage meist mit den Schultern und schilderten eher allgemein gehaltenes Kundenfeedback wie: „Tut mir sehr leid, aber in diesem Jahr bin ich einfach zu stark eingebunden, um mir zwei Tage die Vorträge anzuhören." Oder auch: „Doch, ich hätte mich gefreut, meine Branchenkollegen mal wieder bei Ihnen zu treffen. Leider klappt es diesmal nicht."

S. Müller, *Kundenkommunikation bei Events*, DOI 10.1007/978-3-658-05030-6_3,
© Springer Fachmedien Wiesbaden 2014

Marc Schubert wusste, dass er schnell handeln musste. Ein schlecht besuchter Kongress wäre ein Gesichtsverlust für „Strategiekönner". Das wollte er nicht riskieren. Ein Krisengespräch mit den Fachverantwortlichen in seiner Eventabteilung und der begleitenden Werbeagentur wurde angesetzt. Die Eventprofis gingen die wichtigen Parameter für eine gelungene Veranstaltung gemeinsam durch: sorgfältig recherchiertes und zielgruppenrelevantes Thema, extra hochwertige Umsetzung in allen Schritten, passender Termin, interessanter Ort . Sie konnten keinen markanten Fehler im Projektmanagement entdecken – und trotzdem sagten ihnen die schlechten Anmeldezahlen, dass sie etwas übersehen haben mussten. Sie sehen in der Abb. 3.1 die aktuelle Planung.

Auch der Blick auf die Auswertung der Feedbackbögen vom letzten Jahr war keine Hilfe. Im Gegenteil: Die Ergebnisse schienen auf zufriedene Gäste hinzuweisen, die bisher gerne den Einladungen gefolgt waren.

Marc Schubert ist ein gestandener Kommunikationsexperte. Ihm war klar, dass er irgendwie an der Zielgruppe vorbeigeplant haben musste. Offensichtlich hatte er die Botschaften und das Verhalten seiner Gäste nicht richtig eingeschätzt. Er fragte sich, ob die Zielgruppe so „überfüttert und verwöhnt" war, dass man auch mit einem sehr professionellen Konzept nicht mehr punkten konnte – oder lag es doch am Konzept oder der Umsetzung seines Kongresses? Jammern half jetzt nicht weiter, so viel war klar. Wo sollte er ansetzen, um den Kongress auch im Jahr 2013 erfolgreich durchzuführen? Unten finden Sie die Agenda, die die Kunden bisher noch nicht erhalten haben.

⇒ **Aufgabenstellung und Problemanalyse**

Das Unternehmen „Strategiekönner" richtet seit Jahren einen hochwertigen Kundenkongress aus. Die Teilnehmerzahlen sind rückläufig und in diesem Jahr kommt es zum dramatischen Showdown während der Vorbereitung: Die wichtigen Anmeldungen bleiben aus. Das geplante Programm für den Zwei-Tage-Event hält der kritischen Prüfung stand. Grobe Fehler kann niemand ausmachen. Trotzdem ist sich Marc Schubert sicher, dass er ein wesentliches Anliegen seiner Zielgruppe übersehen haben muss. Das sagt ihm die Anmeldestatistik. Er muss die Agenda überarbeiten, um einer Blamage zu entgehen.

1. Schritt: Zielgruppensystematik
2. Schritt: Checkpoint
3. Schritt: Interaktion im Fokus
4. Schritt: Im Rückspiegel – wie ging der Praxisfall weiter?
5. Schritt: Highlights and Lowlights im Praxisfall „Klassiker im neuen Kleid"

Marc Schubert entschließt sich dazu, sein Kongresskonzept und die Umsetzung der letzten Jahre mit einer neuen Methode zu prüfen. Begleiten Sie ihn dabei durch die nächsten Schritte:

Agenda Kundenkongress Tag 1

10:00 Uhr Start in den Tag mit Begrüßung des Gastgebers
10:30 Uhr Vortrag „X"
11:30 Uhr Kaffeepause
12:00 Uhr Vortrag „Y"
13:00 Uhr Lunch
13:30 Uhr Vortrag „Z"
14:30 Uhr Workshop 1
15:30 Uhr Kaffeepause
16:00 Uhr Vortrag „A"
17:00 Uhr Workshop 2
18:00 Uhr Vortrag „B"

Ab 19:00 Uhr Transfer zum Restaurant mit Abendprogramm und
unterhaltsamer Dinner Speech vor dem Dessert

Agenda Kundenkongress Tag 2

10:00 Uhr Highlights and Lowlights von gestern
10:30 Uhr Vortrag „X"
11:30 Uhr Kaffeepause
12:00 Uhr Vortrag „Y"
13:00 Uhr Lunch
13:30 Uhr Vortrag „Z"
14:30 Uhr Workshop 1
15:30 Uhr Kaffeepause
16:00 Uhr Vortrag „A"
17:00 Uhr Podiumsdiskussion

Ab 18:00 Uhr Snack „on the road" und Abreise der Gäste

Abb. 3.1 Agenda Kundenkongress für zwei Tage

Abb. 3.2 Zielgruppensystematik in drei Schritten

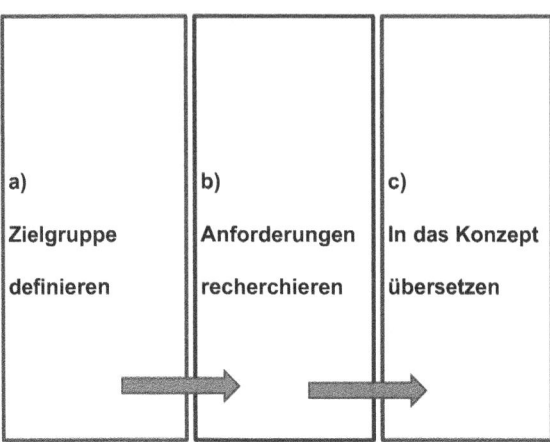

1. Schritt: Zielgruppensystematik

▸ **Ihr Lernvorteil** Mit dieser Systematik erhalten Sie einen Leitfaden, um Ihr Verständnis von den Anforderungen an einen Event zu prüfen und – falls nötig – Anhaltspunkte für eine Nachjustierung zu erkennen.

Bei erfolgreichen Kommunikationsmaßnahmen stehen die Wünsche und Erwartungen der Zielgruppe wie ein ständiger Prüfstein bei jedem Schritt im Mittelpunkt. Diese Aussage ist wahrlich keine Neuigkeit. Meine Erfahrungen zeigen: Sie kann trotzdem nicht oft genug wiederholt werden. Selbst „alte Hasen" verlieren bei der Konzeption die Zielgruppe manchmal aus den Augen. Das mehr oder weniger konkrete Wissen über die Zielgruppe muss mit einem abstrakten Veranstaltungskonzept in Einklang gebracht werden. In der Umsetzung vom Konzept zur konkreten Agenda des Events muss zwischen schillernden Ideen, den tatsächlichen Möglichkeiten und den ursprünglichen Zielen ein ständiger Abgleich erfolgen. Dabei kann man im Tagesgeschäft schnell vom rechten Weg abkommen. Dies gilt besonders dann, wenn die eigene Erfahrungswelt und die der Gäste nicht eng verbunden sind oder wie im Praxisfall die Informationen unstrukturiert durch die Vertriebskollegen gesammelt und gefiltert werden.

Systematik für Zielgruppenorientierung

a) Zielgruppe festlegen und/oder prüfen
b) Anforderungen der Zielgruppe erfassen
c) Übersetzen der Kundenanforderungen in das Eventprogramm

Die Abb. 3.2 illustriert die dreistufige Systematik.
Der Marketingleiter Marc Schubert entwickelte, steuerte und leitete seit 15 Jahren unterschiedliche Themen in den Bereichen Werbung, Marketing und Sponsoring. Seine Erfahrungen sagten ihm: Er musste zurück auf null und noch einmal über die Zielgruppe

seiner Veranstaltung nachdenken. Der intensive Blick auf seine Gäste war in den letzten Jahren zu kurz gekommen.

- **Zielgruppe festlegen und/oder prüfen**
  Kommunikation ist nur dann erfolgreich, wenn die Inhalte auf das angestrebte Publikum präzise ausgerichtet sind. Anders gesagt: Schneiden Sie Ihre Kommunikation nicht auf die Bedürfnisse einer Zielgruppe zu, dann „plaudern Sie diffus", anstatt klare Inhalte zu transportieren. In der Fülle der Botschaften, die den ganzen Tag um uns konkurrieren, wird Ihre Aussage mit hoher Wahrscheinlichkeit wirkungslos verpuffen. Das Publikum kann sie nicht zuordnen, versteht die Aufforderung oder den Nutzen der Botschaft nicht schnell genug – und wendet sich anderen Nachrichten zu.

▸ **Ihr Lernvorteil** Verfolgen Sie, in welchen Arbeitsschritten Marc Schubert vorgeht, um die Charakteristika und Anforderungen seiner Gäste wieder besser zu verstehen.
Der Abschnitt stellt Ihnen Inhalte und Methoden vor, um das Herzstück jeder Kommunikationsmaßnahme – das Zielgruppenprofil – professionell zu erstellen.

Marc Schubert setzte sich bewusst die Strategiebrille auf, die erst einmal nicht in direktem Zusammenhang mit seiner konkreten Kongressorganisation stand. Er begann damit, das Geschäftsmodell von „Strategiekönner" in Verbindung mit dem Kommunikationsziel des Kongresses zu bringen.

Diese Hausaufgaben hatte er zusammen mit der Strategie- und Vertriebsabteilung vor dem ersten Kongress im Jahr 2007 bereits gemacht. Erst jetzt fiel ihm auf, dass sich in der Marketingabteilung zuletzt niemand mehr mit der Weiterentwicklung dieser Grundsatzaussagen beschäftigt hatte. Klar, das Tagegeschäft war sehr fordernd. Trotzdem kam sich Marc Schubert jetzt unprofessionell vor.

Der IT-Markt hatte sich durch die Finanzkrise in den Jahren 2008/2009 grundlegend verändert: Der Preiskampf wurde noch intensiver und das Investitionsverhalten der Unternehmen blieb zurückhaltend. Selbstverständlich wurden die Produkte, Systeme und Lösungen von „Strategiekönner" schrittweise angepasst und der Vertrieb versuchte, das Angebot noch genauer zuzuschneiden. Trotzdem verlor man einige Kunden an Konkurrenten, deren Lösungen zwar weniger umfassend waren – dafür aber im ersten Schritt günstiger.

Als Reaktion legte das Unternehmen „Strategiekönner" Kundenbindungsprogramme auf. Der Vertrieb sorgte für eine breitere Verankerung beim Kunden, indem man nicht nur Vorstände, oberste IT-Verantwortliche und kaufmännische Entscheider über das Angebot informierte, sondern auch eine Ebene darunter in der Unternehmenshierarchie beim Kunden für intensivere Kontakte sorgte. In der Vertriebsfachsprache ausgedrückt: Die Schnittstellen mit den Kunden wurden verbreitert und dupliziert. Natürlich floss das Wissen über diese Veränderungen in die Kongressorganisation ein. Leider nicht strukturiert und so planvoll, wie Marc Schubert es jetzt im Nachhinein gerne gemacht hätte. Außerdem ärgerte er sich auch über seine Eventagentur: „Die hätten ja auch mal nachfragen können", brummte er vor sich hin. Er arbeitete nun zusammen mit seinem Team in einem Workshop an diesen Dokumenten und Leitfragen:

Dokumente zur Geschäfts- und Kommunikationsstrategie

- Strategiefoliensatz Geschäftsmodell (bisher – aktualisiert)
- Kommunikationsziel beim Kongress

Dokumente zur Teilnehmerstatistik

- Nominierungslisten für die Gäste der letzten Jahre
  - Statusbericht zur Qualität der Adressen
  - Informationen zu den Absagen
- Teilnehmerlisten der letzten Jahre
  - Auswertung pro eingeladenes Unternehmen und den Hierarchieebenen der Teilnehmer
  - Blick auf den Umsatz oder den angestrebten Umsatz mit einem Unternehmen
  - Stammgäste und Verlust von Stammgästen

Leitfragen für die Reflexion im Team von Marc Schubert

- Welche Veränderungen ergeben sich aus der Neuausrichtung des Geschäftsmodells von Strategiekönner für den Kundenkongress?
- Welches Kommunikationsziel ist sinnvoll als Gesamtbotschaft des Kongresses?
- Wer ist die aktuell wichtige Zielgruppe für „Strategiekönner" und damit für den Kongress?
- Welche Kunden sind mir wichtig?
- Welche Geschäfts- und Imagevorteile bietet die Teilnahme von der 1. Ebene – welche Vorteile die Teilnahme der 2. Ebene?

Marc Schubert hat zusammen mit seinem Team diese Ergebnisse im Workshop erstellt:

Aktuelle Geschäftsstrategie

- Die Geschäftsstrategie hat sich in den letzten Jahren verändert: weg vom Strategiepartner für Großunternehmen, hin zum IT-Partner mit holistischem Ansatz.
- „Strategiekönner" möchte nicht nur Großkunden von den eigenen Leistungen überzeugen, auch international agierende Mittelständler stehen auf der Zielkundenliste.
- Neben dem Neukundengewinn sind seit vier Jahren die Kundenbindung und die noch intensivere Kundenausschöpfung zu allen IT-Themen in den Fokus gerückt. „Strategiekönner" bewirbt sich deshalb auch um operative IT-Themen, nicht nur um Strategieprojekte.

Abgeleitetes, aktuelles Kommunikationsziel für den Kundenkongress

- „Strategiekönner" ist kompetent in allen Aspekten der innovativen IT-Strategie.
- Man versteht aufgrund der großen Erfahrung mit komplexen Projekten das Tagesgeschäft der Kunden in unterschiedlichen Branchen.

Zielgruppen sind für „Strategiekönner"

- Bereichsleiter für IT aus Großunternehmen und erst im zweiten Schritt die Vorstände aus Großunternehmen
- Geschäftsführer aus dem Mittelstand
- IT-Experten der Branche

- **Anforderungen der Zielgruppe erfassen**
  Sie erfahren, mit welchen Fragestellungen und Methoden Sie praxisorientiertes Wissen über Ihre Zielgruppen zusammenstellen können. Wenn Sie keine Befragung oder Studie durchführen möchten, ist vor allem der Überblick über die Methoden für Sie hilfreich. Möchten Sie schnell eine Stichprobe ausgewählter Informationen sammeln, sind die arbeitsökonomischen Tipps sicher für Sie von Vorteil. Werfen Sie dabei auch einen Blick auf die angebotenen Entscheidungskriterien und vorgestellten Prioritäten.

▸ **Ihr Lernvorteil** Der Abschnitt stellt Ihnen vor, wie Sie Daten zusammenstellen, um schnell etwas über Ihre Zielgruppe zu erfahren. Unkompliziertheit steht in Ihrem Arbeitsalltag im Mittelpunkt, deshalb liegt der Schwerpunkt auf dem arbeitsökonomischen Vorgehen. Sie sind damit in der Lage, Ihre Einschätzung nicht nur mit Ihrer Erfahrung zu begründen, sondern können konkrete Daten sammeln, analysieren und interpretieren.

Zielgruppenbefragungen und Milieustudien sind das Handwerkszeug der Markt- und Werbeforscher. Auf Praktiker im Eventbereich können diese Verfahren abstrakt wirken. Trotzdem lohnt es sich, etwas über die Methoden zu erfahren, mit denen Sie Kundendaten erfassen und auswerten können. Unten finden Sie einen Überblick:

- **Breite, aber flache Datenbasis:** Die sogenannten quantitativen Kundenbefragungen sind darauf angelegt, von ausreichend vielen Kunden Informationen einzuholen, um statistisch zuverlässig zu sein. Die repräsentativen Ergebnisse können dann auf alle Kunden übertragen werden. Meist handelt es sich um Online- oder Printbefragungen mit einem Fragebogen mit standardisierten Antworten, den die Kunden ankreuzen und zurückschicken sollen. Die Response der Kunden ist leider oft sehr niedrig, selbst wenn Befragungen intensiv über den Vertrieb oder Unternehmensmedien angekündigt werden. Inhaltlich eignet sie sich für alle Themen. Besonders sinnvoll ist sie im Kundenkontakt, um Rückkopplung über Trends zu sammeln und Meinungsbilder (z. B. zur Zufriedenheit der Kunden oder zum Image des Unternehmens) abzufragen. Für spontane Problemstellungen ist das breite Vorgehen durch die nötige Vorbereitungsphase deshalb eher nicht geeignet.

- **Schmale, aber tiefe Datenbasis:** Die qualitativen Befragungen liefern intensivere Daten, aber zu bewusst weniger Kunden. Sehr beliebt sind Kundeninterviews. Sie sind unter diesem Aspekt leichter vorzubereiten, weil auch schon beispielsweise Interviews mit einer kleinen Stichprobe von drei bis fünf Kunden spannende und anschauliche Informationen liefern können. Trotzdem braucht man auch hier einen kleinen Methodenkoffer für einen sinnvollen Interviewleitfaden. Zusätzlich ist eine Person nötig, die die Interviews am Telefon oder face-to-face durchführt. Und natürlich als Hauptpersonen die Kunden, die ihre Antworten auf die Interviewfragen mündlich selbst formulieren und Ihnen circa eine Stunde Ihrer Zeit schenken wollen. Die aufgezeichneten oder notierten Antworten der Interviews sind die Grundlage für die strukturierte Auswertung. Die qualitativen Befragungen wollen nicht repräsentativ sein, sondern Hinweise zu zuvor klar definierten Fragestellungen liefern. Sie empfehlen sich im Eventbereich für nicht offen-gelegte, persönliche Einschätzungen und Wünsche der Teilnehmer, bei denen auch die Ursachen für die Bedürfnisse für den Gastgeber wissenswert sind.

Marc Schubert denkt intensiv darüber nach, wie er schnell an hilfreiche Informationen über die Wünsche der Kunden kommt. Er ist grob vertraut mit quantitativen und qualitativen Methoden, trotzdem ist ihm dieser Weg erst mal zu kompliziert. Er sucht nach einer zeitsparenden Methode, die ihm ohne lange Vorbereitung und große Überlegungen sofort einen Nutzen liefert – und auch ins Unternehmen passt, ohne eine politische Lawine à la „Was ist los mit Ihnen? Kommen Sie mit Ihren Aufgaben nicht mehr zurecht, Herr Schubert?" loszutreten. Arbeitsökonomische Methoden haben das Image von „quick and dirty". Man kann die Ergebnisse deshalb mit Skepsis betrachten. Sind Sie jedoch unter Zeitdruck, ist eine schnelle erste Orientierung für Sie wichtig. So helfen Ihnen auch unsystematisch erhobene Daten, den wichtigen ersten Input zu Ihren Arbeitsfragen zu sammeln. Es steht Ihnen frei, im zweiten Schritt fundierter vorzugehen.

Ideenbox

- Klären Sie, welches Kundenfeedback für Sie im Moment besonders wichtig ist. Formulieren Sie zwei bis drei Fragen, die präzise auf diesen Sachverhalt eingehen. Gewinnen Sie einige Vertriebskollegen für Ihre Vorhaben und bitten Sie diese Kollegen, ihre Kunden anzurufen oder beim nächsten Kundentermin Ihre Fragestellungen kurz mit den Kunden durchzugehen.
- Bereiten Sie ein Arbeitsblatt vor, das die Vertriebskollegen auch für die Antworten nutzen können. So gehen weniger Informationen verloren und Sie reduzieren den Aufwand für Ihre Kollegen.
- Der Charme der Idee liegt in der Schnelligkeit: Achten Sie also darauf, dass Sie und die Vertriebskollegen innerhalb einer Woche startfähig sind.
- Planen Sie aufgrund der so gesammelten Informationen weitere Schritte, wie Sie die Meinung Ihrer Kongressteilnehmer noch besser kennenlernen können.

Reflexionsfragen zum Inhalt

- Was müssen Sie wissen?
- Was glauben Sie über die Zielgruppe schon zu wissen?
- Gibt es Einflussfaktoren auf Ihre Zielgruppe, die deren Verhalten verändert? Sind Sie von diesen Veränderungen ebenfalls betroffen? Falls nein: Haben Sie diesen Aspekt schon berücksichtigt?
- Wie sieht der Arbeitsalltag Ihrer Kongressbesucher aus – was kann ein Kongress für einen Nutzen liefern? Wie wird dieser Nutzen ideal präsentiert und verstanden?

Reflexionsfragen zu Ihren Prioritäten

- Welche Aspekte wollen Sie schnell angehen (dringlich) im Sinne der Neujustierung?
- Was ist Ihnen dabei besonders wichtig?

Durch die Reflexionsfragen oben sind Marc Schuberts Gedanken neue Wege gegangen. Während der Recherchen ist ihm häufig durch den Kopf gegangen, dass er mit vorgefertigten Meinungen aus „seiner langen Erfahrung" auf vermeintliche Wünsche der Zielgruppe reagierte. Intensiv und ausdauernd hingeschaut und -gehört hatte er nach dem Erfolg der ersten Durchführung schon beim zweiten Kongress nicht mehr. Jetzt geht es darum, Denktraditionen – also unzutreffende Meinungen zu den Gästen – loszuwerden und die Informationen unbefangen und – wo nötig – neu zu bewerten. Blicken Sie Marc Schubert im nächsten Schritt über die Schulter:

- **Übersetzen der Kundenanforderungen in das Eventprogramm**
  Sie arbeiten zusammen mit Marc Schubert daran, die Informationen über die Zielgruppe in ein Anforderungsprofil umzuarbeiten. Das Profil dient Ihnen als Kompass, um den Event auf die Wünsche der Zielgruppe auszulegen.

▸ **Ihr Lernvorteil** Das Risiko sinkt, dass Sie zwar ein eindrucksvolles Programm erstellen, das vielleicht nur Ihnen gefällt – während es die Gäste überhaupt nicht oder nicht ausreichend anspricht. So sichern Sie verantwortungsbewusst Ihr Eventbudget. Sie lernen in diesem Abschnitt, in kurzer Zeit eine übersichtliche Checkliste mit Prüfkriterien für Ihre Arbeit zu entwickeln.

Anforderungsprofil der Gäste Der aktuelle Event geht an den Wünschen der Zielgruppe vorbei. Unten finden Sie als Zusammenfassung das Zitat aus dem Praxisfall:

Das Zwei-Tage-Programm trug wie in jedem Jahr ein branchenrelevantes Motto. Zudem hatte man sich bewusst gegen einen „Spaßevent" entschieden. Durch einen internationalen Kongress in englischer Sprache sollten Kompetenz und Dialog zu IT-Strategie zwischen den Kunden und „Strategiekönner" im Mittelpunkt stehen. Die gefragtesten Referenten wurden eingeflogen und auch das Rahmenprogramm schien – wie immer – perfekt. Eine traumhafte

Lokation und ein Feinschmecker-Menü mit einer Showeinlage am Abend waren angekündigt. Neben den Vorträgen gab es Workshops und eine Reihe edler Überraschungen für die Kunden wie hochwertige Gastgeschenke (…).

Die Account Manager zuckten auf Anfrage meist mit den Schultern und schilderten eher allgemein gehaltenes Kundenfeedback wie: „Tut mir sehr leid, aber in diesem Jahr bin ich einfach zu stark eingebunden, um mir zwei Tage die Vorträge anzuhören." Oder auch „Doch, ich hätte mich gefreut, meine Branchenkollegen mal wieder bei Ihnen zu treffen. Leider klappt es diesmal nicht."

Fazit von Marc Schubert, was aktuell nicht zur Zielgruppe passt

- Der Event dauerte zu lange, denn der Zeitdruck in der Branche wuchs ständig.
- Das Angebot der Referenten überzeugte nicht ausreichend – oder die Ausrichtung des Events passte nicht zu den Informations- oder Diskussionswünschen der Gäste. Man sprach von „Vorträge anhören", nicht davon, „Thesen gemeinsam zu diskutieren".
- Das exquisite Rahmenprogramm (Ort, Verpflegung und Service) war nicht länger ein Lockmittel für die Gäste.
- Die „Kollegen mal wieder zu treffen" – das konnte man auch auf einem Flughafen. Nach spannender, inhaltlicher Interaktion mit Peers klang das nicht.
- Teure Gastgeschenke werden in Zeiten strenger Compliance-Vorschriften in Unternehmen eher als Belastung empfunden.

Im Umkehrschluss erstellte Marc Schubert eine Checkliste mit Prüfkriterien

Checkliste für Kundenanforderungen bei Events
Was ist aktuell der stärkste Antrieb Ihrer Zielgruppe: knappe Zeit, innovative Informationen über Trends, unkomplizierte Anreise, Networking und Austausch in der Branche, Anregungen auf konkrete Herausforderungen des Alltags etc.?

Wie viel Zeit kann die Zielgruppe bei Ihrem Event realistisch investieren?

Wie schätzt Ihre Zielgruppe das Programm ein? Ein glanzvoller Anlass, dessen Inhalte früher oder später einmal nützlich sein könnten? Konkrete Antworten auf dringliche und wichtige Fragen des Alltags von Entscheidern?

> Wie viele „Stammgäste" haben Sie? Wie viele Stammgäste haben Sie im Vergleich zum letzten Event verloren? Warum?
>
> _____
>
> _____
>
> Was macht Ihren Gästen besonderen Spaß? Zuhören, Informationen erhalten und sortieren, Neuigkeiten sammeln und bei Gelegenheit im Alltag einsetzen, Aktion und Dynamik, Meinungsaustausch und Ideenwettbewerb etc.?
>
> _____
>
> Wie gut gehen Sie aktuell auf diese Vorlieben ein?
>
> _____

2. Schritt

▸ **Ihr Lernvorteil** Nutzen Sie diesen Abschnitt, um Ihre Eindrücke zum Praxisfall zusammenzufassen. Reflektieren Sie, ob Sie sich der Meinung und den Maßnahmen von Marc Schubert anschließen oder ob Sie eine andere Auffassung zum Kundenkongress haben. Sie finden am Ende ein kurzes Feedback zu den ersten drei Fragen.

> **Checkpoint/Kontrollpunkt**
> **Eventnavigator „Klassiker im neuen Kleid"**
>
> 1. Wie schätzen Sie die Bedürfnisse der Zielgruppe ein?
>
> _____
>
> _____
>
> 2. Wie beurteilen Sie den aktuellen Aufbau des Kundenkongresses von „Strategiekönner"?
>
> _____
>
> _____
>
> 3. Welche Veränderungen am Konzept oder bei der Umsetzung schlagen Sie vor?
>
> _____
>
> _____

Ein Blick auf Ihre persönlichen Erfahrungen mit Kongressen

1. Welche Erfahrungen haben Sie als Eventmanager mit Kongressen gesammelt?
   Wie leicht ist es Ihnen gefallen, auf die Zielgruppe einzugehen? Mit welchen Informationen haben Sie gearbeitet?

   _____

   _____

   _____

2. Waren Sie als Teilnehmer schon einmal bei einem Kongress? Wie gut haben Sie
   sich „abgeholt" gefühlt? Was hat Ihnen gut gefallen – was hat Ihnen weniger gut
   gefallen?

   _____

   _____

   _____

   _____

Feedback zum Eventnavigator

1. Die Zielgruppe sind Entscheider und Unternehmenslenker. Sie möchten auch
   beim Kongress aktiv werden oder sogar mitgestalten.
2. Ein Kongress von zwei Tagen passt nicht mehr in das aktuelle Umfeld der Branche
   mit hohem Zeitdruck.
3. Das Programm sollte mehr Möglichkeiten für die Teilnehmer bieten, aktiv zu werden.

3.1.2   Interaktion im Fokus: Small is beautiful

3. Schritt

▶ **Ihr Lernvorteil** Dieser Abschnitt stellt Ihnen konkrete Vorschläge für den Event von
Marc Schubert vor. Im Mittelpunkt stehen Anregungen, die den zwischenmenschlichen
Kontakt zwischen den Gästen, Referenten und Veranstaltern intensivieren. Dabei soll nicht
etwa das Motto gelten „viel hilft viel". Im Vordergrund steht es, mit dem richtigen Augenmaß die passenden Elemente zu erkennen und diese so wirkungsvoll – als Einzelbeitrag
zur Gesamtaussage – im Ablauf zu integrieren.

Marc Schubert diskutierte lange mit seinen Kollegen, welche Aktionen oder Angebote
bei den Kongressteilnehmern gut aufgenommen würden. Die Zielgruppe hatte – da wa-

ren sich alle sicher – schon „fast alles" bei Events gesehen. Mit der technischen perfekten Durchführung und idealem Service konnte man sicher zur positiven Grundstimmung beitragen. Beeindruckt würden die vielleicht verwöhnten Gäste davon aber sicher nicht sein. Im Grund war es eher so, dass man den perfekten Ablauf eines First-Class-Hotels vom Organisationsteam erwartete. Das war keine Neuigkeit, klärte aber erst mal die Ausgangslage für Marc Schubert.

Das Team saß für ein Brainstorming zusammen. Man hatte sich vorgenommen, die emotionalen Erwartungen der Gäste an den Event gemeinsam zu durchdenken. Wie wollten sich die Teilnehmer beim Kongress fühlen, um von einer gelungenen Veranstaltung zu sprechen? Einige Kollegen wollten sich erst nicht so recht am Gespräch beteiligen. Warum fragte man die Teilnehmer nicht, anstatt hier gemeinsam frei zu fantasieren? Marc Schubert drängte auf eine schnelle Lösung. Man kannte die Gäste schon seit mehreren Jahren, da sei es doch kein Hexenwerk, sich in diese Menschen hineinzuversetzen!, donnerte er los. Das war zwar kein optimaler Start in einen Gedankenaustausch, wirkte aber wie ein Weckruf auf das Team. Plötzlich war man sich einig: warum sich nicht einfach den eigenen Firmenchef bei der Übung als Rollenmodell vorstellen? Unten sind die Ergebnisse des Meetings für Sie zusammengefasst:

Emotionale Bedürfnisse der Gäste

a) Ich fühle mich gut aufgenommen: Die Mitarbeiter des Events sprechen mich mit meinem Namen an. Der Vertriebsmitarbeiter von „Strategiekönner" erwartet mich bereits am Eingang und umgibt mich vom ersten Augenblick an mit diskreter Aufmerksamkeit. In keinem Augenblick fühle ich mich fremd oder nicht zu hundert Prozent willkommen, weil ich etwas früh angekommen bin und vielleicht die Vorbereitungen nicht ganz abgeschlossen sind.

b) Neben meinem Kontaktpartner aus der Kundenbetreuung von „Strategiekönner" freue ich mich darauf, auch das Management der IT-Beratung wieder zu treffen. Innerhalb kurzer Zeit begrüßen mich auf deren Initiative die Gastgeber mit meinem Namen und plaudern entspannt mit mir. Auch mit den anderen Gästen komme ich unkompliziert in Kontakt, denn die „Manndeckung" durch den Gastgeber ist komfortabel, lässt mir aber auch „die Beinfreiheit", um alte Bekanntschaften mit Kollegen aus den anderen Unternehmen zu vertiefen und neue Kontakte zu schließen.

c) Es ist für mich interessant festzustellen, dass ich im Laufe des Tages immer mehr Gesprächspartner mit ähnlichen Anliegen oder Erfahrungen treffe. Deren aktuelle berufliche und persönliche Fragestellungen spielen auch in meinem Leben eine Rolle. Die Atmosphäre ist sehr offen und man kommt unkompliziert ins Gespräch.

d) Die Vortrags- und Diskussionsthemen sind niveauvoll und bieten intelligente Anregungen für mich als Global Player. Selbstverständlich werden aktuelle Konzepte und Umsetzungsideen thematisiert. Besonders gefällt mir, dass man in den gut moderierten Gesprächen immer wieder eine Brücke in meinen Alltag schlägt. So habe ich einen klaren Nutzen von den Sessions und kann sofort konkrete Gedanken entwickeln und mit den Kolleginnen und Kollegen diskutieren.

e) Ich nehme ohne Anstrengung viele praxisrelevante Anregungen auf. Die Vorträge folgen einem roten Faden. Sie liefern Gedankenfutter, das meine Entscheidungen bereichern wird. Die Referate passen zum Motto des Tages und man spürt, dass alle Vortragenden umsichtig angeleitet werden. Endlich hat jemand verstanden, dass ich nicht extralange Vorträge hören möchte, das ermüdet mich sofort. Ich will wie im Management Summary meiner Mitarbeiter prägnant informiert werden. Dann freue ich mich auf die Diskussion. Klar bin ich bereit zuzuhören. Mir macht es aber noch mehr Spaß, wenn ich meine Meinung formulieren und zur Debatte anbieten kann.

f) Hier wird nichts dem Zufall überlassen und ich investiere meine knappe Zeit am richtigen Ort – und mit dem richtigen Partner.

g) Die kontinuierliche Anwendungsorientierung liefert mir nicht nur Ideen, sondern auch echte Handlungsoptionen, die sicher den Alltagstest bestehen. Schon morgen setze ich die ersten Anregungen um.

h) Mir macht ein gepflegter verbaler Schlagabtausch mit meinen Peers aus den anderen Unternehmen Spaß. Hier gibt man mir in den Diskussionen und den sinnvoll platzierten und ausreichend langen Pausen die Möglichkeit, in der Community spielerisch meine Argumentationsstärke zu messen.

▸ **Is big always beautiful?** Große Kongresse sind faszinierend, weil die Gäste aus einem überbordenden Angebot an unterschiedlichen Sessions wählen können. Jeder Teilnehmer stellt sich ein individuelles Programm zusammen und alle Vertreter einer Branche sind an einem Ort. Ein eindrucksvolles Erlebnis nach dem Motto „big is beautiful", das neugierig macht und für einen Besuch sorgt. Für den Dauerbetrieb, insbesondere wenn der Gastgeber ein Unternehmen und kein Kongressveranstalter ist, verfehlt das Format aktuelle Ansprüche. Das Motto „Tief anstatt breit" erfüllt die Wünsche der Zielgruppe im Top-Management besser: zugespitzte Themen, angemessen reif vorgestellt, aber bewusst reduziert präsentiert, um sie mit Kollegen im Gespräch zu reflektieren. Das funktioniert umso besser, wenn die Teilnehmerzahl durch ihre Größe nicht für Anonymität sorgt, sondern der persönliche Kontakt der Gäste in einer überschaubar großen Gruppe ab dem ersten Moment unterstützt wird.

So sehen die Aktionen und Maßnahmen von Marc Schubert aus:

Zu a) und b) Strukturiertes Inhalts- und Ablaufbriefing für alle Mitglieder im Organisationsteam mit direktem Gästekontakt. Konkrete Sprech- und Handlungsbeispiele sind Teil der Vorbereitung.
Im Briefing für das Top-Management stehen Hospitality und der niveauvolle Small Talk im Vordergrund.

Zu c)   Das Werkzeug „Atmosphären-Schaffer"

Zu b)   Podiumsdiskussion

Zu e)   Diskussionen nach dem Vortrag und vor allem in den Workshops (Nötige Vorarbeit: Zeiteinteilung der Referate nachhalten, Workshops mit Konzept, nicht einfach „irgendwie" passieren lassen: Den Referenten stehen Fachmoderatoren zur Seite, um den Ablauf zu steuern.)

Zu d, e, g) Zeit für Interaktion ist Teil des Konzepts – kleinere Runden für Gespräche sind wichtig – die Moderation achtet darauf und fördert den ungezwungenen Gedankenaustausch zwischen den Gästen.

▶ **Gestaltungswillen der Gäste im Konzept berücksichtigen** Top-Manager haben Freude an der Verantwortung. Ihr Gestaltungswille ist ausgeprägt und sie halten das Zepter bevorzugt in der eigenen Hand. Natürlich entspannt sich auch dieser Personenkreis gerne und lässt sich umsorgen. Sucht man jedoch nach Verhaltensweisen, die diesen Gästen bei Kongressen Freude machen, empfehle ich diese Punkte:

- Mitgestalten und Esprit einbringen
- Mit Erfahrungen und Ergebnissen beeindrucken
- Die eigene Reputation stärken
- Das Netzwerk aus Bekannten in der Branche weiterentwickeln

Berücksichtigen Sie diese Persönlichkeitszüge in Ihrem Konzept und bieten Sie Freiräume, damit die Top-Manager diesen Favoriten nachgehen können.

4. Schritt: Im Rückspiegel – wie ging der Praxisfall weiter?

Marc Schubert hat seine Lektion gelernt und war sich sicher: Nie mehr würde er aus Eitelkeit und Bequemlichkeit übersehen, dass seine Zielgruppe und deren Arbeitsalltag sich verändert haben. Nicht nur er und seinem Team fiel dies wie Schuppen von den Augen, auch der eingebundenen Eventagentur wurde klar, dass man geistig etwas zu träge gewesen war. Der Kongress im Oktober 2013 blieb seinem klassischen Ablauf treu, präsentierte sich allerdings in einem „neuen und zeitgemäßen Kleid".

- Marc Schubert kürzte den Kongress von zwei Tagen auf einen Tag. Obwohl er nervös war, ob die Gäste dann nicht vor dem Abendessen abreisen würden und die Übernachtungsmöglichkeit vielleicht nicht mehr nutzten (und damit auch weniger „Vertriebszeit" zur Verfügung stand), erschien ihm das Format so viel zeitgemäßer: konzentriert anstatt weitschweifig.
- Im Konzept standen nicht mehr die aufwendigen Vorträge im Mittelpunkt, sondern der Dialog zwischen den Gästen. Es gab eine Keynote-Speech und mehrere Praxisthemen, die von Geschäftspartnern vorgestellt wurden. Der Anwendungsbezug stand im Mittelpunkt, nicht wie zuvor Strategiekonzepte.
- Auch die Art der Kommunikation veränderte Marc Schubert – aus Einwegkommunikation machte er Mehrwegkommunikation: Workshops und Diskussionsrunden mit Podiumsgästen wurden zum Herzstück der Veranstaltung.

- Das bei den Vorträgen gesparte Budget investierte Marc Schubert in mehrere professionelle Moderatoren, die aus dem Fernsehen bekannt waren. Das machte Eindruck bei den Gästen, denn er wollte das Gefühl von „wir müssen sparen" im Keim ersticken. Die Moderatoren ermutigten die Gäste unaufdringlich, sich ohne Nervosität zu Wort zu melden. So entwickelten sich viele unangestrengte und fachlich sehr hochwertige Gespräche zwischen den Referenten und den Gästen – auch direkt zwischen den Gästen. Es entstand Austausch auf Augenhöhe, der auch in den Pausen nicht mehr verebbte. Natürlich hatte Marc Schubert diese Gesprächsphasen auch in der Agenda als Zeitkontingente vorgesehen, so dass der Ablauf des Tages wie am Schnürchen klappte.

- Alle spürten die besondere Atmosphäre: ein Plus an Zuwendung, das elektrisierte. Die offene Stimmung löste den Gästen die Zungen und öffnete die Herzen. Diese Schwingungen wurden durch das perfekte Serviceteam noch verstärkt. Man spürte, dass die „Geweihträger" ohne Scheu oder Sorgen um ihr Image ernsthafte Anliegen erörterten. Aus den ausgetauschten Ideen mit Geschäftsbezug wurden am nächsten Tag Handlungsoptionen, die die Teilnehmer im Alltag testeten. Nach spannenden Strategien der Vorjahre stand nun ein sehr persönlicher, konkreter Nutzen im Vordergrund des Ablaufs.

- Marc Schubert verlängerte die Pausen, um den Gästen einen „Begegnungsraum" anzubieten, wie er sagte. Er wollte genug Zeit anbieten, um lohnende Diskussionen nicht dann abzuwürgen, wenn man „warmgelaufen war".

- Zu Höchstform aufgelaufen, veränderte man auch das Format des Dinners: runde Tische, mit Vertrieb, aber ein Gang mit Buffet, damit man aufstehen und auch kurz mit anderen plaudern konnte. Diese Idee kam gut an.

- Die in den Vorjahren übliche Vorstandsrede von einem Boardmitglied von „Strategiekönner" wurde gestrichen. Sie war immer schon als kurzer Impulsvortrag gedacht, leider dauerte sie in jedem Jahr länger, als der Ablauf es empfahl.

- Diesmal war die Dinner Speech weniger wie ein Vortrag, sondern als ein kurzer, emotionaler Teaser für weitere Gespräche angelegt. Erstmalig nutzte man einen Referenten, dessen Konzept darauf beruhte, wenige Informationen, aber dafür mehr Emotionen zu übermitteln. Dies tat er mit großen, gefühlsbetonten Bildern (es ging ums Bergsteigen) von Teams im Schnee im Himalaya. Auch hier entbrannte sofort eine durch den Hauptmoderator geschickt gelenkte Diskussion über Analogien zwischen Motivation im Beruf und im Sport. Die Plenardiskussion mündete in launigen Gesprächen der Gäste. Ein voller Erfolg.

- Marc Schubert hatte ein Studententeam darauf angesetzt, in allen Workshops und Plenardiskussionen die Kundenargumente zu notieren. Bisher hatte man Tonaufnahmen gemacht. Die langen Mitschnitte wollte sich im Alltag nach dem Kongress aber niemand mehr antun. Jetzt erhielt er vom studentischen Redaktionsteam knappe Zitate, mit denen er den Inhalt des nächsten Kongresses ideal planen konnte. Die Studierenden führten am Rande auch Interviews mit den Vertriebskollegen und – wo es passte – auch mit den Kunden, um die Herausforderungen der Kunden im Alltag zu verstehen.

Sie haben sich vielleicht zwischenzeitlich über die Maßnahmen von Marc Schubert eine Meinung gebildet. Der nächste Abschnitt beschreibt und beurteilt die Stärken und Schwächen im Praxisfall. Die Sammlung der Argumente ist keine abschließende Liste, sondern bietet Ihnen – in Ergänzung und Abrundung zu Ihren Eindrücken – ein Fazit aus meiner Sicht.

5. Schritt: Highlights and Lowlights im Praxisfall „Klassiker im neuen Kleid"

- Marc Schubert hat eine mutige Formatveränderung vorgenommen. Das Format ist jetzt kompakter und zeitgemäßer. Für Gäste mit langer Anfahrt ist es vielleicht eine Enttäuschung, wenn aufgrund der Reisezeiten eine Übernachtung nötig ist, am Morgen aber kein Programm angeboten wird. Ich schlage bei Bedarf ein gemeinsames Frühstück für diese Teilnehmer vor. Sicher verbinden einige Teilnehmer den Kongress auch mit anderen wichtigen Terminen vor Ort.
- Ein großer Teil der Gäste sind Stammgäste beim Kongress. Die Sorge, von dem Tag nicht (mehr) zu profitieren, sollte durch ein exzellent konzipiertes Einladungsschreiben mit einer übersichtlichen, aussagekräftigen Agenda ausgeräumt werden. Ich empfehle eine Veränderung im Layout, die den Leser ergänzend auf den neuen Weg im Programm hinweist.
- Marc Schubert beschäftigt sich gekonnt mit den Charakteristika der Top- Manager: Kleine Revierkämpfe zwischen den „Geweihträgern" gehören im neuen Kongressformat ausdrücklich zum Konzept. Der Kongress bietet den Gästen die Gelegenheit zum Kräftemessen.
- Marc Schubert streicht die Vorstandsrede. Das ist für sein Verhältnis mit der Geschäftsleitung eine Belastungsprobe. Für den Kongress ist es viel wichtiger, dass der Vorstand greifbar ist (und nicht mit Proben für die Rede beschäftigt) und mit allen Gästen den Tag über im intensiven Austausch steht. Marc Schubert legt dem Vorstand ein perfektes Briefing über alle Gäste vor, das auch beliebte Gesprächsthemen der Partner enthält. Die Unterlagen waren kurz, übersichtlich und so überzeugend, dass der Vorstand gerne der Empfehlung seines Kommunikationsleiters folgte.
- Marc Schubert sorgte für einen engeren Schulterschluss mit dem Vertrieb. Das ist auch für einen Profi wie ihn nicht einfach, denn Vertrieb und Marketing pflegen in vielen Unternehmen Eifersüchteleien und Revierkämpfe. So ist es auch bei „Strategiekönner". Trotzdem setzt er sein Anliegen durch. Der Vertrieb muss sein Kundenwissen preisgeben. Nur so können alle maximal auf die Erwartungen der Kunden eingehen.
- Das führte zu einem Perspektivenwechsel: Marc Schubert sorgt für mehr Freude am Gespräch mit den Gästen. Bei den Diskussionen herrschte früher zuweilen ein bisschen Nervosität. Sie wurde aus der Sorge geboren, ein Teilnehmer könnte in der Diskussion eine Bemerkung machen, die den Moderator oder das Gastgeberteam überfordert. Die Angst vor einem Gesichtsverlust vor der Community beschäftigte alle. Für Marc Schubert war es eine Frage von professionellem Selbstverständnis und Selbstvertrauen, die

Herausforderung anzunehmen. Natürlich unterstützte er alle Kollegen vor dem Kongress. Eine Mehrarbeit, die sein Team belastete – sich allerdings lohnte.

- Traditionelle Rezeptionsgewohnheiten verändern sich durch das Internet. Selbst bei älteren Zielgruppen sind neue Anforderungen entstanden, auch wenn sie noch nicht selbstverständlich mit dem Computer in Schule, Ausbildung und Freizeit aufwuchsen. Ein Blick auf seriöse Talkshows zeigt die neuen Wünsche: Man erwartet Dialog auf Augenhöhe, Interaktion auf allen Ebenen ist wichtig, Fragestellungen werden plakativ zugespitzt und man kommt schneller zum Punkt, die Aufmerksamkeitsfenster sind kleiner etc. Diesen Paradigmenwechsel hatte Marc Schubert schlicht verschlafen.
- Gut und professionell abgewickelt – also handwerklich erfolgreich – ist durchaus ein Erfolgsfaktor für Events. Für eine regelmäßige Veranstaltung ist das nicht genug. Auch ein professioneller Vortrag kann langweilig sein, wenn er nicht zu meinen Vorkenntnissen oder Informationswünschen passt.
- Es war eitel, sich auf den bisherigen Erfolgen mit dem Kongress auszuruhen. Marc Schubert war buchstäblich in der Komfortzone abgesackt. Das hatte er selbst gut erkannt und dann schnell reagiert. Er wird seine Lektion gelernt haben und diesen Fehler künftig vermeiden.
- Die Wahl der Eventagentur scheint mehr auf der persönlichen Bindung zu beruhen als auf fachlichen Gründen. Intelligente Recherchen, Markttrends und aktive Vorschläge zum Konzept kamen nicht von den Kollegen. Das Selbstverständnis als Umsetzer oder Spaßmacher ist häufig bei Agenturen. Hintergrundwissen und variantenreiche, pragmatische Konzeptionen sind selten. Viele Unternehmen haben hier zu niedrige Ansprüche und kaufen sich nur die organisatorischen Ressourcen ein. Das ist zu wenig. Ich empfehle eine Ausschreibung, um neue Agenturpartner zu prüfen.

Was nehmen Sie mit?
Sie haben den Praxisfall von Marc Schubert aus verschiedenen Perspektiven reflektiert. Bitte fassen Sie nun Ihre stärksten Eindrücke zusammen, um so Ihre Gedanken und Lernfortschritte zu dokumentieren. Das Arbeitsblatt hilft Ihnen dabei, in der Chronologie des Praxiskapitels vorzugehen:
    Erster Schritt: Zielgruppensystematik

    1. Zielgruppen festlegen und/oder prüfen
    _____

    2. Anforderungen der Zielgruppe erfassen
    _____

    3. Übersetzen der Kundenanforderungen in das Eventprogramm
    _____

Zweiter Schritt: Checkpoint/Kontrollpunkt

1. _____
2. _____
3. _____

Dritter Schritt: Interaktion im Fokus

1. Emotionale Anforderungen der Gäste

_____

_____

2. Aktionen und Maßnahmen von Marc Schubert

_____

_____

3.2 Fachforum für Projektmanager im Anlagenbau

3.2.1 Praxisfall: Schnell von null auf hundert

Der Industrieanlangen-Anbieter „Schlüsselfertig" richtet seit fünfzehn Jahren ein akzeptiertes Fachforum aus. Die wichtigsten Kunden stehen auf der Gästeliste. Sie reisen aus ganz Europa an und verbinden die Veranstaltung mit anderen Terminen in der Stadt. Ein Ziel ist es, in der Wahrnehmung der Kunden die eigene Expertise auf dem komplexen Gebiet der chemischen Produktionsstätten zu verankern: Die Sicherheitsstandards verlangen ein feinsinniges Projektmanagement. Das wirkt auf Kunden manchmal etwas unflexibel. Zudem ist der Kostendruck in der Branche immens. Es kommt trotz umsichtiger Planung immer wieder zu Verzögerungen, beispielsweise durch die ungewöhnlich strenge Auslegung der Sicherheitsvorschriften durch die Behörden. Es ist allerdings unmöglich, das Datum für die Inbetriebnahme der Anlage zu verschieben. „Schlüsselfertig" kauft dann zusätzliche Personalressourcen ein, um pünktlich und in höchster Qualität zu liefern. Das kann auch termintreu abgeschlossene Projekte unerwartet teuer werden lassen. Kunden reagieren auf diese Nachricht natürlich – trotz schneller Information – schnell verärgert. Solche Verstimmungen auszugleichen und das Vertrauen in die Zusammenarbeit zu stärken, ist das zweite Ziel des Fachforums.

Man kennt sich in der Branche, deshalb fällt dem Kommunikationsleiter von „Schlüsselfertig", Paul Schneider, ein Generationenwechsel auf. Nachwuchsprojektleiter übernehmen bei einigen Kunden mehr Verantwortung. Die Teilnehmerliste vom letzten Jahr zeigte

Fachforum Anlagenbau

Ihr Gastgeber: Schlüsselfertig

10:00 Uhr	Begrüßungsrede Geschäftsführer
10:30 Uhr	Fachvortrag von Redner 1
11:30 Uhr	Fachvortrag von Redner 2
12:30 Uhr	Lunch
13:30 Uhr	Zwei Workshops zu aktuellen Themen
15:30 Uhr	Kaffeepause
16:00 Uhr	Fachvortrag von Redner 3
17:00 Uhr	Zusammenfassung des Tages durch einen Vertreter des Gastgebers
18:30 Uhr	Evening Snack

Abb. 3.3 Agenda Fachforum von „Schlüsselfertig"

zwanzig Prozent neue Namen von deutlich jüngeren Gästen. Frauen sind noch immer in der Minderzahl, doch häufiger vertreten als früher.

Paul Schneider nimmt diese Veränderungen zum Anlass, das aktuelle Format der beliebten Veranstaltung auf den Prüfstand zu stellen. Bisher trafen sich um die siebzig Personen einmal im Jahr. Man begann um 10:00 Uhr und verbrachte den Tag zusammen. Bei den letzten beiden Foren kamen immer mehr Gäste erst mittags oder gingen schon nach dem Lunch. Es sah so aus, als passe der Tagesplan nicht mehr in die aktuelle Arbeitswelt der Teilnehmer. Oder war es eine Frage des Interesses?

Paul Schneider wollte das Fachforum modernisieren, aber extreme Schritte vermeiden, um seine traditionsorientierten Gäste nicht zu brüskieren. Keine einfache Aufgabe. In der Abb. 3.3 finden Sie die Agenda vom letzten Jahr. Für welches Format soll Paul Schneider sich entscheiden?

⇒ **Aufgabenstellung und Problemanalyse**

„Schlüsselfertig" baut weltweit chemische Fabriken für seine Kunden. Paul Schneider richtet seit Jahren sehr erfolgreich ein Fachforum für diese Kunden im Anlagenbau aus. Für „Schlüsselfertig" ist es wichtig, dass die Stimmung beim Event harmonisch ist. Die Projektleiter auf der Kundenseite sollen sich schnell wohlfühlen, damit in Nebengesprächen kleine und große Missverständnisse aus dem Tagesgeschäft erfolgreich ausgeräumt werden. Die Zusammensetzung des Forums hat sich verändert (jüngere Gäste und mehr Frauen). Einige Teilnehmer kamen später oder gingen früher. Paul Schneider sucht nach einer gelungenen Modernisierung des Formats.

1. Schritt: Katalysatorensystematik
2. Schritt: Checkpoint
3. Schritt: Interaktion im Fokus
4. Schritt: Im Rückspiegel – wie ging der Praxisfall weiter?
5. Schritt: Highlights and Lowlights im Praxisfall „Schnell von null auf hundert"

Paul Schneider möchte „die Neuen" in der Community integrieren, um sich als perfekter Gastgeber zu zeigen. Bisher reagierten gestandene Projektmanager eher skeptisch auf „Greenhorns". Paul Schneider lag viel an einer harmonischen Atmosphäre auf Augenhöhe. Er wollte Gesprächsbarrieren zwischen den Juniors und den Best Agers gar nicht erst entstehen lassen. Schließlich sollten die im Alltag immer wieder spürbaren kleinen Kontroversen zwischen „Schlüsselfertig" und den Partnern durch gezielte Kompetenzbeweise entschärft werden. Ihm war klar: Beherrschten kleine Machtkämpfe zwischen den Gästen die Stimmung, würden die Kompetenzbeweise von „Schlüsselfertig" ihren Weg in die Ohren der Gäste nicht finden. Wirkungsvolle Eisbrecher waren gefragt, um die Gäste schnell und zuverlässig im vorurteilsfreien Fachdiskurs ankommen zu lassen.

1. Schritt: Katalysatorensystematik

▸ **Ihr Lernvorteil** Dieser Abschnitt bietet Ihnen eine Analyse- und Reflexionssystematik, um schnell und zuverlässig ein packendes Thema für die Veranstaltung herauszuarbeiten. Die Gemeinsamkeiten der Gäste sollen dabei – auch bei kontroversen Fachgesprächen – im Vordergrund stehen. Es geht dem Eventmanager um ein „gutes Ankommen" beim Event und spannende Gespräche, die nicht zu polarisierend sind.

Paul Schneider möchte das Fachforum perfekt vorbereiten. Natürlich musste organisatorisch alles passen. Das empfand der Eventprofi aber nicht als sein wahres „Kampfgebiet", denn seine Abteilung war erfahren und qualifiziert in der Abwicklung des Fachforums. Als Kommunikationsleiter verstand er seine Aufgabe darin, ein Inhalts- und Ablaufkonzept zu liefern, das einerseits die Experten bei „Schlüsselfertig" überzeugte und andererseits die Geschäftspartner des Unternehmens begeisterte.

Systematik zur Beschleunigung

a) Themenfinder
b) Vorbereitungsmotor
c) Einstiegsmonitor

Für das Publikum von Paul Schneider standen beim Forum praxisnahe, aber anspruchsvolle Fachaspekte im Vordergrund. Es handelte sich immerhin um die Profis der Branche.
Paul Schneider fand es in jedem Jahr schwieriger, ein aktuelles Thema herauszufiltern, um
ein Veranstaltungskonzept daraus zu formen. Plötzlich wurde ihm klar: Er stand sich mit
seiner selbst formulierten Erwartung im Weg, neue Themen erfinden zu wollen. Eigentlich geht es darum, aktuelle Anwendungsbezüge aus der Vielzahl der bekannten Themen
herauszugreifen und sie in einem neuen Kontext zu beleuchten. In der Theorie war das
einfach gesagt. Begleiten Sie Paul Schneider bei den nächsten Schritten. Er beginnt seine
Reflexionen mit dem Themenfinder:

- **Themenfinder**
  Gute Ideen fallen leider nicht vom Himmel. Sie können sich allerdings mit Arbeits-
  techniken dabei unterstützen, Ihre Gedanken zu sammeln und festzuhalten. So ist Ihr
  eigenes Wissen schneller für Sie greifbar und als Denk- und Gesprächsunterlage ver-
  fügbar.

▸ **Ihr Lernvorteil** Der Themenfinder stellt Ihnen eine Struktur vor, um Ihr Wissen zu sammeln. Gezielte Recherchen fallen Ihnen leichter. Sie vermeiden Panikgefühle, weil Sie sich
nicht mehr so intensiv unter Leistungs- und Zeitdruck fühlen. Denkblockaden zu Beginn
eines Projekts werden seltener.

Paul Schneider nutzte dieses Arbeitsblatt als Vorbereitung für ein Meeting mit seinem
Team und der begleitenden Agentur. Bitte beantworten Sie die Arbeitsfragen zum Praxisfall, um gemeinsam mit Paul Schneider weiterzuarbeiten:

Arbeitsblatt Themenfinder
**Welche Meldungen rund um Innovationen im Anlagenbau sind Ihnen in der
letzten Zeit in der Tages- und Wirtschaftspresse aufgefallen? Denken Sie an wachsende Anforderungen an Industrieanlagen durch Erdbeben oder Überschwemmungen.**

_____

_____

_____

**Recherchieren Sie in der Fachpresse (Print/elektronische Medien): Welche
Themen werden mehrfach genannt, welche nur gelegentlich?**
Mehrfach genannt

- _____
- _____

- _____
- _____

Gelegentlich genannt

- _____
- _____
- _____
- _____

Welche Querverbindungen können Sie zwischen den recherchierten Ergebnissen aus Frage 1 und 2 erkennen? Arbeiten Sie zwei bis vier Themencluster heraus.

- _____
- _____
- _____
- _____

Priorisieren Sie die Themencluster in Bezug auf Ihr Unternehmen. Welche Aspekte haben im Augenblick mehr oder weniger mit den aktuellen Herausforderungen in Ihrem Unternehmen oder bei Ihren Partnern zu tun?
Starker Bezug zu meinem Unternehmen/Kunden und Partner:

- _____
- _____
- _____
- _____

Weniger starker Bezug zu meinem Unternehmen/Kunden und Partner:

- _____
- _____
- _____
- _____

Fazit: Welches Thema wird gerade in den Medien/in Fachkreisen diskutiert und ist relevant für den Geschäftserfolg meiner Partner und folglich für meinen eigenen?

- _____

Haben Sie alle Fragen beantwortet? Möchten Sie Ihre Ergebnisse mit den Lösungen von Paul Schneider vergleichen? Sie finden die Zusammenfassung seiner Eindrücke unten – oder Sie überspringen das nächste Kapitel und lesen sofort, wie der Praxisfall weitergeht:

Antworten von Paul Schneider

- Gelegentlich genannt: Internationale Projektarbeit
- Mehrfach genannt: Stahlverarbeitung und -bearbeitung
- Besonderer Bezug zu „Schlüsselfertig": Stahllegierungen, die auch bei Naturkatastrophen absolute Sicherheit garantieren
- Innovationen in der Bearbeitung, die höchsten Qualitätsstandards gerecht werden.

Paul Schneider fühlt sich durch die Ergebnisse seiner Vorarbeiten perfekt gerüstet, um im nächsten Schritt mit seinen Mitarbeitern das Motto der Veranstaltung auszuwählen. Als Führungskraft legte er Wert darauf, das Meeting kompetent zu steuern. Er wusste: Zeigte er Entscheidungsschwächen, würde er sein Team verunsichern. Außerdem möchte Paul Schneider ein unkompliziertes Vorgehen etablieren, um die – anspruchsvollen – redaktionellen Inhalte der Vorträge und Diskussionen gemeinsam zu benennen und die Meilensteine in der Vorbereitung zu skizzieren.

Die Mitarbeiter von Paul Schneider waren ebenfalls nervös: Ihnen war klar, was ihr ambitionierter Chef von dem Meeting erwartete. Sie sollten gemeinsam ein niveauvolles Inhaltskonzept für das Forum auf den Weg bringen. Für ihn beschränkte sich Eventmarketing nicht auf die Organisation des Forums, sondern er legte vor allem Wert auf intelligente Inhalte. Die sollten – natürlich – aus seiner Abteilung stammen. Mit diesem Ansatz hatte er viel für das Standing der Abteilung im Unternehmen getan. Die Marketingabteilung genoss jetzt den Ruf einer Expertengruppe.

Früher belächelten die Ingenieure sie nur als „Marketingheinis". Trotzdem machen sich einzelne Kollegen in Paul Schneiders Abteilung Sorgen, überfordert zu sein. Paul Schneider kennt seine Truppe. Er nutzt die Systematik „Vorbereitungsmotor" als roten Faden, um bei den Diskussionen zu Stahllegierungen jede Nervosität im Keim zu ersticken und sich nicht zu verzetteln. Selbst er sieht es ein: Die Eventabteilung war kein Kompetenzzentrum für Anlagenbau! Das ambitionierte Ziel von Paul Schneider ist es jedoch, seiner Geschäftsleitung wie in jedem Jahr einen kompetenten Themenschwerpunkt mit passendem Rahmenprogramm für das Forum vorzuschlagen. Er möchte, dass die Herzen der Anlagenbauer höherschlagen.

- **Vorbereitungsmotor**
  Die Kommunikationsexperten möchten im Unternehmen als kompetente Partner wahrgenommen werden. Dazu müssen sie den Ingenieuren fachlich reife Vorschläge anbieten. Damit im Team eine qualifizierte Diskussion möglich wird, müssen alle Kollegen auf dem gleichen Kenntnisstand sein und die Anforderungen des Themenschwerpunkts „Stahllegierungen im Anlagenbau" in kurzer Zeit verstehen. Der Vorbereitungsmotor liefert eine Struktur für den gemeinsamen Einstieg und die weitere Arbeit.

▷ **Ihr Lernvorteil** Dieser Abschnitt stellt Ihnen vor, wie das Eventteam die komplexen und fachfremden Inhalte des Fachforums besser verstehen, einschätzen und sinnvoll bearbeiten kann. Die Systematik ist übertragbar auf jeden Sachverhalt und stärkt Ihre redaktionelle Leistungskraft.

Paul Schneider nutzt als Einstieg in die Aufgabe einen Klassiker aus dem Journalismus: die W-Fragen, um seinem Team eine erste Struktur für die Vorarbeiten anzubieten. Er möchte zum Thema „Stahllegierungen im Anlagenbau" erarbeiten lassen, welche Erfolgsfaktoren für die Projektmanager im Tagesgeschäft wichtig sind. Nutzen Sie bitte das Arbeitsblatt unten, um gemeinsam mit dem Team von Paul Schneider die W-Fragen zu beantworten:

Arbeitsblatt Vorbereitungsmotor mit W-Fragen
**Welche Innovationen oder Anwendungsverbesserungen bietet „Schlüsselfertig"
aktuell an?**

- _____
- _____

Was ist in der Branche davon schon bekannt?

- _____
- _____

Welche Informationen sind für die Projektmanager relevant?

- _____
- _____

Feedback zu den Fragen

- „Schlüsselfertig" bietet Lösungspakete an, die bei den Kunden noch nicht in der Breite bekannt sind.
- Projektmanager müssen über alle Innovationen rund um das Thema „Stahl" informiert sein (Material, Verfahren, Qualität).

Zwischenfazit von Paul Schneider

- Paul Schneider war zufrieden mit den Antworten des Teams.

> - Sie lieferten sowohl Informationen wie auch interessante Fragestellungen, die er beim Forum benutzen wollte. Gemeinsam destillierte die Gruppe – entlang dem Motto – einen Katalog von Themen heraus, die beim Fachforum besprochen werden sollten.

Jetzt prüfte Paul Schneider, aus welchen Bausteinen er das Forum zusammenstellen wollte. Die Teilnehmer gaben in den letzten Jahren begeistertes Feedback für

- Impulsreferate über Grundlagenthemen
- Diskussionen zu aktuellen Praxisfällen
- Workshops zu Fragestellungen aus dem Arbeitsalltag oder Trends

Paul Schneider liegt die gute Mischung zwischen Strategie und Praxis am Herzen. Die Agenda soll Abwechslung zwischen Theorie und Anwendungsfällen bieten. Herr Schneider möchte seinen Gästen – mit Fachbegriffen der Kommunikationswissenschaft gesprochen – kontinuierlich die Gelegenheit bieten, Meinungen und Erfahrungen zu empfangen und auch zu senden. Der Profi weiß: Je mehr Gleichgewicht zwischen Senden und Empfang besteht, desto gelungener empfinden wir die Kommunikationssituation. Ihm schwebte eine Balance im Gesprächsanteil zwischen dem Referenten und den Teilnehmern vor. Die Gäste sollten die Freiheit spüren, das Fachforum mit ihrer Expertise mitzugestalten. Andererseits wollte Paul Schneider den thematischen und organisatorischen Rahmen setzen, so dass sich alle abgeholt und perfekt angeleitet fühlten. Die Abb. 3.4 illustriert die Gedanken von Paul Schneider.

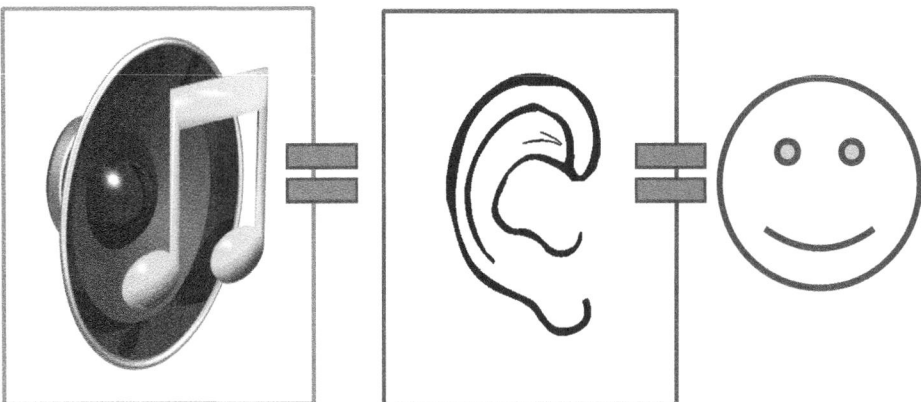

Abb. 3.4 Balance zwischen Senden und Empfangen

Abb. 3.5 Neue Agenda Fachforum von „Schlüsselfertig"

Fachforum Anlagenbau

Ihr Gastgeber: Schlüsselfertig

17:30 Uhr	Begrüßung und Vorstellung Gast
17:45 Uhr	Interview
18:30 Uhr	Vortrag
19:15 Uhr	Pause
19:45 Uhr	World Café
20:15 Uhr	Diskussion mit dem Gast
21:00 Uhr	Snacks

Als Folge dieser Überlegungen formuliert Paul Schneider die neue Agenda für das Fachforum von „Schlüsselfertig". Die Abb. 3.5 informiert Sie über die Pläne von Herrn Schneider.

Lesen Sie hier die Argumente, die in der Diskussion zwischen Paul Schneider, seinem
Team und der Eventagentur entscheidend waren:

- Paul Schneider denkt schon länger darüber nach, ob und wie er das Fachforum kürzen
  soll. Es kommt immer häufiger vor, dass einige Gäste später beim Forum erscheinen
  oder gleich nach dem Mittagessen gehen. Ein ganzer Arbeitstag scheint für die Projektmanager nicht mehr zur Disposition zu stehen, selbst wenn sie eine längere Anreise
  hinter sich haben.
- Paul Schneider quält allerdings die Sorge, dass bei den Gästen ein Missverständnis entsteht: Könnte ein gekürztes Event nicht so wirken, als ob „Schlüsselfertig" beim Fachforum Kosten sparen möchte – oder der Austausch mit Kunden und Partnern an Bedeutung verloren habe? Er bittet sein Team um Recherchen und tatsächlich bestätigt sich die
  Einschätzung. Seine Mitarbeiter recherchieren einen beobachtbaren Trend zu kürzeren
  Veranstaltungen: Der Arbeitstag und Events werden immer häufiger kombiniert und
  durch eine Abendeinladung verknüpft. Die Zielgruppen sind weiterhin interessiert an
  Veranstaltungen, erwarten jedoch kompaktere Formate. Die Aufgabe für Eventmanager
  von heute ist es, Events zu straffen.
- Da er für intensivere Interaktion zwischen den Teilnehmern sorgen möchte, zieht er –
  anstatt des bisherigen Vortragsformats – ein innovatives Lounge-Konzept mit Beginn
  am späten Nachmittag in Betracht: Das Eventformat stellt einen Abendgast in den Mittelpunkt. Zu Beginn steht ein kurzes Interview mit dem Experten (durchgeführt von
  Paul Schneider), um dem Publikum dessen Expertise und das Themenspektrum für
  den Abend vorzustellen. Dann spricht der Gast über das Fachthema „Stahllegierungen". Nach der Pause haben die Gäste das Wort: Sie sitzen zu acht an runden Tischen

und diskutieren das Gehörte. Meinungen werden ausgetauscht und Fragen formuliert. Man kommt unkompliziert miteinander ins Gespräch und natürlich ist das Wandern zwischen den Tischen herzlich willkommen. Nach dieser Phase steht der Experte im Plenum für den ausgiebigen Meinungsaustausch mit den Gästen zur Verfügung. Wenn sich der Hunger meldet, führt man ungefähr nach einer Stunde Diskussion das Gespräch am Buffet weiter.

Oberflächlich betrachtet, steht ein kürzeres Forum im Widerspruch zu dem Veranstaltungsziel, Harmonie und Vertrauen mit den Gästen pflegen. Folgt man dem Gedanken „viel hilft viel", sollte das Forum nicht gekürzt werden. Begleiten Sie Paul Schneider, um zu verstehen, wie und warum er das Forum konzipiert, um die Ziele von „Schlüsselfertig" mit den Anforderungen der Gäste in Einklang zu bringen:

- **Einstiegsmonitor**
  Nach der Entwicklung der Agenda konzentriert sich Paul Schneider auf die Mikroplanung: Er möchte die Atmosphäre beim Fachforum mit den Mitteln des Eventmanagements gestalten und eine vertrauensvolle Stimmung schaffen. Auch wenn es sich bei dieser Aufgabe um einen weichen Faktor handelt, will er das Gelingen nicht dem Zufall überlassen.

▸ **Ihr Lernvorteil** Dieser Abschnitt erlaubt Ihnen den Blick über die Schulter von Paul Schneider, wenn er seine persönliche Checkliste zusammenstellt. Sie hilft ihm dabei, die Aspekte im Auge zu behalten, die die Gemeinsamkeiten zwischen den Gästen betonen.

Thema: Gemeinsamkeiten erkennen
Arbeitsfrage: Was beschäftigt meine Gäste am Arbeitsplatz?

Antworten:

- Immer komplexere technische Anforderungen (Erdbeben, Hochwasser, andere Klimaeinflüsse)
- Zeitdruck bei steigenden Qualitätsanforderungen
- Personaleinsatz ist kompliziert, weil Fachkräfte in der Branche knapp sind
- Umfassende Abstimmungen mit unterschiedlichen Stakeholdern weltweit

Arbeitsaufgabe 1: Redaktionelles Konzept, das im Interview, dem Vortrag und den Diskussionen Antworten oder Entscheidungshilfen auf diese Fragen liefert.

Thema: Gemeinsamkeiten weiterentwickeln
Arbeitsfrage: Welche Lösungen bieten wir beim Fachforum an, um gemeinsame Blickwinkel zwischen den Gästen und im Kontakt mit uns zu fördern?

Antworten:

Lösungsangebot 1: Neue Fachkenntnisse
Lösungsangebot 2: Diskurs über die Fachaspekte und aktuelle Fragen
Lösungsangebot 3: Neue und schon bekannte Ansprechpartner im Publikum, Kontakt zu einem Meinungsführer der Branche

Arbeitsaufgabe 2: Im Redaktionskonzept die Interessengebiete der Teilnehmer und von „Schlüsselfertig" klären. Die Überschneidungen erkennen und im Redaktionskonzept als roten Faden nutzen.

Thema: **Gemeinsamkeiten nachhaltig etablieren**
Arbeitsfrage: **Wie können wir die Arbeitsergebnisse von heute und das entstandene Vertrauen auch nach dem Fachforum aufrechterhalten?**

Antworten:

- Beziehungsmanagement mit den Gästen, um gegenseitiges Verständnis zu stärken
- Kontakte zu Bekannten pflegen oder sogar ausbauen
- Neue Kontakte und Bekanntschaften knüpfen
- Plattform für anhaltende Kontakte zwischen den Gästen

Arbeitsaufgabe 3: Konzept für das Beziehungsmanagement erstellen, das nicht nur das Fachforum betrachtet. Ein Jahresprozess von Veranstaltung zu Veranstaltung muss entstehen, der mit gezielten Aktionen zwischen den Events die Bindung zwischen den Gästen und zwischen den Gästen und „Schlüsselfertig" immer wieder festigt. Paul Schneider will über diese Idee den Vertrieb informieren und natürlich die Kollegen einbinden, damit alle Informationen abgestimmt an die Kunden gehen.

Die selbst gestellten Arbeitsaufgaben 1 bis 3 führen dazu, dass Paul Schneider eine Checkliste aus drei Abschnitten entwickelt. Er will eine Veranstaltung aus einem Guss, deshalb ist die enge Verbindung zwischen den theoretischen Inhalten und der Umsetzung des organisatorischen Rahmens durch das Eventteam ein wichtiger Erfolgsfaktor. Die gute Abstimmung zwischen den einzelnen Teilprojekten wird in der Theorie vorausgesetzt. In der Praxis fehlt hier oft die nötige Zeit, um alle im Team auf das gemeinsame Ziel einzustimmen. Paul Schneider will an dieser Stelle noch präziser arbeiten als im Vorjahr.

Checkliste „Gemeinsamkeiten managen"

1. **Redaktioneller Bereich**
   - Prüfen, ob alle Programmpunkte des Abends Antworten/Anregungen auf die Herausforderungen der Teilnehmer liefern
     - Falls ja: dem Abendgast positives Feedback geben und auf die Bedeutung der Botschaften hinweisen
     - Falls nicht: den Abendgast auch nach dem Briefing nochmals anleiten, damit dieses Kommunikationsziel von ihr/ihm berücksichtigt wird
   - Erwartungen von „Schlüsselfertig" an das Forum mit den Interessen der Zielgruppe vergleichen. Die Überschneidungspunkte herausarbeiten. Drei Botschaften für den Vertrieb als Briefing formulieren. So kann der Vertrieb durch passende Erläuterungen die Gästebetreuung abrunden.
2. **Konzeptionelles, langfristiges Beziehungsmanagement**
   - Konzept erstellen und mit dem Vertrieb abstimmen, um gemeinsam die Teilnehmer im Laufe des Jahres zu betreuen
   - Erste Maßnahmen wie eine gemeinsame Internetseite beim Forum ankündigen
   - Raum für Begegnung zwischen den Gästen in der Agenda sicherstellen (genug und lange Pausen und ausreichende Diskussionszeit mit motivierender Moderation)
3. **Service-Bereich und Betreuung beim Fachforum**
   - Briefing für das Service-Team zu jedem Gast
   - Jeder Teilnehmer wird mit Namen angesprochen.
   - Vision und Standards für die Betreuung formulieren und mit dem Service-Team besprechen. Zusammenhang mit dem Programm des Forums diskutieren.
   - Praxisbeispiele aus der bisherigen Erfahrung mit den Gästen für Rollenspiele nutzen. Rollenspiele im Team durchführen und Feedback geben.

2. Schritt

▷ **Ihr Lernvorteil** Nutzen Sie diesen Abschnitt, um Ihre Eindrücke zum Praxisfall der Firma „Schlüsselfertig" zusammenzufassen. Reflektieren Sie, ob Sie sich der Meinung und den Maßnahmen von Paul Schneider anschließen. Würden Sie genauso vorgehen oder haben Sie eine andere Auffassung zur Modernisierung des Fachforums?

Checkpoint/Kontrollpunkt

Eventnavigator „Schnell von null auf hundert"

1. Wie schätzen Sie die Bedürfnisse der Zielgruppe ein?

_____

_____

2. Wie beurteilen Sie den neuen Aufbau des Fachforums von „Schlüsselfertig"?

_____

_____

3. Welche Veränderungen am Konzept oder bei der Umsetzung schlagen Sie vor?

_____

_____

Ein Blick auf Ihre persönlichen Erfahrungen mit Fachforen

1. Welche Erfahrungen haben Sie als Eventmanager mit Fachforen gesammelt? Wie leicht ist es Ihnen gefallen, auf die Zielgruppe einzugehen? Mit welchen Informationen haben Sie gearbeitet?

_____

_____

_____

_____

2. Waren Sie als Teilnehmer schon einmal bei einem Fachforum? Wie gut haben Sie sich „abgeholt" gefühlt? Was hat Ihnen gut gefallen – was hat Ihnen weniger gut gefallen?

_____

_____

_____

_____

Feedback zum Eventnavigator

1. Die Gäste freuen sich über gut angebotene Fachinformationen. Allerdings in einem knappen Format, das sich in ihren Arbeitstag integrieren lässt.
2. Das Programm war bisher wie ein Tag an der Universität aufgebaut: wichtige Themen – aber nicht sehr teilnehmerzentriert in der Vermittlung.
3. Das Format des Forums muss die Teilnehmer mehr in den Mittelpunkt stellen. Ein Schwerpunktthema genügt, das intensiv gemeinsam bearbeitet wird.

3.2.2 Interaktion im Fokus: Große Bühne für einen Gast

3. Schritt

„Schlüsselfertig" nutzt das Fachforum, um seine Imagebotschaften bei Kunden zu platzieren: Fachkompetenz, Dialogbereitschaft und der hohe Anspruch an den Kundenservice des Unternehmens sollen spürbar zum Ausdruck gebracht werden. Bisher arbeitete man diese Ziele durch ein strukturiertes Rahmenkonzept mit geplanten Fach- und Imagebotschaften solide ab.

Jetzt möchte Paul Schneider für seine Kunden ein modernes Erlebnis schaffen, um den emotionalen Beweis für den Kundenfokus von „Schlüsselfertig" zu liefern. Dazu verändert er das Fachforum von einem Kongressformat in eine Lounge mit nur einem Abendgast. Allerdings möchte Paul Schneider seine Gäste nicht überfordern. Plumpe Aufforderungen à la „tschaka, tschaka", um Menschen in Kontakt zu bringen oder Aufbruchsstimmung zu erzeugen, kommen für ihn und sein Fachforum nicht in Frage.

Meinungsaustausch im Plenum

▸ **Ihr Lernvorteil** In diesem Abschnitt lernen Sie Maßnahmen näher kennen, die Ihnen dabei helfen, Ihre Teilnehmer unaufdringlich ins Plenargespräch zu verwickeln. Sie erfahren, welche konkreten Werkzeuge Ihnen dabei helfen, lebhafte Gruppengespräche auszulösen, souverän zu steuern und dabei alle Gäste einzubeziehen.

Dreisprung: Interview-Vortrag-Diskussion Paul Schneider stellt beim Forum jetzt einen Abendgast in den Mittelpunkt. Er wählt den in der Branche bekannten Wissenschaftler Prof. Dr. Wilfried Schiller aus, dessen Beiträge nicht nur in der Fachpresse häufig vertreten sind. Er ist auch einem breiten Publikum aus Talkshows rund um die veränderten Anforderungen an sichere Gebäude- und Stadtplanung bekannt. Paul Schneider ist sich sicher: Dieser Gast hat neben seiner Fachexpertise auch ausreichend Charisma, um so intensiv im Fokus zu stehen. Um den Abend für die Gäste kurzweilig und abwechslungsreich zu gestalten, teilt Paul Schneider das Forum in drei Phasen. In jeder Phase spielt Prof. Schiller eine wichtige Rolle, allerdings werden die Gäste schrittweise immer mehr ins Geschehen eingebunden:

Interview mit dem Abendgast

- Das Forum beginnt – nach der professionellen Begrüßung der Gäste – mit dem Interview des Abendgastes. Entgegen den ersten Plänen von Paul Schneider wird er das Interview nicht selbst führen, sondern überlässt dies der Moderatorin.
- Die Dame ist Ingenieurin, sehr versiert und arbeitet als Fachjournalistin. Monika Burmeister fällt besonders positiv durch ihren Charme und eine sympathische Schlagfertigkeit auf. Paul Schneider merkte während der Vorbereitung, dass Frau Burmeister

dem Interview über die Biografie von Prof. Schiller, den Forschungs- und Beratungs-schwerpunkten und seinen nächsten Schritten mehr Tiefe, aber vor allem auch Unter-haltsamkeit verlieh als er selbst. Das Interview hätte ihm Spaß gemacht, aber „jetzt ist einfach nicht der richtige Moment für meine ganz persönliche Eitelkeit", seufzte er im Teammeeting. Sein Team grinste anerkennend und begrüßte die Entscheidung von Paul Schneider.

- Die Intention des Interviews war es, die menschliche Seite des Experten vorzustellen. Die Teilnehmer sollten die seltene Gelegenheit haben, den Gast anders zu erleben als das Millionenpublikum in den Fernsehtalkshows. Schon dies war ein Erlebnis. Zusätzlich bot sich so auch die Chance, die fachlichen Thesen von Prof. Schiller im Kontext seiner Persönlichkeit einzuordnen: Mit welcher Logik formulierte er seine Forschungsfragen, nach welche Antworten suchte er? Natürlich war Monika Burmeister genau auf diese Aspekte vorbereitet und auch Prof. Schiller wusste, dass etwas persönlichere Themen als sonst üblich auf ihn warteten.

- Das Interview fand nicht auf einem Podium statt, sondern ebenerdig auf Augenhöhe mit den anderen Gästen. Das hielt Paul Schneider für ein wichtiges Signal, um später die gleichberechtigte Diskussion zwischen allen Teilnehmern erfolgreich anzustoßen. Die Moderatorin und der Abendgast saßen auf zwei stimmungsvoll beleuchteten, kleinen Sofas. Genau so, wie man die Möbel von Fernsehsendungen kennt.

- Die anderen Gäste fanden ihre Sitzgelegenheit (freie Platzwahl) an runden Tischen mit jeweils acht bequemen Stühlen. Paul Schneider bedauerte es, dass er seinen Lounge-Gedanken nicht konsequenter umsetzen konnte. Gerne hätte er beim Event Sofas für alle Gäste gesehen. Allerdings war dies ein etwas zu großer Aufwand und – darauf wies ihn eine Mitarbeiterin hin – für die Tischgespräche nicht förderlich. Lounge-Möbel sorg-ten eher für „entspanntes Zurücklehnen" als für intensive Gespräche. Trotzdem war der Raum in gedämpftes Licht getaucht, um eine entspannte und intime Atmosphäre zu schaffen. Auch damit wollte Paul Schneider die besondere Nähe zum Experten zum Ausdruck bringen.

Vortrag des Abendgastes

- Die geschickte Ankündigung von Monika Burmeister leitete nach dem Interview zum Fachreferat von Prof. Schiller über. Dieser war von Paul Schneider so gebrieft, dass er ohne Vortragsfolien sprach.

- Die Fachinformationen waren komplex. Trotzdem wollte Paul Schneider auf die be-lehrende Vortragsstimmung verzichten. Im Vordergrund stand die ungezwungene Ge-sprächsatmosphäre – auch wenn es ein Fachforum war. Das funktionierte sehr gut: Der Experte war allerdings gezwungen, seinen Vortragsstil anzupassen und seine Worte an-ders zu wählen als sonst. Paul Schneider bereitete den Referenten mit Hinweisen im Briefing auf diese ungewöhnliche Kommunikationssituation vor. Mit Erfolg: Die Infor-mationen kamen gut verständlich beim Publikum an.

- Als Unterstützung bekamen die Teilnehmer ein Handout von zwei Seiten mit den wichtigsten Thesen in 16-Punkt-Schriftgröße, um bei der Beleuchtung für alle lesbar zu bleiben. Das Papier war nicht voll bedruckt, sondern fasste die Nutzenargumente von Prof. Schillers Thesen zusammen. Neben der Gliederung seines Vortrages lieferte das Skript einige Reflexionsfragen zu den Thesen, die Prof. Schiller mit den Gästen diskutieren wollte. Es blieb reichlich Platz, damit sich die Gäste Notizen zum Vortrag mitschreiben konnten.
- Prof. Schiller hielt sich an das Briefing und sprach nur wenig länger als dreißig Minuten. Paul Schneider wollte den Effekt erzielen, dass sich nach dem Vortrag das Gefühl bei den Gästen formte: „Sehr interessant. Ein bisschen länger hätte Prof. Schiller noch sprechen können. Jetzt freue ich mich schon auf die Diskussion mit ihm." In der Pause mischte sich Paul Schneider unter die Gäste und hörte von ihnen – wie auch von seinen Kollegen – genau diesen Kommentar. Das Interview und der sehr verständliche Vortrag lieferten Gesprächsstoff zwischen allen Teilnehmern. Der Abend verlief bisher genau nach Plan.

Diskussion in zwei Phasen

- Nach dem lebhaften Austausch in der Pause ging es im nächsten Schritt zur Diskussion des Gehörten an den Gästetischen. An jedem Tisch saß ein Kollege von „Schlüsselfertig", um bei Bedarf die Teilnehmer anzuleiten und die Meinungen zu moderieren (siehe Abschnitt „Tischgastgeber an jedem Tisch", unten). Die gestandenen Projektleiter nahmen sehr gerne das „Zepter in die Hand" und kommentierten den Vortrag von Prof. Schiller unter verschiedenen Gesichtspunkten. Die unterschiedlichen Alters- und Erfahrungsgruppen kamen gut miteinander ins Gespräch: Die Verantwortung lag jetzt beim einzelnen Gast, sich Gehör zu verschaffen. Das wurde von den Projektleitern verstanden und funktionierte sehr gut. Die harmonische Raumgestaltung teilte sich den Gästen mit: Man sprach sehr wertschätzend miteinander und selbst altgediente Projektmanager hörten mit Interesse den Schilderungen ihrer jungen Kollegen zu – nicht immer eine Selbstverständlichkeit bei den fachlichen Schwergewichten.
- Einige Tische sammelten alle Teilnehmerfragen für die Diskussion im Plenum, andere besprachen die fachlichen Details und überließen es den einzelnen Gästen, ihre persönlichen Fragen selbst zu formulieren und anschließend zu stellen. Das Format ließ dies zu, um flexibel auf die Gruppendynamik am Tisch einzugehen.
- Schon bei der ersten Bitte der Moderatorin meldeten sich mehrere Teilnehmer, um die Diskussion mit dem Abendgast zu eröffnen. Die Gäste berichteten vom Gesprächsverlauf an ihrem Tisch und stellten dann immer eine Frage. Nach den Antworten von Prof. Schiller kam der nächste Tisch an die Reihe – das Gespräch zwischen Gästen und Experten kam nicht ins Stocken. Auch kritische Bemerkungen der Projektleiter waren dabei und wurden durch die intime Atmosphäre vom Experten auch nicht als Affront verstanden. Im Gegenteil: Er antwortete mit wachsender Leidenschaft am intellektuellen Kräftemessen. Da Prof. Schiller so souverän mit der Situation umging, war es für einige

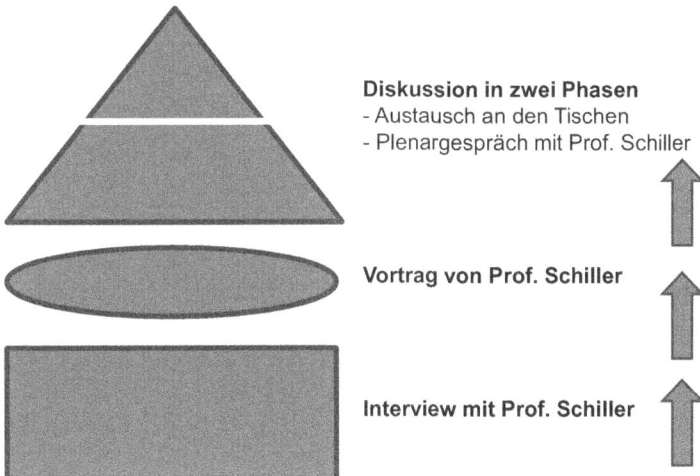

Abb. 3.6 Dreiklang im Fachforum

Gäste ein Heidenspaß, „den Herrn Professor" auch mal durch Praxisberichte herauszufordern. Die Gäste reagierten aber auch auf die Kommentare und Einwände der anderen
Teilnehmer. So entstanden interessante neue Kontakte und ein echter Ideenaustausch
zwischen den Anwesenden.

- Alle Teilnehmer waren mit Feuereifer dabei. Das Gruppengespräch bedurfte nur weniger Moderation, denn eine Wortmeldung reihte sich an die nächste. Im Grunde ging es
nur um die Reihenfolge der Wortmeldungen. Die Nähe zum Abendgast und die Tiefe
der Begegnung standen als konkurrenzloses Erlebnis für alle fest.

Die Abb. 3.6 fasst den vorgestellten Ablauf für Sie zusammen.

Tischgastgeber an jeden Gästetisch Die Rolle der Gastgeber an den einzelnen Tischen ist
auf den ersten Blick betrachtet nicht sehr glamourös: Die Vertriebsmitarbeiter von „Schlüsselfertig" versorgten die Gäste bei Bedarf mit Strukturinfos, die bei jedem Event hochkommen, auch wenn natürlich die Agenda an den Tischen ausgelegt wurde (Wann geht es los,
wie lange dauert ein Programmteil, wann gibt es etwas zu essen?).

- Paul Schneider informierte auch die im Kundenkontakt erfahrenen Kollegen präzise.
Sie sollten die Veränderungen der Veranstaltung mit den richtigen, abgestimmten Botschaften erklären. Damit wurde diese Rolle im Hintergrund unersetzlich für den rei-
bungslosen Ablauf und die harmonische Stimmung.
- Die Platzwahl überließ Paul Schneider seinen Gästen. Die wichtigen Hintergrundgespräche zu aktuellen Projekten waren in dieser Phase der Veranstaltung noch nicht vorgesehen – es sei denn, der Zufall führte die richtigen Partner an einen Tisch. Für diesen

Austausch waren die Pausen und Buffet-Zeiten vorgesehen. Dazu musste das Wohlbefinden der Teilnehmer jedoch erarbeitet werden, nur dann würde die Verweildauer der
Kunden lange genug sein.

Das Service-Team des Forums hatte mit den Mitarbeitern von Paul Schneider einige
Rollenspiele hinter sich gebracht. Jetzt verstand jeder im Team, warum der Ablauf so
gewählt wurde und wer zu welchem Zeitpunkt des Abends welche Rolle spielte. Vom
Tontechniker bis zu den Hostessen und Kellnern hatten alle eine klare Vorstellung über
den Ablauf des Abends und – vor allem – den eigenen Beitrag zum Gelingen. Dieser Teil
der Vorbereitung dauerte etwas und verursachte Kosten, da die externen Mitarbeiter zu
einem zusätzlichen Termin vor dem Forum für die Schulung erscheinen mussten. Paul
Schneider verteidigte seine Entscheidung gegen die Kaufleute – und der Erfolg gab ihm
später recht.

▸ **Praxistipp Raum und Technik**

   Raumkonzept ohne Kanzel

   Wenn Sie sich eine Stimmung „auf Augenhöhe" wünschen, ist es sinnvoll, auch
   Ihre Raumplanung darauf auszulegen. Reden, die auf einem Podium oder hinter
   einem Sprecherpult gehalten werden, mögen klassischen Vorstellungen ent-
   sprechen: Moderne Redner diskutieren mit den Gästen nicht mehr „von einer
   Kanzel" und haben es auch nicht nötig, sich hinter einem Pult zu verstecken.
   Nehmen Sie diesen Punkt unbedingt in das Briefing für Ihre Referenten auf. Die
   Erfahrung zeigt: Auch erfahrene Sprecher zeigen hier manchmal kleine Anlauf-
   schwierigkeiten, sich beim Vortrag im Raum zwischen den Gästen ungezwungen zu bewegen. Planen Sie also vor der Veranstaltung genug Zeit ein, um Ihre
   Vortragenden taktvoll, aber bestimmt anzuleiten.

4. Schritt: Im Rückspiegel – wie ging der Praxisfall weiter?

Die Gäste lobten den Event als „effizienter": Es flossen mehr Informationen in kurzer Zeit.
Das Forum war nach einem Tag, den man für Termine nutzte, ein perfekter Ausklang – so
die Stimmen der Kunden.

- Die Gäste schätzten den Nutzen der Tischgespräche und den intensiven Austausch mit
  dem Abendgast in der Diskussion besonders. Das Interview und der Vortrag von Prof.
  Schiller gefielen ihnen ebenfalls sehr gut. Beide Elemente erhielten in den Feedback-
  Bögen gute bis sehr gute Ratings.
- Der intime Diskurs mit dem Professor gefiel allen Teilnehmern besonders. Das eher
  nüchterne Fachforum von früher verwandelte sich durch den exklusiven Austausch der
  Teilnehmer mit dem Abendgast in ein echtes Erlebnis – genau wie es sich Paul Schneider erhofft hatte. Der Dreiklang aus Interview-Vortrag-Diskussionen funktionierte exzellent: Der Abend war fachlich anspruchsvoll, abwechslungsreich und die Stimmung
  zwischen Kunden und Gastgebern auf Augenhöhe. „Schlüsselfertig" zeigte sich kompetent auf allen Gebieten.

- Die Betreuung der Gäste an den Tischen verlief mustergültig. Die Gespräche kamen unkompliziert in Gang. Die Stimmung war wertschätzend und fröhlich. Der Rollentausch von Tischgastgeber auf Vertriebsprofi gelang gut. Fast alle Gäste blieben zum Abendessen. Das Buffet war im Foyer des Kongressraums angerichtet. Die Beleuchtung war wie zuvor im Plenarsaal leicht gedämpft – wie bei einem privaten Abendessen, ohne schummerig zu wirken. Paul Schneider wollte keine kühle, sterile oder förmliche Stimmung. Im Gegenteil, er legte Wert darauf, die kollegiale Verbindung aller Teilnehmer auszudrücken.

- Man plauderte lebhaft, auch der Experte mischte sich ohne Berührungsängste unter eine Teilnehmergruppe. Paul Schneider ließ im Vorfeld sowohl gemütliche Sitzgruppen wie auch Stehtische für den Imbiss vorbereiten. Nach dem Sitzen im Plenum wählten die Gäste überwiegend die Bistrotische und aßen lieber im Stehen.

- Die Hintergrundgespräche zwischen den Kunden und „Schlüsselfertig" fanden statt, allerdings eher kurz. Die Stimmung war so positiv, dass sie überflüssig wurden. Die Vertriebler hörten – so berichteten sie übereinstimmend – häufig Kommentare wie diesen: „Passt schon. Ich weiß ja, dass ‚Schlüsselfertig' sein Bestes für uns gibt. Zaubern könnt ihr eben auch noch nicht." Der Idealfall aus Vertriebssicht. So konzentrierten sich alle darauf, das gute Verhältnis über den Abend noch zu festigen. Das Feedback vom Vertrieb für den Event war deshalb einhellig gut. Einzelne Kunden standen bis in den späten Abend zusammen mit den Kollegen von „Schlüsselfertig" an der Bar und plauderten ausgelassen. Das gab es natürlich auch schon früher beim Fachforum, trotzdem wirkten die Kunden diesmal viel begeisterter. Das blieb auch so, denn auch das Feedback der nächsten Wochen zeigte: Das neue Format war ein echter Erfolg.

- Beim Abschied hatten Kunden und Gastgeber das Gefühl, sich nach einem schönen Abend von Freunden zu verabschieden. Die ideale Basis für die Zusammenarbeit, fand Paul Schneider schmunzelnd.

Haben Sie die Schritte von Paul Schubert schon während des Lesens für sich eingeordnet? Ich gratuliere! Der nächste Abschnitt fasst die Stärken und Schwächen im Praxisfall zusammen. Ich biete Ihnen meine Einschätzung an. Sie prüfen bitte für sich, welche Hinweise Sie als Abgleich mit Ihrer Meinung nutzen möchten.

5. Schritt: Highlights and Lowlights im Praxisfall „Schnell von null auf hundert"

„Schlüsselfertig" investiert in ein Fachforum, um seine Imagebotschaften bei den Kunden zu platzieren: Fachkompetenz, Dialogbereitschaft und der hohe Anspruch an den Kundenservice. Diese Botschaften drückt der neue Ablauf sehr gut aus. Die Imageziele wurden durch den Event erreicht.

- Die Veränderungen am Format haben das Forum gut an aktuelle Ansprüche angepasst: Die Kunden signalisierten, dass sie nicht mehr bereit sind, einen ganzen Tag in den Event zu investieren. Das kompakte Abendformat geht auf diese Wünsche ein. Die Tageszeit legt nahe, dass Frontalvorträge und herkömmliche Vorträge jetzt nicht mehr am Platz sind. Auch das hat Paul Schneider erkannt und durch seinen Dreiklang (Interview, Vortrag und Diskussionen) perfekt gelöst.

- Seine Sorgen, dass die Kunden die Veränderungen als Sparaktion werten könnten, erwiesen sich als unbegründet. Eine Kundenbefragung hätte hier allerdings schon im Vorfeld wichtige Informationen liefern können.

- Sehr gut gelungen ist Paul Schneider die Anleitung des Referenten. Ein so gefragter Redner wird nicht nur begeistert sein, sich dem eher unkonventionellen Ablauf auszuliefern. Insbesondere die Anforderung an Prof. Schiller, ohne Präsentationsfolien zu sprechen, finde ich imponierend. Die Handouts als Gedankenstütze sind ideal gewählt und perfekt gestaltet. Sie sind ein weiterer Mosaikstein in der Grundbotschaft „Wir freuen uns darauf, mit Ihnen ins Gespräch zu kommen". Ich empfehle, dies von der Moderatorin auch so ansprechen zu lassen, im Sinne von: „Bitte stellen Sie gerne jederzeit Verständnisfragen".

- Der Nutzen der Moderatorin für den Abend ist unbestritten. Paul Schneider hat sich richtig entschieden, sowohl das Interview mit dem Referenten wie die Gastgeberrolle des Abends abzugeben. Selbstverständlich macht es dem Eventexperten Freude, sich direkt beim Event einzubringen. Er wird aber mehr als Taktschläger hinter den Kulissen gebraucht, der Geschäftsleitung und Vertrieb unauffällig bei deren Aufgaben begleitet. Der charmante Auftritt von Monika Burmeister ist zusätzlicher Schmuck für den Event. Ein Schritt, der allerdings auch ein Budget erfordert.

- Die Vorbereitung des Serviceteams mit Rollenspielen hat mich ebenfalls beeindruckt, denn neben der Mühe sorgt es für einen Anstieg der Kosten. Die Bestimmtheit, mit der Paul Schneider seine Entscheidung bei den Kaufleuten des Unternehmens vertritt, sorgt für Erfolg.

- Mir fällt auf, dass Paul Schneider versucht, möglichst viele Teilnehmer zu gewinnen und alle Gäste beim Forum „irgendwie glücklich zu machen". Ein sehr guter Eventmanager wie Paul Schneider schafft so eine Vorgabe – wie der Praxisfall zeigt. Als Qualitätskriterium ist dies jedoch sehr anspruchsvoll. Das Arbeitsmotto „Klein, aber fein" macht als Lösungsvorschlag auf eine andere Betrachtung aufmerksam: bei Bedarf die Zielgruppe kleiner fassen, um in einem noch intimeren Rahmen auf die Bedürfnisse noch besser einzugehen.

Was nehmen Sie mit?
Sie haben den Praxisfall von Paul Schneider aus verschiedenen Perspektiven reflektiert. Bitte fassen Sie nun Ihre stärksten Eindrücke zusammen, um so Ihre Gedanken und Lernfortschritte zu dokumentieren. Das Arbeitsblatt hilft Ihnen dabei, in der Chronologie des Praxiskapitels vorzugehen:

Erster Schritt: Katalysatorensystematik

1. Themenfinder

   _____

2. Vorbereitungsmotor

   _____

3. Einstiegsmonitor

   _____

Zweiter Schritt: Checkpoint/Kontrollpunkt

1. _____
2. _____
3. _____

Dritter Schritt: Interaktion im Fokus
Meinungsaustausch im Plenum

_____
_____
_____
_____

3.3 Round Table für Entscheider im Einkauf

3.3.1 Praxisfall: Attraktiv für Hochkaräter

Die Einkäufer des mittelständischen Automobilzulieferers „Bewegung" sind eine selbstbewusste Truppe. Das Unternehmen ist in mehreren Segmenten unangefochtener Marktführer und agiert international. Es bot seinen Kunden hochwertige Ingenieurleistungen an. Gleichzeitig behielt das Unternehmen seine Produktivität im Auge: Die Einkaufsabteilung spielte eine wichtige Rolle, die angestrebten Gewinnmargen gegen schwankende Rohstoff- und Materialkosten zu behaupten. Einmal im Jahr lädt „Bewegung" zu einem Round Table für die Einkaufsleiter ein. Natürlich wünscht sich das Unternehmen auf diesem Weg, die guten Kontakte zu den Kunden weiter zu festigen.

Ein elitärer Kreis von maximal zwanzig Personen kam zusammen. Da es sich um Entscheider handelte, standen Fragestellungen mit strategischem Wert im Mittelpunkt des Programms. Der Round Table sollte rund um die internationalen Aufgaben der Einkaufsleiter Anregungen bieten: Innovationen und die Anforderungen von morgen waren des-

Abb. 3.7 Bisheriges Eventkonzept von „Bewegung"

Round Table für Entscheider

Ab 16:30	Ankommen und Begrüßung
17:00 – 18:00	Strategievortrag 1
18:00 – 19:00	Strategievortrag 2
19:00 – 20:00	Strategievortrag 3
Ab 20:00	Seated Dinner 5-Gänge-Menü

halb die Leitmotive. Der Diskurs zwischen den Gästen zu den Redebeiträgen entstand bisher spontan. Die Veranstaltung war auch deshalb ein großer Erfolg.

Schon im letzten Jahr hatte sich die Situation bei der Zielgruppe leicht verändert: Der Einkauf war zwischenzeitlich in den Kundenunternehmen auf Augenhöhe mit den Geschäftseinheiten positioniert. Jetzt ging es für die Einkaufsleiter immer mehr darum, erfolgreich Qualitätsstandards in ihren Unternehmen auszurollen. Die globalen Prozesse waren größtenteils implementiert. Die Kompetenzprofile der Zukunft für Einkäufer würden sich deshalb wohl verändern. Da war es bei allem Wettbewerb zwischen den Unternehmen spannend zu hören, welche Up's und Down's die Kollegen bewältigten.

Grund genug für die Kommunikationsleiterin Astrid Meinecke, dem bisher als glanzlos eingeschätzten Thema „Erfahrungsaustausch" einen prominenten Platz im Konzept zu geben. Natürlich hatte man auch zuvor in dem Kreis über laufende Implementierungen oder über Erfolgsfaktoren und Barrieren diskutiert. Jetzt ging es Astrid Meinecke darum, die Zeitaufteilung zwischen Strategiegespräch und Erfahrungsaustausch neu zu bestimmen. Der Round Table fand die letzten drei Jahre von 17:00 bis 22:00 Uhr statt, wobei ab 20:00 Uhr bei einem Seated Dinner (formelles Dinner mit Sitzordnung) der Abend ausklang. Zwischen 17:00 und 20:00 Uhr sprachen zwei bis drei Referenten. Die Frage-und-Antwort-Teile des Abends moderierte ein Fachmoderator, der mit den Themen inhaltlich gut vertraut war. Wie sollte Astrid Meinecke das Konzept verändern, um die Gäste des Round Table positiv zu überraschen? Lesen Sie in der Abb. 3.7 nach, wie das Eventkonzept aktuell aussieht.

⇒ **Aufgabenstellung und Problemanalyse**
Astrid Meinecke möchte den Round Table für Executives aus dem Einkauf modernisieren. Die zwanzig Gäste folgen der Einladung gerne, um über die vorgestellten

Strategien zu diskutieren. Trotzdem soll das Format noch mehr konkreten Nutzen für die Teilnehmer bieten, denn der Bezug zum Tagesgeschäft kommt etwas zu kurz – auch wenn Strategievorträge natürlich auch in der Zukunft wichtig bleiben. Die Veranstaltung soll insgesamt zurück „auf den Boden der Tatsachen". Schließlich waren die Einkäufer keine Philosophen, sondern Geschäftsmänner.

1. Schritt: Down to Earth-**Systematik**
2. Schritt: Checkpoint
3. Schritt: Interaktion im Fokus
4. Schritt: Im Rückspiegel – wie ging der Praxisfall weiter?
5. Schritt: Highlights and Lowlights im Praxisfall „Attraktiv für Hochkaräter"

Denkt man an Executive Round Tables, fallen den meisten Eventexperten sofort und zu Recht Begriffe wie „Strategiegespräch" oder „Trends und Innovationen" ein.

1. Schritt: Systematik „Down to Earth"

▸ **Ihr Lernvorteil** Dieser Abschnitt beschäftigt sich mit der Planungsaufgabe, elitären Veranstaltungen für Entscheider einen griffigen, konkreten Charakter zu verleihen. Es geht darum, nicht zu akademisch zu werden – ohne den Anspruch aufzugeben, auch „über den Tellerrand des Tagesgeschäfts hinaus" zu blicken.

Was die Auswahl des Ortes und der Mitwirkenden angeht, verlangt ein Round Table für Entscheider nach einem anspruchsvollen Rahmen. Zuerst begleiten wir die Kommunikationsexpertin Astrid Meinecke jedoch bei ihren Analyse- und Reflexionsschritten, um den konkreten Nutzen der Zielgruppe durch den Round Table zu vergrößern. Frau Meinecke ist selbst ein abstrakter, konzeptioneller Typ und arbeitet gerne „top down": Sie betrachtet die konzeptionelle Ausrichtung, bevor sie die dazu passende Umsetzung bedenkt.

Die Feedback-Auswertung hat Astrid Meinecke gezeigt, dass – selbst bei einer Veranstaltung für Gäste mit sehr strategischen Aufgaben – konkreter Transfer in den Berufsalltag hoch geschätzt wird. Das überraschte sie, denn sie hatte die Arbeitsaufgaben der Entscheider bisher bei ihrer Planung klar in den Mittelpunkt gestellt: eine Menge abstrakter – dem Tagesgeschäft übergeordneter – Diskussionen und Entscheidungen. Astrid Meinecke ging mit dem Round Table in die gleiche Richtung. Sie dachte, dies würde interessante Gedanken für die Gäste liefern. Dabei ist sie wohl zu sehr von ihren eigenen Interessen ausgegangen. Offensichtlich weckte der abstrakte Arbeitsalltag bei den Gästen jedoch den Wunsch nach ganz „konkreten Nüssen, die gemeinsam beim Event geknackt" werden sollten.

Die Eventexpertin nahm sich vor, die Strategiediskussion im Round Table anzureichern: Die Umsetzungsaspekte aller Konzepte sollten ab jetzt im Vordergrund stehen. Um ihre Gedanken zu ordnen, nutzt Astrid Meinecke die Systematik „Down to Earth":

Systematik „Down to Earth"

a) Bodenhafter
b) Flügelverleiher
c) Zusammenbinder

Astrid Meinecke beginnt ihre Überlegungen mit ihrem Hauptanliegen: Sie will dem Round Table mehr Alltagsbezug verleihen. Dazu arbeitet sie wie folgt:

- **Bodenhafter**
  Der Abschnitt stellt Ihnen Kriterien vor, um Vorträge oder Workshops einzuschätzen. Im Mittelpunkt steht der Anwendernutzen der Beiträge. Natürlich ist der Bodenhafter nicht so zu verstehen, dass Sie mechanisch einer Bewertungsskala folgen sollen. Der Katalog ist allerdings eine hilfreiche Ergänzung, um Ihre Entscheidung zu prüfen. Hilfreich sind die Skalen auch, um Abstimmungen oder einen Meinungsaustausch straff durchzuführen. So können Sie in Ihrem Team oder mit anderen Impulsgebern ohne langen Dokumentationsaufwand Ihre Eindrücke austauschen.

▶ **Ihr Lernvorteil** Der Bodenhafter leitet Sie an, wenn es um Entscheidungen für oder gegen einen Betrag gehen soll. Zusätzlich lernen Sie, für Ihre Events nach diesem Muster eigene Prüfkriterien aufzustellen und im Alltag anzuwenden.

Astrid Meinecke bewertet die Veranstaltung vom letzten Jahr mit dem Bodenhafter: Unten finden Sie die Einzelbewertungen, das Gesamtergebnis und die Interpretation von Frau Meinecke.

1. **Aktuelle Idee mehrerer Experten**

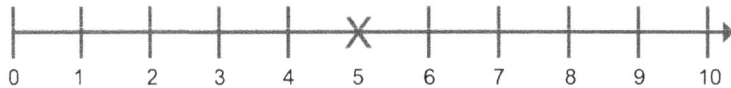

2. **Gedankenspiel eines viel beachteten Meinungsbildners**

3. **Pilot implementiert**

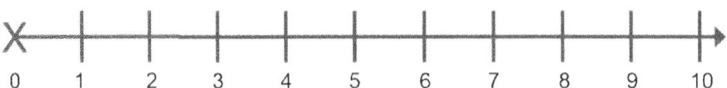

4. **Pilot teilweise implementiert (verschiedene Standorte/Länder)**

5. **Nachjustierung einer bestehenden Implementierung**

6. **Implementierungsvorschau über Vorbereitungsprozess und Projektplan**

Nun hat Frau Meinecke es schwarz auf weiß vor Augen: Die Referenten erreichen im besten Fall den Wert 30 von 60 erreichbaren Punkten. Das bestätigt die Meinung der Kunden, spiegelt Frau Meineckes eigene Wahrnehmung wider und überzeugt sie restlos von dem Kriterienkatalog. Sie nutzt ihn ab jetzt für ihr Team für die interne Güteprüfung. Ein Referent muss aus ihrer Sicht 50 Punkte erreichen, um in die Auswahl für den Round Table zu kommen. Ihr schwebt eine Art „Premier League" für Implementierungen vor.

Nun geht es darum, die nächste Veranstaltung zu planen. Sie hat von ihrer Eventagentur einige Empfehlungen für Vortragsreferenten erhalten. Befreundete Eventmanager haben ihr Referenzen gegeben. Nun kann sie diese Vorschläge gemeinsam mit ihrem Team prüfen und mit dem Bodenhafter „gegenlesen".

- **Flügelverleiher**
  Sicher kennen Sie die Situation: Wenn es darum geht, einen Event zu verändern, schießt man aus gut gemeinter Motivation versehentlich über das Ziel hinaus. Um nicht in eine extreme Haltung zu fallen, kann Astrid Meinecke den Flügelverleiher nutzen. Die Systematik unterstützt dabei, im passenden Umfang „abzuheben". Auch bei einer bodenständigen Veranstaltung möchte man das Tagesgeschäft in Momenten hinter sich lassen und gemeinsam in Richtung innovativer Ideen „losfliegen". Wichtig ist bei dem Veranstaltungskonzept von „Bewegung" jedoch, dass auch die spannendsten Exkurse nicht zu lange dauern und sinnvoll mit Implementierungsgedanken verbunden werden.

▹ **Ihr Lernvorteil** Der Abschnitt stellt Ihnen vor, wie Sie die Redebeiträge bei Ihrem Event unkonventionell kombinieren können. Unerwartete Zusammenstellungen beleben Ihr Veranstaltungsprogramm. Neue Querverbindungen werden möglich und die Gedanken und Diskussionen nehmen einen spannenden Verlauf, ohne dass Sie mit sensationellen Programmpunkten zaubern mussten.

Trotz aller Pragmatik: Astrid Meinecke will ihren Gästen auch weiterhin ein Programm anbieten, das Inspirationen liefert. Sie wünscht sich, neue Denk- und Bewusstseinsräume zu öffnen. Dazu macht sie sich zusammen mit ihrem zwanzig-köpfigen Team auf die Suche nach attraktiven Themen, die sie bewusst entgegen der im Team üblichen Arbeitsgewohnheiten kombiniert. So geht sie vor:

- Sie beginnt erst in einem freien Brainstorming, um unvoreingenommen Themen – jenseits von Businessaspekten – zu sammeln. Das Team arbeitet gerne mit der World-Café-Methode: Man sitzt – wie im Kaffeehaus – an verschiedenen Tischen. Jedem Tisch ist ein Businessthema zugeordnet und die Kollegen diskutieren, welche Unterhaltungsthemen damit kombiniert werden können. Nach fünfzehn Minuten wechseln alle an einen anderen Tisch und beschäftigen sich mit neuen Themenkombinationen.
- Im nächsten Schritt möchte Astrid Meinecke interessante Fragestellungen identifizieren, die als „Verbindungen" funktionieren. Sie nennt diese Fragen „Brückenfragen". Die Diskussion an den „Kaffeetischen" geht somit in die nächste Runde. Diesmal macht man sich auf die Suche nach Arbeitsfragen. Es geht darum, gemeinsame Fragestellungen für Businessthemen und Unterhaltungsthemen herauszufinden.
- Ziel eines jeden Tisches ist es, einem Geschäftsthema ein Thema aus dem Bereich Kunst, Unterhaltung, Sport etc. zuzuweisen. Dann soll der Businessdiskurs wie auch das Unterhaltungsthema nach Erfolgsfaktoren für ideale Implementierungen beleuchtet werden. Die Zwischenergebnisse schreibt jede Arbeitsgruppe auf Moderationskarten.

Am Ende der zweistündigen World-Café-Übung hat das Team einen Themenkatalog zusammengestellt:

Businessthemen

- Innovation im Einkauf
- Qualitätsstandards international nachhalten
- Kompetenzprofile im Einkauf

Unterhaltungsthemen

- Malerei/Bildhauerei
- Musik
- Mode
- Wein und Rauchwaren
- Essen
- Theater/Oper/Musical/Literatur
- Medien
- Computerspiele
- Film
- Extremsport und Sport

Abb. 3.8 Notizen von Astrid
Meinecke mit Brückenfragen

·Innovation: Prozesse für die Ideensammlung?

·Qualität: Wie prüfen soll man sie prüfen?

·Kostendruck: Vom Outsourcing zum Insourcing –
und wieder zurück?

·Kontinuierliche Weiterentwicklung: Kompetenzen
immer wieder anpassen?

·Wettbewerbsvergleich: Ist das überhaupt sinnvoll?

·Tradition: Braucht man diese Werte heute noch? Wann?
Ist es eine Preisfrage?

·Interaktion: Ist Kundendialog noch anders möglich?

Sie sehen in der Abb. 3.8 die Brückenfragen für die Verbindung von Geschäftsthemen und Unterhaltungsthemen, die Astrid Meinecke festhält.

Zwischenfazit von Astrid Meinecke
Am Ende der Gespräche im World Café stehen mögliche Gemeinsamkeiten oder Unterschiede zwischen Industrie und den *Belle Arti*. Das Team diskutiert in der großen Runde, ob und wie Innovation in der Industrie vom Innovationsprozess bei Künstlern befruchtet werden kann. Die Kollegen diskutieren auch, ob die Arbeitsweisen von Musikern (um Spitzenleistungen zu erbringen) auch hilfreich für die moderne Kompetenzentwicklung in der Automobilindustrie sein können. Astrid Meinecke sammelt alle Ideen und Fragen. Plötzlich hat sie eine Vielzahl spannender Themenverknüpfungen zur Verfügung. Die Entscheidung fällt ihr nicht leicht, welches Motto und damit auch welche Themenkombination für den nächsten Round Table in Frage kommen. Sie möchte am liebsten alle Ideen aus dem Themenpool gleichzeitig umsetzen!

Astrid Meinecke lässt sich von dieser Aufgabenstellung anleiten: Das Kommunikationsziel von „Bewegung" für die Veranstaltung ist es, die eigene internationale Leistungsstärke auszudrücken. Das Unternehmen möchte sich als kompetenter Partner auf allen Märkten empfehlen. Die Zielgruppe der Einkaufsleiter steht vor den Herausforderungen, die Qualitätsstandards und Arbeitsprozesse in den Unternehmen global zu implementieren. Die Kompetenzanforderungen an den Einkauf und die Einkäufer verändern sich rasant.

Die Favoriten von Frau Meinecke aus dem Themenpool:

- **Innovation in der Arbeitsweise – Malerei:** Echte Innovation ist durch den erreichten hohen Stand der Technik sehr anspruchsvoll – und deshalb selten. Häufig gelingt es jedoch durch veränderte Prozesse oder Verbesserungen in der Anwendung, präzisere Ergebnisse zu schaffen. Die Malerei macht es uns vor: Die Motive bleiben im Wesentlichen gleich: Natur, Menschen, Tiere oder Gegenstände. Die Interpretationen und Umsetzungen mit immer wieder neuen künstlerischen Mitteln oder Kombinationen entwickeln sich jedoch ständig weiter.
- **Spitzenleistung durch globales Denken – Kochen:**
  Essen Sie und Ihre Familie auch so gerne Spaghetti oder Pizza? Italienische Küche ist ein ideales Beispiel, um zu sehen, wie internationale Einflüsse unseren Handlungsspielraum erweitern. Neben deutschen Gerichten stehen heute eine Vielzahl von Zutaten, Rezepte und Gerichten aus der ganzen Welt auf unserem Speisezettel und machen unsere Ernährung abwechslungsreicher.
- **Zusammenbinder**
  Wie baut man in einem Round Table einen Baustein ein, bei dem alle eine neue oder erfreuliche Erfahrung sammeln und ein Gemeinschaftsgefühl entsteht? Im Idealfall sollten auch die Kontakte zwischen den Gästen in vertrauensvolle Beziehungen verwandelt werden. Der Zusammenbinder liefert Lösungsvorschläge auf diese Fragen.

▷ **Ihr Lernvorteil** Sie erfahren, wie Sie ein spannendes Erlebnis in das Programm integrieren, das thematisch einen Beitrag liefert, Raum für Gespräche gibt und methodisch dem Anspruch „down to earth" gerecht wird.

Astrid Meinecke entscheidet sich für das Motto „Spitzenleistungen durch globales Denken". Sie erweitert das Thema mit dem Untertitel „Globale Systeme lokal anpassen schafft Handlungsoptionen". Als Verknüpfungsthema wählt sie „Moderne Meisterküche". Sie hat diese beiden Referenten eingeladen:

- Der Geschäftsführer eines Mittelständlers in zweiter Generation hat mehrere Werke im Ausland aufgebaut. Er kennt deshalb alle Anforderungen an den Einkauf und die Materialwirtschaft. Besonders die Unterschiede zwischen In- und Ausland sind ihm geläufig. Im Augenblick arbeitet der Referent daran, gemeinsame Standards in seiner Unternehmensgruppe einzuführen. Er wird die Höhen und Tiefen zwischen Konzeption und täglicher Umsetzung am Beispiel seines Werkes in China schildern.
- Als zweiten Redner lädt Astrid Meinecke einen Spitzengastronomen ein, der in Deutschland, Österreich und der Schweiz sowohl für seine exzellenten Restaurants wie für sein Catering berühmt ist. Er präsentiert praxisnah, wie sich die Essgewohnheiten verändert haben und was das für sein Geschäftsmodell bedeutete: Innovative fremdländische Rezepte, z. B. aus China, mussten rechtzeitig in den Speiseplan integriert werden. Auch hier spielen die Planung und der Einkauf des Materials eine Schlüsselrolle. Lebensmittel werden heute in seinen Restaurants auch in klassischen Rezepten anders kombiniert

als noch vor zehn Jahren. Kompetenz- und Horizonterweiterung ist bei seiner ganzen Mannschaft immer wieder gefragt, besonders bei seinen Köchen. Das passiert – wie in jedem Unternehmen – nicht bei jeder Persönlichkeit aus eigenem Antrieb.

- Als dritten Baustein möchte Frau Meinecke etwas „Haptisches" im Programm anbieten. Ihr Team belächelt sie liebevoll. Es fallen Bemerkungen wie „klar, lassen wir die Manager doch einfach ihre Konflikte tanzen" oder auch „die Gäste sollen sicher den Einkäufer von morgen malen: Öl- oder Wasserfarben?". Das fanden alle ausgesprochen komisch. Astrid Meinecke zog sich – etwas verstimmt – mit der Zusammenbinder-Systematik in ihr Büro zurück.

Astrid Meinecke sammelt ihre bisherigen Ergebnisse. Sie ist verunsichert, da ihr die Meinung ihres Teams wichtig ist. Trotzdem will sie ihren Gedanken weiterverfolgen und wünscht sich, schnell die passende Idee zu finden. Hier sehen Sie Ihre Notizen:

Das Motto für den Round Table

- Spitzenleistungen durch globales Denken: globale Systeme lokal anpassen schafft Handlungsoptionen

Ergebnisse aus dem Bodenhafter

- 50/70 der Inhalte sind Umsetzungsbeschreibungen

Ergebnisse aus dem Flügelverleiher

- Strategievortrag „Einkauf in China mit deutschem Ansatz: Implementierungserfahrungen aus dem Werk im Süden"
- Strategievortrag „Einkaufsrezepte für Deutsche mit chinesischem Gaumen"

Die Gedanken von Astrid Meinecke wandern einige Zeit sprunghaft hin und her.
Um sich zu sammeln, trägt Astrid Meinecke die Zwischenergebnisse (siehe oben) in die Zusammenbinder-Grafik ein. Die Visualisierung hilft ihr dabei, ihren nächsten Arbeitsschritt anzupacken und sich nicht in ziellosen Überlegungen zu verzetteln. Die Abb. 3.9 dokumentiert diesen Arbeitsschritt für Sie.

Astrid Meinecke definiert diese Arbeitsfragen

- Welche/s praktische Übung/Spiel/Experiment vermittelt den Gästen eine neue oder sympathische Erfahrung?
- Welche Aktion lässt zwischen den Teilnehmern ein Gemeinschaftsgefühl entstehen, ohne einen Wettbewerb auszulösen?
- Wie können die Kontakte zwischen den Managern schrittweise in vertrauensvolle Beziehungen verwandelt werden?

Abb. 3.9 Zusammenbinder

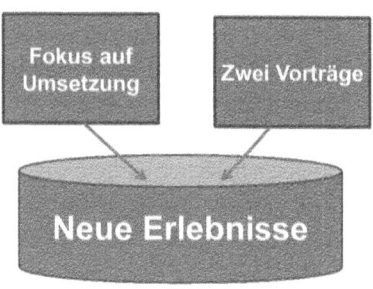

Astrid Meinecke betrachtet die Grafik. Durch die übersichtliche Anordnung klären sich ihre zuvor etwas ungeordneten Gedanken. Plötzlich hat sie eine Idee: Wie wäre es, die Gäste in einer Showküche gemeinsam kochen zu lassen? Unter Anleitung eines *Chef de Cuisine* natürlich. Sie kennt solche Angebote von Seminaren für Teambuilding. Ob die Einkaufsleiter an einer solchen Überraschung Freude haben? Inhaltlich war es die perfekte Ergänzung zu den beiden Vorträgen und lieferte ein handfestes Praxiserlebnis. Astrid Meinecke wusste als Kommunikationsprofi, was sie zu tun hatte. Schließlich ging es nicht um ihren Geschmack, sondern um die Vorlieben ihrer Gäste. Sie prüft ihre Idee an dem Profil der Veranstaltungsgäste:

- ausschließlich Männer zwischen 40 und 55 Jahren
- Akademiker mit technischem oder kaufmännischem Hintergrund
- Interesse an handfesten Themen mit anspruchsvollem Hintergrund

Reflexionsergebnisse von Astrid Meinecke: Kochen ist kein Frauenthema mehr. Immer mehr Männer engagieren sich als Hobbyköche und interessieren sich auch jenseits ihrer Grillmeister-Tätigkeit in der Familie für gute Küche. Kochen und Ernährung sind zentrale Themen unseres Lebens, zu denen jeder Mensch einen Bezug hat. Das Motto trifft den aktuellen Zeitgeist, denn das Kochen erhält in den Medien eine hohe Aufmerksamkeit – und damit eine Imageaufwertung.

Die Zubereitung der Speisen ist eine praktische Erfahrung, die sich von den bisherigen Round Tables abhebt. Sie schafft ein verbindendes Teamerlebnis, das die Beziehungen zwischen den Gästen auf ein intimeres Niveau hebt. Gemeinsam bemüht man sich um ein gutes Abendessen und verzehrt es zusammen. Dieser Rahmen sollte die passende Stimmung für einen entspannten Erfahrungsaustausch und den launigen Diskurs über die gehörten Fachvorträge schaffen. Auch Feinschmecker-Gespräche sind vorstellbar, denn jeder kann seine Vorlieben zwischen *Haute Cuisine* und Currywurst erzählen.

Zwischenfazit
Astrid Meinecke entscheidet sich für das gemeinsame Kocherlebnis als dritten Baustein in ihrem neuen Round-Table-Konzept. Sie ist zufrieden, weil sie eine Veranstal-

tungsstruktur entwickelt hat, die das Kommunikationsziel von „Bewegung" umsetzt und – davon geht sie aus – ihre Zielgruppe anspricht.

Bitte nutzen Sie den Abschnitt „Checkpoint", um alle Informationen rund um den Praxisfall von Frau Meinecke zusammenzufassen und zu reflektieren. Sie finden – wie schon in den anderen Kapiteln – am Ende des Eventnavigators mein Feedback. Bitte nutzen Sie es lediglich als Angebot für den Vergleich mit Ihren Gedanken. Natürlich sind auch noch weitere Lösungen richtig.

2. Schritt

▹ **Ihr Lernvorteil** Nutzen Sie diesen Abschnitt, um Ihre Eindrücke zum Praxisfall des Unternehmens „Bewegung" zusammenzufassen. Reflektieren Sie, ob Sie sich der Meinung und den Maßnahmen von Astrid Meinecke anschließen. Würden Sie genauso vorgehen oder haben Sie eine andere Auffassung?

Übrigens: Sollten Sie noch nicht viel Erfahrung mit diesen „Runden für Entscheider" gesammelt haben, ist das für die Beurteilung des Falls nicht hinderlich. Sicher haben Sie eine Meinung und es macht Ihnen Spaß, diese mit meinem Feedback zu vergleichen. Ein guter Weg, um sich für zukünftige Aufgaben vorzubereiten.

Checkpoint/Kontrollpunkt
Eventnavigator „Attraktiv für Hochkaräter"

1. Wie schätzen Sie die Bedürfnisse der Zielgruppe ein?
   _____
   _____

2. Wie beurteilen Sie den neuen Aufbau des Round Table von „Bewegung"?
   _____
   _____

3. Welche Veränderungen am Konzept oder bei der Umsetzung schlagen Sie vor?
   _____
   _____

Ein Blick auf Ihre persönlichen Erfahrungen mit Executive Round Tables

1. Welche Erfahrungen haben Sie als Eventmanager damit bisher gesammelt? Wie leicht ist es Ihnen gefallen, auf die Zielgruppe einzugehen? Mit welchen Informationen haben Sie gearbeitet?

   _____

   _____

   _____

   _____

2. Waren Sie als Teilnehmer schon einmal bei einem Round Table? Wie gut haben Sie sich „abgeholt" gefühlt? Was hat Ihnen gut gefallen – was hat Ihnen weniger gut gefallen?

   _____

   _____

   _____

   _____

Feedback zum Eventnavigator

1. Als Besucher des Round Table wünscht man sich Austausch mit dem Experten und den anderen Gästen. Dieser Wunsch muss im Mittelpunkt stehen.
2. Der neue Schwerpunkt (Umsetzung von Strategien) passt gut zur Zielgruppe und dem Format.
3. Vorsicht: Die Gäste dürfen sich nicht durch das Interaktionsangebot bedrängt fühlen.

3.3.2   Interaktion im Fokus: Kochrezepte für Erfolg

3. Schritt

Astrid Meinecke ist zufrieden mit der Grob-Agenda (siehe unten). Jetzt beschäftigt sie sich mit der Frage, ob und wie sie den Erfahrungsaustausch zwischen den Gästen beleben kann. Sie betrachtet zuerst die Interaktion im Ablauf der Veranstaltung und danach die Interaktion in drei ausgewählten Bausteinen.

Den Ablauf optimieren Die Eventexpertin prüft die Agenda des Round Table. Aktuell ist der Ablauf vorgesehen, den die Abb. 3.10 zeigt.

Auch bei den früheren Round Tables kamen die Gäste miteinander in Kontakt und es gab genug interessante Diskussionsbeiträge. Allerdings fehlte beim letzten Mal etwas „der

Abb. 3.10 Grob-Agenda
Round Table

Executive Round Table von „Bewegung"
Motto: Handlungsoptionen gewinnen

17:00	Blick über das Programm
17:15	Einkauf in China mit deutschem Ansatz
18:00	Einkaufsrezepte für Deutsche mit
	chinesischem Gaumen
18:45	Pause
19:00	Gemeinsames Kochen
20:00	Dinner

Schwung" in den Gesprächen. Der Abend verlief ohne echte Leidenschaft am Austausch. Genau an dieser Stelle möchte Astrid Meinecke ansetzen.

Dazu überträgt sie alle Bestandteile des Abends in eine Grafik, um noch einmal jeden Schritt zu prüfen. Die veränderte optische Aufbereitung hilft Ihr dabei, das passende Maß an Interaktion beim Event festzulegen. Sie finden die Grafik als Abb. 3.11.

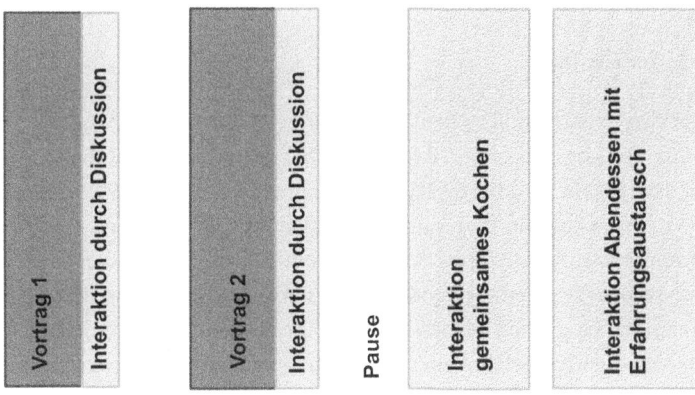

Abb. 3.11 Interaktionsplan eindimensional

Beschreibung der Grafik

- Die beiden Referenten haben 45 Minuten Zeit für ihren Vortrag und die Diskussion.
- Der Fachmoderator begleitet den Ablauf und sorgt für Zeitdisziplin.
- Astrid Meinecke legt zuerst Wert auf zwei 30-Minuten-Pausen, um die begonnenen Diskussionen weiterzuführen. Da ihr die Beziehung zwischen ihren Gästen sehr wichtig ist, will sie den Rahmen geben, alte und neue Bekannte zu begrüßen. Auch die Kollegen von „Bewegung" hätten in den Pausen genug Zeit, um alle Gäste persönlich willkommen zu heißen. Trotz dieser Vorlieben entscheidet sich Frau Meinecke dann nach weiteren Überlegungen gegen die Pausen. Die 15-Minuten-Pause erscheint Astrid Meinecke lange genug. Es geht nur darum, dass sich die Manager mal kurz die Beine vertreten können. Im Grunde geht es darum, dass alle vom Vortragssaal in die Küche gehen. Sie will den Abend nicht unnötig durch lange Pausen in die Länge ziehen.
- Sie entscheidet aus dem gleichen Grund: Die gemeinsame Kochsession dauert 45–60 Minuten.
- Beim Essen sollte das Eis gebrochen sein. Jetzt sollten sich die Teilnehmer angeregt austauschen.

Während sie die Abbildung betrachtet, bekommt sie immer mehr Zweifel, ob sie mit dieser Planung wirklich ein Plus an Interaktion auslöst, an das sich alle Gäste als positives Erlebnis erinnern werden. Im Grunde gleicht der Ablauf doch wieder der Planung früherer Jahre. Nach vielen Gesprächen mit ihrem Team und ihrer Eventagentur entwickelt Astrid Meinecke mit einem zweidimensionalen Interaktionsplan einen neuen Ablauf. Die x-Achse bezeichnet die Zeit und die y-Achse den Interaktionsgrad. Die Abb. 3.12 stellt Ihnen die Grafik vor.

Beschreibung der Grafik

- Die zwei Fachreferenten unterteilen ihre Vorträge in maximal 20 Minuten Präsentation zur Implementierungsstory und 10 Minuten Diskussion über die Inhalte. Die Präsentation kann deshalb ein Frontalvortrag sein, weil im zweiten Teil jeder Teilnehmer – auf Wunsch – zu Wort kommt. Insgesamt dauert der Vortragsteil damit eine Stunde.
- Der Fachmoderator achtet streng auf die Zeiteinteilung. Das hat sich auch in den Jahren zuvor bewährt. Er ist ein brillanter Fragensteller und bringt auf diese Art stockende Diskussionen in Gang. Die Diskussionsbausteine sind wichtig, um den Austausch zwischen den Anwesenden persönlicher und somit authentischer werden zu lassen. Ziel ist bei diesem Programmpunkt ein kompakter Meinungs- und Erfahrungsaustausch.
- Frau Meinecke behält die 15-Minuten-Pause im Programm. Sie möchte, dass alle Gäste beim Kochen in betont lockerer Atmosphäre über die Vorträge sprechen. Mit anderen Worten: Alle sollen sich ihre Argumente aufheben, bis es ans Kochen und Plaudern geht. Sie ist sich sicher, dass dieser Stilbruch – Strategiethemen am Herd – zum besonderen Charme des Abends beitragen wird. Nach den beiden Vorträgen bietet sie deshalb nur die Unterbrechung an, um vom Vortragssaal in das Kochstudio zu wechseln.

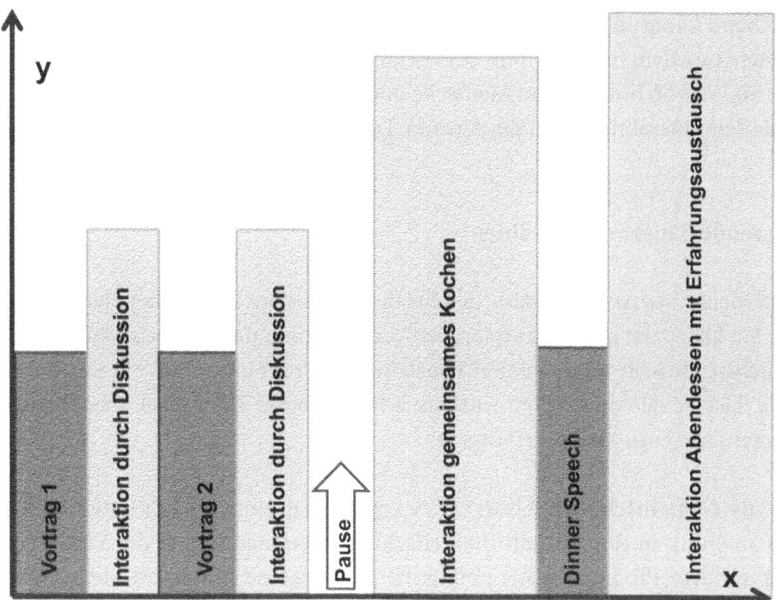

Abb. 3.12 Interaktionsplan zweidimensional

- Für die gemeinsame Kochsession plant sie jetzt 120 Minuten ein. Alles andere ist unrealistisch. Außerdem legt sie mit diesem Schritt den Schwerpunkt des Abends auf den praktischen Teil. Das Miteinander zwischen Gemüse schnipseln und Steaks wenden sorgt für eine bodenständige Kooperation zwischen den Gästen: Barrieren zwischen Menschen fallen und es finden sich zusätzliche Anknüpfungspunkte für lockere Gespräche oder (später beim Essen) einen professionellen Erfahrungsaustausch. Während des Kochens findet in der Küche auch eine Weinverkostung statt. Falls doch nicht alle Gäste Spaß am Kochen haben, können sie mit einem leckeren Getränk in der Hand genauso am Gespräch teilnehmen.
- Beim Essen herrscht freie Platzwahl. Die Gäste werden nicht wie früher durch einen Sitzplan dirigiert. Bekanntschaften können so aus eigenem Antrieb intensiviert oder neu geschlossen werden. Man sitzt an zwei langen Tafeln, die sich gegenüberstehen. Diese Phase des Abends ist das Herzstück für den unmoderierten Erfahrungsaustausch.
- Die 15-Minuten-Dinner-Speech während des Desserts ist eine kurze Interaktionspause für die Gruppe. Man kann die Eindrücke des Abends auf sich wirken lassen und nebenbei dem launigen Vortrag eines Führungsexperten lauschen. Der Coach schlägt eine gedankliche Brücke zwischen Strategien (wie im Vortragsteil) und der Mühe in Momenten von „do-it-yourself" – wie beim Kochen. Die Interaktion zwischen dem Redner und der Gruppe steht in dieser Phase im Vordergrund. Fragen und Diskussionsbeiträge der Gäste sind herzlich willkommen. Wer sich jedoch in diesem Augenblick nicht aktiv beteiligen möchte, kann sich zurücknehmen.

- Der Abend klingt in harmonischer und lockerer Atmosphäre aus. Wie oben beschrieben, steht nun dem Informations- und Erfahrungsaustausch zwischen den Gästen nichts mehr im Weg. So hofft es Frau Meinecke und aktualisiert auf der Grundlage der Reflexion mit dem Interaktionsplan die Agenda. Lesen Sie in der Abb. 3.13 die Veränderungen nach.

Drei passende Bausteine auswählen

- Astrid Meineckes Anliegen ist es, den Erfahrungsaustausch zwischen den Gästen zu fördern. Sie hat zuerst den Ablaufplan der Veranstaltung unter diesem Aspekt bearbeitet. Im nächsten Schritt wählt sie drei Bausteine des Programms aus. Sie will sie so vorbereiten, dass sie den angeregten Austausch beim Round Table ideal unterstützen. Lesen Sie unten, wie Frau Meinecke vorgeht:

Kochen als Gemeinschaftserlebnis Zum ersten Mal ging es im Round Table darum, gemeinsam etwas zu tun. Anstatt theoretischer Diskussionen steht die Vorbereitung der Mahlzeit auf dem Programm. Als praktische Person stand für Astrid Meinecke fest: Die Auswahl der Gerichte und die geduldige Anleitung durch den Chefkoch sind die Erfolgsfaktoren. Die Anbieter der Teamküche mit fünf Kochstellen empfahlen ein Steak mit Beilagen. Kartoffeln und Gemüse würden schon gut vorbereitet in der Küche auf die Gäste warten. Der Salat für die Vorspeise stand gewaschen bereit und wartete darauf, klein geschnitten und mit einem leckeren Dressing veredelt zu werden. Auch beim Dessert (Eis mit frischen Früchten) stünden die Küchenhelfer diskret als Unterstützung zur Seite. Die Zubereitungszeit von 120 Minuten garantierte der Anbieter, um den Rahmen der Veranstaltung nicht zu sprengen. Die Gruppe sollte sich in fünf Teams aufteilen und die Arbeiten unter sich verteilen. Der Chefkoch hieß Andi Pfanne. Er meldete sich mit zwei Kollegen an, um alle Arbeitsschritte zu zeigen und beim Schnipseln, Brutzeln und Garnieren anzuleiten. So stand es im Angebot. Um die Risiken für den Event zu minimieren, suchte Frau Meinecke nach möglichen Schwachstellen. Sie stellte sich und ihrem Team die folgenden Fragen.

Reflexionsfragen, um das Angebot nach Schwachstellen zu prüfen

- Sollte die Aufteilung in die Kochgruppen a) spontan b) per Los oder c) nach einer geplanten Systematik erfolgen (starke und schwache Köche)?
- Welche Art der Anleitung passt zur Zielgruppe – oder sollte man das dem Chefkoch überlassen?
- War mit Verstimmungen, Verletzungen (Gemüse schnipseln) oder kleinen Katastrophen (verbranntes Steak) zu rechnen?

Executive Round Table von „Bewegung"
Motto: Handlungsoptionen gewinnen
Ihr Gastgeber: Thomas Meissner, Leiter Einkauf Bewegung
Moderation: Dr. Fritz Hübner

17:00	Blick über das Programm
17:15	Einkauf in China mit deutschem Ansatz
	Impulsvortrag und Diskussion
17:45	Einkaufsrezepte für Deutsche mit
	chinesischem Gaumen -
	Impulsvortrag und Diskussion
18:15	Pause
18:30	Gemeinsames Kochen
20:30	Abendessen mit Dinner Speech beim Dessert

Abb. 3.13 Fein-Agenda Round Table

Diese Entscheidungen hat das Team von Frau Meinecke erarbeitet

- Das Team überlässt den Gästen die Aufteilung in die Kochgruppen. Der Koch und sein Team sorgen dafür, dass alle Gruppen mit den Gerichten zurechtkommen. Es steht nicht die Kochkunst im Mittelpunkt, sondern die Interaktion zwischen den Teilnehmern.
- Astrid Meinecke entschied sich dafür, den Koch Andi Pfanne vor der Veranstaltung mit der Teilnehmerliste zu versorgen. In einem Briefing wollte sie ihm ihr Ziel und Ablauf des Round Table näherbringen. Es stellte sich allerdings heraus, dass Andi Pfanne sich nicht für das Programm und die Karrieren seiner Gäste interessierte. Er versicherte Frau Meinecke schmunzelnd, dass genau seine Unvoreingenommenheit gegenüber den Managern der Erfolgsfaktor beim „Gipfeltreffen" zwischen Chefkoch und Chefeinkäufern sei. Astrid Meinecke ließ sich vom Experten überzeugen.
- Das Team diskutierte unter viel Gelächter mögliche Pannen. Man einigte sich darauf, diese kleinen Hürden als Teil der Dramaturgie zuzulassen. Solange es nicht zu echten Verletzungen kam (das schloss Frau Meinecke aus: man war ja nicht beim Bungee Jumping), würden harmlose Unglücksfälle eher zum originellen Charakter des Abends beitragen und für Gesprächsstoff sorgen.

Ohne Tischordnung beim Dinner Der Executive Round Table klang seit dem Start der Veranstaltungsreihe mit einem eleganten Abendessen aus. Das edle Restaurant servierte ein Fünf-Gänge-Menü. Die Getränke und Speisen lieferten intensive Gaumenfreuden. So hörte man es von den Teilnehmern. Eine Mitarbeiterin von Astrid Meinecke feilte tagelang an der Sitzordnung. Monika Schneider arbeitete am Computer mit einer speziellen Software. Nach dem aktuellen Anmeldestatus platzierte sie Gäste und Gastgeber an den zehn Tischen. Als Leitfaden dienten Listen mit aktuellen Projekten oder Verhandlungen. Monika Schneider erhielt „Wunschzettel" von der Geschäftsleitung und den Kollegen von „Bewegung". „Nicht nur einen, sondern fast täglich einen", wie sie lächelnd in der Teamsitzung erzählte. Eine verantwortungsvolle Aufgabe, die Frau Schneider kurz vor dem Event komplett absorbierte.

Für andere Aufgaben war sie in dieser Phase nur sehr eingeschränkt ansprechbar. Astrid Meinecke fand das schon länger übertrieben. Irgendwie hatte sich die Planung der Sitzordnung verselbstständigt und war im Laufe der Jahre zu einer regelrechten Hysterie angewachsen. Im Fokus standen die Projektinteressen von „Bewegung". Frau Meinecke seufzte bei der Erinnerung, denn Kundenorientierung drückte sich nach ihrem Verständnis anders aus. Sie wollte in diesem Jahr die Interessen der Zielgruppe mehr in den Mittelpunkt stellen. Der Event verfolgte die Kommunikationsziele von „Bewegung", daran gab es keinen Zweifel. Trotzdem suchte Frau Meinecke nach Ideen für das Dinner. Diese Arbeitsfragen sammelte sie mit ihrem Team:

Arbeitsfragen für die Weiterentwicklung des Seated Dinners

- Wie groß war der Nutzen für „Bewegung" durch die feste Sitzordnung? Gab es dazu eine Auswertung?
- Wie reagierten die Gäste bisher darauf, dass sie ihre Plätze und Tische nicht selbst wählen durften? Lag eine Feedback-Auswertung zu dem Punkt vor?
- Wie schätzte das Eventteam den Charakter der Tischgespräche ein? Konnte die Interaktion verbessert werden?

Hier finden Sie die Diskussionsergebnisse vom Eventteam

- Es lag keine strukturierte Auswertung über die Gesprächserfolge beim Abendessen vor. Natürlich hörten Frau Schneider und auch Frau Meinecke die eine oder andere Erfolgsgeschichte, die nur durch die erfüllten Wünsche bei der Sitzordnung möglich wurden. Richtig greifbar erschien der Mehrwert jedoch nicht. Im Grunde ging es um die Befindlichkeiten der Kollegen von „Bewegung". Frau Meinecke wusste: Eine Veränderung dieser Gepflogenheit war politischer Sprengstoff. Nur ein überzeugendes Gegenkonzept war den Ärger wert, wenn sie die Wunschzettel abschaffte.
- Das Eventteam beschrieb, dass einige Gäste mit gutmütigen Witzen auf die feste Platzordnung reagierten. Natürlich kam es zu Eifersüchteleien, wer am Tisch mit der Geschäftsleitung von „Bewegung" saß. Innige Gespräche wurden unterbrochen und man fand sich unter Umständen in einer – an dem Abend – völlig neuen Gesellschaft wieder. Diese Durchmischung galt jahrelang als Vorteil der Sitzordnung. Jetzt fühlte es sich für die Eventexperten so an, als gängelten sie die Teilnehmer. Nach der Kochsession sollten Gäste als großes Team zusammen essen können, war die einhellige Meinung. Wer spontan zu einem anderen Gesprächspartner übersiedeln wollte: warum nicht?

- Die Tischgespräche im letzten Jahr waren freundlich, aber unverbindlich. Sie blieben auf einem oberflächlichen Niveau. Frau Meinecke wünschte sich mehr authentische Interaktion zwischen allen Teilnehmern. Es war ihr ein Anliegen, dass die Gäste beim Event persönliche Erfahrungen teilten und diskutierten. Nur so würde der Abend zu einem unverwechselbaren Erlebnis, das die Bindung an „Bewegung" auf der emotionalen Ebene stärkte. Ein „richtig oder falsch" gab es zur Frage der Tischordnung aus der Sicht des Teams allerdings nicht. Trotzdem spürten alle, dass eine Abwechslung die Stimmung beleben könnte. Ein Vergleich zwischen dem alten Format und der Atmosphäre mit freier Platzwahl beim Abendessen würde möglich: Man wollte eine Frage zur Sitzordnung im Feedbackbogen vorsehen und den Gästen die letzte Entscheidung überlassen. Mit diesen Argumenten überzeugte Astrid Meinecke auch den etwas skeptischen Geschäftsführer von ihrem Plan.

Der Absacker zum Ausklang Natürlich sah ihr Team eine weitere Bewirtung nach dem Essen vor. Dafür war eine Lounge vorgesehen. Bei genauer Betrachtung musste Astrid Meinecke jetzt einräumen: Sie hatte solche Situationen bisher „einfach nur passieren" lassen. Die Gäste wurden von freundlichen Hostessen umsorgt. Ein Konzept oder eine Zielsetzung für den Ausklang des Abends in Bezug auf ihr Kommunikationsziel hatte sie bisher nicht formuliert. Sie schwankte etwas zwischen der Befürchtung, „übers Ziel hinauszuschießen, weil sie an einer unnötigen Stelle alles verkomplizierte", und der positiven Erwartung „einfach mal ein paar Gedanken zu investieren, um bisher brachliegendes Potenzial für den Event zu nutzen". Ein kompliziertes Redaktionskonzept, wer mit wem wie sprechen sollte, brachte keinen Mehrwert. Das war Frau Meinecke nach kurzer Bedenkzeit klar. Die Gäste wollten nicht gegängelt werden. Die Gestaltung des Raumes spielte aber eine große Rolle für die Interaktion. Wie zuvor sammelte Astrid Meinecke erst ihre Arbeitsfragen:

Reflexionsfragen, um die letzte Phase des Abends gestalten

- Sollten sich die Kollegen von „Bewegung" abstimmen, um ihren Charme als Gastgeber ideal und bis zum letzten Moment zu verteilen? Welches Rollenverhalten war geeignet, um echte Herzlichkeit auszudrücken?
- Welche Tischordnung brachte den idealen Effekt?
- Welche Beleuchtung unterstützte das lebhafte Gespräch zwischen den Gästen?
- Ist Hintergrundmusik gewünscht? Wenn ja welche?

Antworten, die Frau Meinecke zusammen mit ihrem Team erarbeitet hat

- Astrid Meinecke bekräftigte im Gespräch mit ihrem Team, dass sie keinen komplizierten Leitfaden wollte, um die Begegnung ihrer Kollegen mit den Gästen anzuleiten. Trotzdem waren sich alle im Team sicher, dass man über den gemeinsamen Auftritt sprechen sollte. Jetzt ging es um die geeignete Methode: Dem Eventteam war es wichtig, alle Kollegen auf das Kommunikationsziel der Veranstaltung einzustimmen. Astrid Meinecke hatte ein Messebriefing vor Augen, das sie für das Standpersonal einsetzte. Natürlich war anlässlich des Round Table für die Kollegen aus dem Einkauf und der Geschäftsleitung kein Briefing zum Verhalten nötig. Trotzdem beschloss Frau Meinecke, ein kurzes Vorbereitungstreffen anzusetzen. Sie wollte sichergehen, dass allen Gastgebern die komplette Teilnehmerliste bekannt war. Zusätzlich wollte sie die Gelegenheit schaffen, eine gemeinsame Marschroute festzulegen, um den Auftritt von „Bewegung" perfekt zu inszenieren. Vom ersten bis zum letzten Moment.

- Bisher waren die Service- und Bistrotische nach den Vorschlägen des Serviceteams platziert worden, um deren Arbeitsabläufe zu unterstützen. Grundsätzlich galt das Motto „Stehen ist gut", deshalb kamen Lounge-Möbel bisher nicht in Frage. Dabei sollte es auch bleiben, fand das Eventteam – und wollte zum nächsten Punkt übergehen.

- Frau Meinecke drängte auf eine weitere Reflexionsrunde. Langsam kamen weitere Gedanken hoch: Die einzelnen Bistrotische schufen eine lockere und offene Atmosphäre. Allerdings zergliederten sie die Gruppe auch stark. Eine lange Tafel zum Stehen wie an einer Bar war ein schöner Effekt. Es kam der Einwand, dass man doch auch die Gesichter der anderen Teilnehmer sehen möchte, mit denen man im Augenblick nicht im Gespräch ist. Plötzlich war die Idee geboren: Man wollte einen Tresen in U-Form aufbauen: So blieb das Gemeinschaftsgefühl erhalten und man konnte trotzdem ungezwungen umhergehen und verschiedene Bekannte ansprechen – oder sich langsam verabschieden.

- Die Beleuchtung war professionell: indirektes Licht aus verschiedenen Lichtquellen. Allerdings fiel dem Team bei der Durchsprache auf, dass es sich um eine kühle, sachliche Lichtfarbe handelte. Man wollte den Betreiber um eine wärmere Lichtfarbe bitten, um die Pausen optisch in die Stimmung von Gemütlichkeit zu tauchen.

- Bisher hatte niemand über Musik nachgedacht. Das holte das Eventteam jetzt nach: Eine Live-Band kam wegen der Kosten nicht in Frage. Sie hätte auch zu viel Aufmerksamkeit von den Gesprächen genommen. Alle im Team unterstützten die Idee, leise Töne „aus der Dose" vorzusehen. Eine kurze Debatte entstand, ob man klassische Musik, Jazz oder etwas Modernes wählen sollte. Am Ende war man sich einig: eine ruhige Melodie, die eine sanfte Stimmung verbreitet, war das Ziel. Ein Komponist wurde beauftragt, um die Rechte an der Musik zu bekommen. Hauptsache, die Assoziation von nervigem Gedudel in Aufzügen kam bei den Gästen nicht auf.

4. Schritt: Im Rückspiegel – wie ging der Praxisfall weiter?

Astrid Meinecke brauchte einige Zeit in Meetings und in Einzelgesprächen, um alle Stakeholder von ihrem neuen Konzept zu überzeugen. Der Erfolg gab ihr allerdings recht und sorgte dafür, dass die eine oder andere kritische Anmerkung verstummte. Die Gäste reagierten unvermittelt auf die konkreteren Schwerpunkte in den Vorträgen: fast unmittelbar nach dem letzten Wort des Redners entbrannten interessante Diskussionen im Plenum, die viele Anregungen lieferten. Für den beruflichen Alltag der Gäste – und auch für den weiteren Verlauf des Abends.

- Frau Meinecke hatte ab der ersten Pause ein Dauergrinsen der Erleichterung im Gesicht. Auch der Geschäftsführer von „Bewegung" war bester Stimmung und lobte sie schon vor Ende des Events. Das kam selten vor. Bis hierher war ihre Planung schon wunderbar erfolgreich. Nun war sie gespannt, wie die Gäste darauf reagierten, im nächsten Teil eine Kochschürze übergestreift zu bekommen und an den Herd gebeten zu werden. Natürlich war der Programmpunkt in der Agenda ausgewiesen, trotzdem war vielleicht nicht jedem Teilnehmer klar, was auf ihn zukam.

- Nach der ersten Zurückhaltung ging es wie ein positiver Ruck durch die Gruppe. Schon die Einteilung in die Kochteams vollzog sich unter lautem Gelächter. Plötzlich wollte jeder ein verkappter Spitzenkoch sein. Andi Pfanne war zudem ein Unterhaltungsgenie: Er duzte alle Gäste ungeniert (das sei in der Küche so üblich, erklärte er ungerührt) und sorgte für eine herzlich-zünftige Atmosphäre, die die Gäste bisher nur aus dem Skiurlaub kannten. Die fröhliche Stimmung hielt an und öffnete allen buchstäblich die Poren. Genau wie bei den Steaks in der Pfanne. Der Chefkoch gab lustige Anekdoten und lehrreiche Geschichten über Gewürze und Garzeiten zum Besten.

- Interessant war es, dass auch die Vortragsthemen auf intensive Weise in der Gruppe besprochen wurden. Von außen wirkte der Austausch beiläufig, weil gleichzeitig gerührt, geschnitzelt und gewürzt wurde. Tatsächlich war es jedoch so, dass die Gäste jede Befangenheit abstreiften und „wie zu Hause" in der Küche ohne Berührungsängste miteinander sprachen. Die Profis halfen den frisch ernannten Meisterköchen mit gezielten Handgriffen, so dass sich alle mit einem Erfolgserlebnis nach zwei Stunden regen Austauschs an die Tische setzten.

- Die positive Gruppendynamik blieb auch nach dem Kochen erhalten. Die Gäste waren fröhlich und riefen sich beim Essen witzige Kommentare zu. Die fraktionierten Tischinseln der Vorjahre waren jetzt zu einer Gemeinschaft verschmolzen. Man saß an zwei runden großen Tischen, die sich gegenüberstanden.

- Die Dinner Speech – eine weitere Neuerung – wirkte zu Beginn fast wie eine Unterbrechung des ausgelassenen Miteinanders. Der Coach sprach über die Führungsaufgaben von heute allerdings so anschaulich und aus dem Leben gegriffen, dass bald alle wie gebannt zuhörten. Im Anschluss wurde intensiv mit dem Coach in der großen Runde diskutiert, welche Anforderungen Führungskräfte im Einkauf bewältigen müssen: heute und morgen. Alle waren begeistert.

- Danach gingen viele Gäste noch an den Bartresen und die Vertriebskollegen von „Bewegung" hatten mehr als genug Zeit, wichtige Projekte anzusprechen oder aussichtsreiche Kontakte zu intensivieren. Die Verweildauer der Teilnehmer hatte sich im Vergleich zu früheren Events deutlich verlängert. Das war ein erstes Indiz für die hohe Zufriedenheit der Teilnehmer. Man fühlte sich wohl.

- Astrid Meinecke verzichtete an dem Abend darauf, Feedback-Bögen zu verteilen. Das hätte die gute Stimmung beeinträchtigt. Sie entschied sich dafür, einige Tage später den Gästen per E-Mail für die Teilnahme zu danken. In der E-Mail bat sie um die Beantwortung von drei knappen Fragen zum Gesamterfolg. Sie erhielt mehr Antworten als erwartet (Rücklauf von vierzig Prozent) und die Antworten zum Round Table waren sehr schmeichelhaft, denn sie attestierten ein echtes Erlebnis. Frau Meinecke war mit sich und ihrem Team zufrieden.

Haben Sie sich schon während der Lektüre des Abschnitts eine Meinung zur Arbeit von Astrid Meinecke gebildet? Der nächste Abschnitt fasst die Stärken und Schwächen im Praxisfall zusammen. Ich biete Ihnen meine Einschätzung an. Bitte entscheiden Sie selbst, ob und wie Sie die folgenden Zeilen als Referenzpunkt für Ihre Eindrücke nutzen.

5. Schritt: Highlights and Lowlights im Praxisfall „Attraktiv für Hochkaräter"

Frau Meinecke zeigt sich als echter Profi, denn sie hat – lange bevor echte Unzufriedenheit bei den Kunden entstanden ist – die Veranstaltung weiterentwickelt. Dabei schlägt sie mutig neue Wege ein, weil sie den Schwerpunkt neu definiert (pragmatische Implementierungsberichte) und kreative Kombinationen wagt (internationaler Einkauf – internationale Küche – Teamkochen im Kochstudio).

- Diese Situation erforderte Fingerspitzengefühl, weil ihre internen Stakeholder die Situation noch nicht erfasst hatten und den Innovationsvorschlägen von Frau Meinecke am Anfang nur zögerlich folgten. Frau Meinecke nahm sich jedoch viel Zeit für die Überzeugungsarbeit. So hatte sie alle Kollegen im Boot.
- Sie ist außerdem ein echter Teamplayer und verlässt sich nicht darauf, dass nur ihr alleine die besten Ideen einfallen. Zusammen mit ihrem Team geht sie alle Programmpunkte der Veranstaltung nach Verbesserungsvorschlägen durch. Sie lässt sich sogar dazwischen liebevoll von ihren Kollegen aufziehen. Das macht sie sympathisch – auch wenn sie weiterhin eisern nach neuen Lösungen sucht.
- Dabei gelingt in der gesamten Planungsphase der wichtige Perspektivenwechsel – immer die Zielgruppe im Blick – sehr gut. Es ist Frau Meinecke aufgefallen, dass ihr persönlicher Geschmack bei den Gästen nicht zu hundert Prozent angenommen wurde. Sie hat sich darauf eingestellt und alle Planungsschritte intensiv reflektiert und von den Eventexperten im Team rückkoppeln lassen. Damit hat sie für anhaltende Kundenorientierung in der Konzeption gesorgt. Das ist bei aller Pragmatik ein absolutes Muss.
- Sehr überzeugend ist ihr feinmaschiger Ansatz: Astrid Meinecke verbessert erst den Ablauf des Events. Dann nimmt sie sich einzelne Bausteine vor, die sie im Sinne des Veranstaltungsziels durchdenkt und in ihrem Sinne neu erfindet (gemeinsames Kochen anstatt Diskussionsworkshops, Abendessen ohne Sitzordnung, Gesamtkonzept bis zur Verabschiedung der Gäste nach dem Absacker an der Bar). Die Planung benötigt sicher einige Zeit und bindet Ressourcen im Team. Die Bedeutung der Veranstaltung rechtfertigt jedoch den Aufwand aus meiner Sicht. Sehr gut gefällt mir, dass Frau Meinecke das Format „Round Table" nach den Anforderungen ihrer Zielgruppe verändert: Nicht mehr der abstrakte Meinungsaustausch an runden Tischen steht im Vordergrund, sondern der informelle Austausch in der Küche und die gemeinsame Aktion „Kochen".
- Sehr originell finde ich die Idee, auf Pausen zu verzichten (bis auf die kurze Pause, um vom Veranstaltungssaal in das Kochstudio zu gehen). Normalerweise plädiere ich für

längere Pausen, um die Interaktion zu stärken. Bei der Veranstaltung von Frau Meinecke intensivierte es den regen Austausch beim Kochen, dass man auf Workshops und Sprechgelegenheiten verzichtete. Die für Businessthemen unkonventionelle Sprechsituation „Küche" wirkte wie ein Interaktionskatalysator. Eine sehr innovative Vorgehensweise.

- Nicht nachvollziehbar ist für mich jedoch, warum man nicht in der Vorbereitungsphase ausgewählte Teilnehmer am Round Table nach ihrer Meinung fragte. In die richtigen Worte verpackt, wird sich jeder Gast – selbst unter Zeitdruck – durch eine kurze Befragung geschmeichelt fühlen. Zwei bis drei Kurz-Interviews hätten genügt und Frau Meinecke wäre noch besser informiert gewesen.

- Die Dinner Speech ist nicht unbedingt notwendig für den gelungenen Verlauf. Es besteht die Gefahr, den Abend zu überfrachten aus Sorge, die Gäste würden sich nicht amüsieren. In diesem Fall hat es gut funktioniert, weil Astrid Meinecke einen exzellenten Redner ausgesucht hat. Der Vortrag war kurz genug, traf thematisch einen Nerv bei den Gästen und bot damit thematisch eine interessante weitere Facette für die Gespräche. Bei der Wiederholung des Events kann dieser Baustein auch weggelassen werden.

- Ein klarer Beweis für den Erfolg des Round Table ist die längere Verweildauer der Gäste. Für „Bewegung" bedeutet dies, dass sich ihr „Sendeplatz" bei den Gästen vergrößert hat. Der ideale Verlauf für jeden Gastgeber im Eventgeschäft, wenn sich dadurch auch der gewünschte Geschäftsnutzen einstellt.

Was nehmen Sie mit?
Sie haben den Praxisfall von Astrid Meinecke aus verschiedenen Perspektiven reflektiert. Bitte fassen Sie nun Ihre stärksten Eindrücke zusammen, um so Ihre Gedanken und Lernfortschritte zu dokumentieren. Das Arbeitsblatt hilft Ihnen dabei, in der Chronologie des Praxiskapitels vorzugehen:

Erster Schritt: Down-to-Earth-Systematik

1. Bodenhafter

_____

2. Flügelverleiher

_____

3. Zusammenbinder

_____

Zweiter Schritt: Checkpoint/Kontrollpunkt

1. _____
2. _____
3. _____

Dritter Schritt: Interaktion im Fokus

1. Kochen als Gemeinschaftserlebnis

2. Ohne Tischordnung beim Dinner

3. Absacker am Ende des Abends

3.4 Golfevent im Partnervertrieb

3.4.1 Praxisfall Konsequenter Spaß

Der innovative Softwarehersteller „Total Sicher" arbeitete seit Jahren erfolgreich mit einem Netz aus Partnern, um seine Produkte bei Geschäftskunden und privaten Nutzern zu platzieren. Dieses Arbeitsmodell ist in der Branche üblich, deshalb werden kompetente Partner permanent von mehreren Seiten umworben. Um die Kooperation immer auf dem höchsten Niveau zu halten, richtet „Total Sicher" jedes Jahr ein Golfturnier aus. Es stammt noch aus den Zeiten des früheren Geschäftsführers Dietmar Maier – einem passionierten „Einlocher". Er kannte jeden seiner Gäste persönlich und hielt vor dem Beginn gerne eine launige, aber ausschweifende Ansprache. Dann schlossen sich Produktinformationen an, die der Vertriebsleiter vorstellte. Das konnte schon mal zwei Stunden dauern.

Dank der freundschaftlichen Kontakte zu den Gästen schien sich niemand an den Beiträgen ernsthaft zu stören. Es herrscht zwar kein großes Interesse, aber die Gäste schienen die Phase Dietmar Maier zuliebe abzuwarten. Allerdings ist er seit letztem Jahr in Rente – und sicher nur noch auf dem Golfplatz unterwegs, grinste die Belegschaft.

Der neue Chef, der nur widerwillig zum Golfschläger griff, bezeichnete die Eröffnungsrede als überflüssig. Überhaupt fand Markus Wenninger Golf spießig, wie er gelegentlich erwähnte. Trotzdem brach der Mountainbiker die Tradition nicht. In Gesprächen mit dem Vertriebsleiter stimmte er zu, dass der Geschäftsnutzen von einem langen, gemeinsamen Tag auf der Hand lag: Das Golfturnier dauerte bis zu fünf Stunden, dann folgte der Abendevent. Genug Zeit, um die Beziehung zu pflegen, einen schönen Tag zu haben und auch noch übers Geschäft zu reden. Ein bisschen unterhaltsamer hatte er sich den Event jedoch vorgestellt: Er gab seiner Eventmanagerin den Auftrag, beim nächsten Golfturnier für „konsequenten Spaß" zu sorgen.

Marion Schlüter hörte das gerne. Es war ihr aufgefallen, dass das Golfturnier nicht mehr so gefragt war wie früher, als sich schon Monate zuvor die Warteliste füllte. Sie führte das auf die Businessvorträge zurück, die die Golfer unter der neuen Führung vermutlich nicht

mehr auf sich nehmen wollten. Markus Wenninger hatte sich nämlich im ersten Jahr seiner Amtszeit bemüht, kein Porzellan zu zerschlagen. Er schlüpfte beim Event, so gut es
ging, in die Rolle seines Vorgängers und unterließ aus Respekt für die Firmenpolitik jede
Veränderung.

Für Marion Schlüter war es beim letzten Golftag offensichtlich, dass keiner der Gäste den Reden gedanklich folgte. Alle beschäftigten sich mit ihrem Weißwurst-Frühstück
und warteten mehr oder weniger geduldig auf den Startschuss zum Golf. Man traf sich um
11:00 Uhr direkt auf dem Gelände für die Akkreditierung. Dann formierten sich die Teams,
denn natürlich war ein bisschen Wettkampf gewünscht. In den Vierergruppen gab es immer einen Vertriebskollegen von „Total Sicher" und drei Partner. Sie waren nach ihrem
Handicap ausgewählt: ein starker, ein schwacher und ein mittlerer Spieler.

Klar, dass immer Pokale für die Gewinner und viele Preise für alle Teilnehmer ausgelobt
wurden. Die Siegerehrung lag früher fest in den Händen von Dietmar Maier. Meist ergriff
er dann in seiner Begeisterung noch einmal die Gelegenheit zu einer kleinen Ansprache.
Dann bereiteten sich die Gäste auf das Essen vor und machten sich frisch. Der Abend klang
traditionell erst spät an der Bar aus.

Da der frühere Chef ein leidenschaftlicher Golfer war und seine wichtigsten Geschäftspartner ebenfalls, hatte man sich bisher gegen einen Schnupperkurs für die Nichtgolfer
unter den Partnerhändlern entschieden. Das fand Markus Wenninger versnobt. Er hatte
im letzten Jahr aufrichtig versucht, an diesem Ablauf Geschmack zu finden. Ihm fehlten
die langjährigen Kontakte zu den Händlern. „Das fühlt sich in diesem Jahr schon anders
an", sagte er zu seiner Eventmanagerin. „Trotzdem, Frau Schlüter, klären Sie doch bitte mal,
ob unsere Partner ähnliche Gefühle zum Event haben wie ich. Mir ist schon klar, dass ich
nicht im Mittelpunkt stehe. Wir sind jedoch ein innovatives Unternehmen. Ich möchte
unseren Partnern Events anbieten, die Freude machen. Imagepflege mit Vorträgen zum
falschen Moment ist da eher kontraproduktiv. So was gehört auf eine Messe!"

Markus Wenninger lächelte entschuldigend, da er sich etwas in Feuer geredet hatte und
lauter sprach als beabsichtigt. „Bitte verstehen Sie meine Gedanken nur als Hinweis. Fragen Sie mal nach, wie die Gäste das sehen, und legen mir dann ein Konzept vor." Marion
Schlüter hatte verstanden – und machte sich an die Arbeit.

> ⇒ **Aufgabenstellung und Problemanalyse**
> Marion Schlüter richtete den Golfevent schon seit sieben Jahren aus. Die Golfer wa-
> ren eine zuverlässige und eingeschworene Gemeinschaft, zu denen Dietmar Maier
> aufgrund der gemeinsamen Golfpassion ein enges Verhältnis pflegte. Die Veranstal-
> tung war in dieser Konstellation ein Selbstläufer. Für das Geschäft war das wunderbar.
> Nach dem Wechsel in der Chefetage fand Marion Schlüter es an der Zeit, den Event
> mehr auf den neuen Gastgeber Markus Wenninger und die aktuellen Attribute der
> Unternehmensmarke von „Total Sicher" zuzuschneiden. Es geht ihr darum, die Be-
> dürfnisse der Kunden abzufragen, zu bewerten und im Golfevent so umzusetzen,

dass die Evolutionsschritte der Branche und von „Total Sicher" sich bemerkbar machten. Sie versteht ihre Aufgabe so, dass sie das Image des Unternehmens durch die
Veranstaltung greifbar präsentiert: Unkomplizierte Innovation anstatt Tradition.

1. Schritt: Markenführungssystematik
2. Schritt: Checkpoint
3. Schritt: Interaktion im Fokus
4. Schritt: Im Rückspiegel – wie ging der Praxisfall weiter?
5. Schritt: Highlights and Lowlights im Praxisfall „Konsequenter Spaß"

Unternehmensevents leisten einen Beitrag zum positiven Image des Unternehmens,
sonst sind die Investitionen überflüssig. Auf den ersten Blick entscheiden grafische Elemente wie das eigene Logo, das Logo von Partnern und die farbliche und szenische Gestaltung
darüber, ob Ihre Gäste den Event mit Ihren Unternehmenswerten in Verbindung bringen.
Etwas genauer betrachtet ist neben dem Gesamteindruck natürlich das Programm wichtig,
um glaubwürdig die Unverwechselbarkeit des Unternehmens in den Augen Ihrer Gäste zu
steigern. Je nachdem wie Sie den Firmenauftritt inszenieren, steht der Aspekt „Hospitality" – also mit professionellen Mitteln für das Wohlbefinden der Gäste während des Events
zu sorgen – für Sie mal mehr oder mal weniger im Fokus. Im Idealfall passt auch Ihr in-
dividueller Weg, Ihre Gäste zu umsorgen, zu Ihren Markenattributen und der Art, wie Sie
die Unternehmensmarke führen.

1. Schritt: Systematik „Markenführung"

a) Markenbeschreiber
b) Markenwahrnehmer

Marion Schlüter liest zuerst die Markenattribute von „Total Sicher". Anschließend nutzt
Marion Schlüter die Systematik „Markenführung", um in drei Schritten den Golfevent auf
den Prüfstand zu stellen. Sie wünscht sich, dass die Gäste die Kultur des Unternehmens
nicht nur vor Augen geführt bekommen, sonders regelrecht unter der Haut spüren. Marion
Schlüter ist bereit, Programm und Vermarktung, wenn es nötig ist, nach den Vorstellungen
der Gäste und ihres neuen Geschäftsführers auszurichten:

- **Markenbeschreiber**
  Sicher kennen Sie auch einige Strategieaussagen von Unternehmen. Etwas kritisch ausgedrückt: Alle haben gemeinsam, dass sie für sich beanspruchen, unverwechselbar zu
  sein. Das versuchen sie durch die Beschreibung ihrer Markenattribute auszudrücken.
  Leider liest man nur zu häufig von „Innovation, Kundenorientierung und Mitarbeiter-
  entwicklung". Abstrakte Formulierungen sorgen zusätzlich dafür, dass in den Köpfen

der Leser meist keine einzigartigen Bilder entstehen. Die Unternehmenskonturen verwischen in der Wahrnehmung. Wenn der Kunde mit dem Produkt sehr zufrieden, ist das anders. Ansonsten stellt sich das Gefühl ein, alles schon einmal gehört oder gelesen zu haben.

▶ **Ihr Lernvorteil** Der Markenbeschreiber unterstützt Sie dabei, aus Unternehmensinformationen den Steckbrief einer Unternehmenspersönlichkeit zu destillieren. Sie lernen, welche Aussagen für die Eventplanung hilfreich sind und Ihnen bei der Arbeit wie Leitplanken den Weg weisen. Begleiten Sie Marion Schlüter dabei, wie sie die abstrakten Aussagen für ihre konkrete Eventplanung nutzt.

Auf der Internetseite von „Total Sicher" findet Marion Schlüter die Beschreibung des Leitbildes:

> „Total Sicher" ist ein innovatives Softwareunternehmen. Auf „Total Sicher" können sich Kunden und Partner verlassen. Die langfristigen Beziehungen zu den Händlern sind uns sehr wichtig und sichern die Qualität unseres Angebots. Das Verhältnis zu allen unseren Schnittstellen ist unkompliziert. Auch unsere Produkte sind einfach in der Anwendung. Der Kontakt zum Unternehmen ist jederzeit möglich.

Sie ist verwirrt: Sind die Markenattribute und das Wertestatement identisch – oder zwei Seiten der gleichen Medaille? Sie guckt ins Internet, um ihre Erinnerungen aufzufrischen: Das Leitbild legt nach innen und außen die Grundprinzipien des Unternehmens fest. Beim Markenmanagement geht es darum, die eigene Leistung vom Angebot der Wettbewerber abzugrenzen und sich von den Konkurrenten zu differenzieren. Sie entscheidet sich dafür, mit dem Leitbild zu arbeiten und sich besonders auf die Charakteristika von „Total Sicher" zu konzentrieren. Der Golfevent soll sich von denen der Branche spürbar unterscheiden, das ist ihr Ziel. Jetzt geht es darum, ihren Werkzeugkoffer zu füllen.

Bei der Lektüre des Leitbilds fällt es ihr schwer, die nötige Distanz aufzubauen, um „Total Sicher" aus der Kundensicht zu betrachten. Die Aussagen sind – da ist Frau Schlüter erleichtert – nicht so abstrakt, wie sie es von Global Playern der Branche kennt. Trotzdem lösen Begriffe wie „Qualität unseres Angebots" oder „Schnittstellen" bei ihr keine Assoziationen aus. Sie ärgert sich über die Leere in ihrem Kopf und nutzt erleichtert die Arbeitsfragen des Markenbeschreibers:

Fragen

1. Was wünscht sich der Kunde von uns? Worüber müssen wir unsere Händler informieren?
2. Durch welche unserer Leistungen wird die Arbeit oder sogar das Leben unserer Kunden noch besser?

---

1) Was wünscht sich der Kunde von uns? Worüber müssen wir unsere Händler informieren?

Erstklassige, innovative Technik und kompetente Beratung.

Gerade zum Kundendialog ist die enge Abstimmung mit den

Händlern wichtig.

2) Durch welche unserer Leistungen wird die Arbeit oder das Leben unserer Kunden besser?

Wir nehmen dem Kunden die Sorgen zu seiner Datensicherheit.

Das Herzstück der modernen Kommunikation.

3) Was bieten wir unseren Kunden, was er nicht auch – billiger oder zum gleichen Preis – bei einem Wettbewerber beziehen kann?

Unsere Software ist technisch sehr ausgereift und nutzerfreundlich.

Wir bieten zusätzlich auch schnellen Support rund um alle

Fragen. Das unterscheidet uns sicher.

4) Warum sollte der Kunde uns treu bleiben und nicht zur Konkurrenz wechseln?

Wir sind sehr zuverlässig und vertrauenswürdig. Wir arbeiten mit

den besten Entwicklern, Helpdesk-Betreuern und Partnern.

Wir interessieren uns aufrichtig für die Bedürfnisse der Kunden.

5) Was ist für uns wichtig, interessiert unseren Kunden aber überhaupt nicht?

Der Preisdruck in der Branche, sowie die Schritte und

Prozessveränderungen, die wir deshalb vornehmen. Davon

möchte der Kunde nur die gute Qualität spüren.

Abb. 3.14 Notizen von Marion Schlüter zum Markenbeschreiber

3. Was bieten wir unseren Kunden, was er nicht auch – billiger oder zum gleichen Preis – bei einem Wettbewerber beziehen kann?

4. Warum sollte unser Kunde uns treu bleiben und nicht bei der Konkurrenz kaufen?

5. Was ist für uns wichtig, interessiert unseren Kunden aber überhaupt nicht?

Marion Schlüter bemühte sich in den folgenden Tagen, die Fragen aus ihrer persönlichen Sicht zu beantworten. Sie merkte: Es fällt ihr schwerer als erwartet, präzise zu antworten. Das Ergebnis von Frau Schlüter zeigt die Abb. 3.14.

Jetzt sieht Marion Schlüter schon klarer. Sie möchte auch den zweiten Teil des Markenbeschreibers bearbeiten und für „Total Sicher" ein Persönlichkeitsprofil ausarbeiten. Dabei simuliert sie, das Unternehmen sei ein Mensch. Dann ordnet man dem Unternehmen – in der Art wie man seinen Freunden einen neuen Bekannten beschreibt – Charaktereigenschaften, Hobbys und Gegenstände des täglichen Gebrauchs zu. Alle Gedanken und Bilder, die Frau Schlüter in den Sinn kommen, sind zugelassen. Der sinnvolle Prüfpunkt ist, ob die Eigenschaften aus der Sicht von Marion Schlüter zu „Total sicher" passen. Sie fin-

Abb. 3.15 Unternehmenspro-
fil von „Total Sicher"

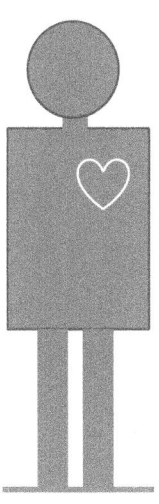

Steckbrief von „Total Sicher":

–Er ist männlich und in den besten Jahren
–Technik ist sein Hobby und seine Berufung
–Obwohl er technikbegeistert ist,
 liebt er auch den Kontakt mit Menschen
–Er ist spontan und schlagfertig
–Verantwortung ist nicht nur ein leeres
 Wort für ihn. Er ist sehr zuverlässig und
 steht zu seinem Wort. Gegenseitiges
 Vertrauen ist für ihn heilig
–Er ist ein solider Geschäftsmann, dem es
 nicht nur um kurzfristigen Profit geht
–Er raucht nicht, schätzt aber ein gutes
 Glas Wein oder auch mal ein Bier
–Er treibt Sport: Golf mit Freunden
–Mountainbike liebt er ebenfalls und im
 Winter geht er gerne Skifahren

det die Übung hilfreich. Frau Schlüter kann ihre Gefühle zum Unternehmen und dessen
geschriebenen und ungeschriebenen Regeln damit leichter in Worte fassen. Sie stellt sich
ihren Arbeitgeber „Total Sicher" als dynamischen Mann vor, der bei aller Technikbegeis-
terung und Geschäftssinn auch traditionelle Werte wie Zuverlässigkeit und Vertrauen sehr
schätzt. Er ist bodenständig und zuverlässig. Lesen Sie in der Abb. 3.15 die Ausarbeitung
von Marion Schlüter.

Als Marion Schlüter ihre Notizen noch einmal durchgeht, wird ihr bewusst: Ihre Vorstellung trägt an einigen Stellen die Züge des Geschäftsführers Markus Wenninger. Da er
das neue Gesicht des Unternehmens ist, findet sie das nicht falsch. Es zeigt eher, wie gut
Herr Wenninger zum Unternehmen und seiner Kultur passt. Lachend geht sie zum nächsten Schritt der Systematik über.

- **Markenwahrnehmer**
 Über die Wirkung Ihrer Kommunikationsnachricht entscheiden nicht Sie, sondern der
 Empfänger. Vieles kann sie oder ihn von der Rezeption abhalten und seine Aufmerksamkeit ablenken. Vielleicht interessiert er sich auch von Anfang an nicht dafür, weil
 ihn die Botschaft nicht betrifft oder die Inhalte unverständlich sind. Kommunikationsexperten investieren viel Zeit, um unsere Rezeptionsgewohnheiten zu erforschen. Es
 bleibt jedoch schwierig, Voraussagen zu treffen. Um sich einen genauen Eindruck zu
 verschaffen, ob und wie Aussagen verstanden werden, empfiehlt es sich, die Zielgruppe
 zu fragen. Der Markenwahrnehmer schlägt Ihnen einen Interviewleitfaden vor, der bei
 einem Dreißig-Minuten-Gespräch viele Erkenntnisse liefern wird.

▶ **Ihr Lernvorteil**   Mit dem Markenwahrnehmer holen Sie Feedback darüber ein, wie Ihre Kunden, Partner oder andere Interessengruppen Ihr Unternehmen wahrnehmen. Sie
erhalten Informationen darüber, welche Botschaften wie angekommen sind (Ist), und kön-

nen Vergleiche zur Zielformulierung (Soll) anstellen. Sie lernen, wie Sie ein Gespräch in ein Interview verwandeln, das Ihnen wertvolle Daten zu den Eindrücken Ihrer Partner liefert.

Interviews sind besonders geeignet, um Meinungen und Einstellungen zu erfragen. Unabhängig davon, ob Ihr Gesprächspartner am Ende für das Interview zur Verfügung steht oder nicht: Bereits Ihre Anfrage löst meist Stolz aus. Das Image Ihres Unternehmens profitiert also ab dem ersten Schritt. Marion Schlüter nutzt diesen Interviewleitfaden als Grundkonzept.

Interviewleitfaden Markenwahrnehmer im Grundformat

1. Sie sind Stammgast bei unserer Veranstaltung. Vielen Dank dafür. Was sind Ihre schönsten Erinnerungen?
2. Könnten Sie mir die Gründe beschreiben, warum unser Event für Sie attraktiv ist?
3. Welchen Programmpunkt schätzen Sie besonders?
4. Welcher Programmpunkt gefällt Ihnen am wenigsten? Warum?
5. Was macht für Sie den perfekten Event aus? Wie würden Sie die Gemeinsamkeiten zwischen dem Event und dem Unternehmen beschreiben?
6. Welche Eindrücke nehmen Sie vom Event mit in die Zusammenarbeit mit uns mit?
7. Was würden Sie uns für die nächste Planung raten?
8. Schlussfrage beispielsweise: Sind Sie bereit, in einem Jahr wieder als Interviewpartner zur Verfügung zu stehen?

Der Leitfaden schlägt Ihnen acht Fragen vor. Die Interviewpartner antworten frei. Die erste Frage eröffnet das Gespräch und ist dazu gedacht, eine positive Gesprächssituation zu etablieren. Der Informationswert der Antwort steht deshalb nicht im Vordergrund. Das Gleiche gilt für die achte Frage. Sie soll das Gespräch in guter Stimmung beenden.

Marion Schlüter nimmt am Leitfaden einige Adaptionen vor, damit er zu „Total Sicher" und den Partnerhändlern passt. Unten können Sie die Ergebnisse nachlesen. Die Veränderungen sind in Fettschrift markiert:

Interviewleitfaden Markenwahrnehmer „Total Sicher"

1. Sie sind Stammgast beim Golfevent. Vielen Dank dafür. **Welche Preise haben Sie denn schon bei uns gewonnen?**
2. Könnten Sie mir die Gründe beschreiben, warum unser Event für Sie attraktiv ist?
3. Welchen Programmpunkt schätzen Sie besonders?
4. Welcher Programmpunkt gefällt **aus Ihrer Sicht den Teilnehmern** am wenigsten? Warum?
5. Was macht für Sie den perfekten **Golfevent bei „Total Sicher"** aus? Wie würden Sie die Gemeinsamkeiten zwischen dem Event und „Total Sicher" beschreiben?

6. Welche Eindrücke **über „Total Sicher"** nehmen Sie vom Event mit in die Zusammenarbeit mit uns?

7. Was würden Sie uns für die nächste Planung raten?

8. Sind Sie bereit, in einem Jahr wieder als Interviewpartner zur Verfügung zu stehen?

Marion Schlüter legt den Interviewleitfaden ihren Kollegen vor, um deren Meinung zu hören. Das Wording von Frage 5) und 6) erklärt sich von alleine. Auf den veränderten Wortlaut bei den Fragen 1) und 4) angesprochen, erklärt sie: „Unsere Golfer reißen das ganze Jahr Witze über die gewonnenen Preise. Die Andenken an den Event werden sehr geschätzt. Ich finde, das ist das ideale Thema, um das Interview zu beginnen. Da schmelzen wirklich alle Herzen. Und was den unbeliebtesten Programmpunkt angeht: Es fällt im Gespräch einfach viel leichter, imaginäre Eindrücke von anderen zu beschreiben, als mir direkt ins Gesicht zu sagen, dass ich als Eventmanagerin nicht den Geschmack meines Gesprächspartners getroffen habe. Das macht es für alle Beteiligten angenehmer." Die Begründung überzeugt die Kollegen.

Marion Schlüter prüfte bei der Gelegenheit, ob ihre Formulierungen für die Kollegen – stellvertretend für die Händler – verständlich waren. Nach diesem Pretest machte sie sich daran, die Interviewpartner auszuwählen. Fünf Interviews wollte sie führen, um aussagekräftiges Material zu sammeln. Erst dachte Frau Schlüter daran, alle Teilnehmernamen vom letzten Jahr auf Karten zu schreiben und dann mit verbundenen Augen fünf Namen zu ziehen. Pragmatischer erschien es ihr jedoch, die Händler auszuwählen, zu denen sie ein besonders gutes Verhältnis pflegte. Vergleichbar waren die Teilnehmer alle durch ihre Rolle und loyale Teilnahme am Event sowieso. Gesagt – getan: Nach der Zusicherung, dass es bei einem kurzen Gespräch bleiben werde und die Inhalte nur als spontanes Feedback gedacht seien, machten alle Händler auf Frau Schlüters Shortlist mit.

Marion Schlüter plante, selbst handschriftliche Gesprächsprotokolle zu führen. Zur Sicherheit wollte sie die Interviews zusätzlich mit einem Tonbandgerät oder Handy aufzeichnen. „Hoffentlich haben die Händler hier keine Einwände", grübelte sie. Am Ende ihrer Überlegungen beschloss sie, ihre Praktikantin Nicole Hübner mitzunehmen. Die junge Studierende konnte sich ebenfalls Notizen machen, falls die Aufzeichnung nicht erwünscht war. Nicole war für die Auswertung der Interviews zuständig und brannte darauf, vor Ort dabei zu sein. Sie setzte die Methode der qualitativen Inhaltsanalyse ein, um Unterschiede und Gemeinsamkeiten der dokumentierten Antworten zu erkennen und sinnvoll zu interpretieren. Dabei stellten sie und Frau Schlüter fest, dass die Tonmitschnitte (alle Händler hatten sie zugelassen) sehr hilfreich waren. Die eigenen Notizen – in der Anspannung der nicht alltäglichen Situation erstellt – wirkten dagegen buchstückhaft und ungenau.

Die Ergebnisse der Interviewauswertung

- Die Händler schätzen beim Event, dass sich die Community trifft. Sie erfahren zwischen den Golfschlägen von wichtigen Veränderungen und aktuellen Zielen durch den gut informierten „Total Sicher"-Vertriebskollegen. Man könne im kleinen Kreis des Golfteams

Fragen ohne Zeitdruck stellen und die Antworten gemeinsam diskutieren. Und nicht zuletzt: Der ausgewählte Golfplatz sei ein Juwel und der Tag mache einfach viel Spaß.

- Das Golfturnier, die Siegerehrung und das Abendessen gefielen den Teilnehmern übereinstimmend gut.
- Die Reden vom Geschäftsführer und dem Vertriebsleiter hat man – Dietmar Maier zuliebe – ausgehalten. Wichtig für die gemeinsame Arbeit waren sie nicht, weil man während des Golfens genug Zeit fand, um alles zu besprechen.
- Der perfekte Golfevent, da waren sich die Interviewpartner einig, hing an Petrus. Wenn auf der wunderschönen Golfanlage im Süden von München auch noch die Sonne scheint, bleibt kein Wunsch offen. Damit war klar: Das Golfspiel stand für die Händler im Vordergrund, nicht die Unternehmens- und Produktinformationen.
- Der Event spiegelte die gewohnte und geschätzte, vertrauensvolle Zusammenarbeit wider: Der Tag brachte Teamgeist. Nicht nur zwischen den Händlern und „Total Sicher". Auch die Händler rückten wieder ein Stück näher zusammen. Das half auch ihnen bei der Zusammenarbeit im Alltag. Der Zusammenhalt festigte sich und so erfüllte sich auch mal ein Extrawunsch – ohne großes Theater oder Formalitäten. Golf machte allen Spaß. Man braucht eine gute Technik, Geduld und Durchhaltevermögen. Auch die Ausrüstung spielte eine Rolle. So sahen die Händler auch „Total Sicher". Ein zuverlässiger Partner für „lange, gemeinsame Wege – die viel Spaß brachten".
- Als Ratschläge gaben die Partner diese Hinweise:
  ⇒ Bitte den Event nicht überfrachten. Es ist ein Golftag, um die Beziehung zu festigen, und kein wissenschaftlicher Kongress oder eine Verkaufsshow.
  ⇒ Der Event ist gut wie er ist, die Reden könnten kürzer sein.
  ⇒ Der soziale Aspekt steht für uns Händler im Vordergrund. Das Konzept sollte dies selbstbewusst berücksichtigen.
- Alle Händler fanden das Interview sehr professionell geführt. Frau Schlüter präsentierte sich von ihrer charmantesten und eloquentesten Seite. Sie zeigte nicht nur, sondern – wie die Praktikantin grinsend anmerkte – demonstrierte geradezu Wertschätzung für die Meinung der Partner. Die Herren fühlten sich geschmeichelt, dass sie so wichtig für „Total Sicher" waren. Gerne stünden sie auch für weitere Interviews wieder zur Verfügung.

Natürlich sprach sich die Aktion unter den Partnern herum. Frau Schlüter entschloss sich, die zusammengefassten Interviewergebnisse in einer Rundmail an alle Händler zu versenden. Damit sich niemand benachteiligt fühlte, bat sie um weiteres Feedback. Es meldeten sich tatsächlich ein paar Händler. Sie bestätigten am Telefon das gewonnene Bild mit ihren Hinweisen. So konnte Frau Schlüter beruhigt mit der Konzeptarbeit durchstarten. Herr Wenninger hatte sie neulich bei einem Meeting schon danach gefragt.

Bevor es losgeht, formuliert Frau Schlüter ein Zwischenfazit zwischen der Wunschwahrnehmung über das Unternehmen (Soll-Botschaften) und den gewonnenen Interviewergebnissen:

Abb. 3.16 Programm Golfevent nach den Interviews

> **Total Sicher lädt Sie persönlich ein:**
>
> # Golfevent 2014
>
> | | |
> |---|---|
> | 11:00 Uhr | Weißwurst-Frühstück |
> | 12:00 Uhr | Akkreditierung und Teamaufstellung |
> | 12:30 Uhr | Los geht's |
> | | Sind Sie noch ohne Platzreife? Wir |
> | | bieten Ihnen einen Schnupperkurs an |
> | 16:00 Uhr | Kleine Stärkung und Siegerehrung |
> | 18:00 Uhr | Abendessen |
> | 20:00 Uhr | noch offen |

Zwischenfazit von Frau Schlüter

- Soll-Anspruch und Ist-Wahrnehmung der Markenbotschaften stimmen bei den Partnern noch nicht komplett überein.
- Es gibt Punkte, bei denen es starke Übereinstimmungen gibt: kompetent, zuverlässig, sicher, unkompliziert und teamorientiert.
- Die Aspekte „innovativ" oder „technischer Vorreiter" blieben bei den Interviews unerwähnt. Das überraschte Marion Schlüter, da „Total Sicher" regelmäßig von der IT-Fachpresse für die technische Reife und die Benutzerfreundlichkeit seiner Produkte ausgezeichnet wurde.
- Strategie- oder Produktvorschläge sind bei den Teilnehmern und beim neuen Geschäftsleiter Markus Wenninger unerwünscht. Als wirkungsvolles Kommunikationsmittel konnten sie – betrachtet man das Feedback – ohnehin nicht bezeichnet werden.

Marion Schlüter wusste jetzt, welche Kommunikationsbotschaft bisher zu kurz gekommen war: die technische Innovationskraft von „Total Sicher". Im nächsten Schritt arbeitet sie die Ergebnisse aus dem Markenbeschreiber und Markenwahrnehmer in den Ablauf des Golftages ein. In der Abb. 3.16 finden Sie das aktualisierte Programm des Golfevents.

Bitte bearbeiten Sie den Abschnitt „Checkpoint", um alle Informationen rund um den Praxisfall von „Total Sicher" zusammenzufassen und zu reflektieren. Sie finden – wie schon in den anderen Kapiteln – am Ende des Eventnavigators mein Feedback.

2. Schritt

▸ **Ihr Lernvorteil** Nutzen Sie diesen Abschnitt, um Ihre Eindrücke zum Praxisfall von Marion Schlüter zu betrachten. Reflektieren Sie, ob Sie sich der Meinung und den Maßnahmen der Eventexpertin anschließen. Würden Sie genauso vorgehen oder haben Sie eine andere Auffassung, was dem Golfevent fehlt?

Checkpoint/Kontrollpunkt
Eventnavigator „Konsequenter Spaß"
 1. Wie schätzen Sie die Bedürfnisse der Zielgruppe ein?
 _____
 _____

 2. Wie beurteilen Sie den neuen Aufbau des Golfevents von „Total Sicher"?
 _____
 _____

 3. Welche Veränderungen am Konzept oder bei der Umsetzung schlagen Sie vor?
 _____
 _____

Ein Blick auf Ihre persönlichen Erfahrungen mit Sportevents

 1. Welche Erfahrungen haben Sie als Eventmanager damit bisher gesammelt? Wie
    leicht ist es Ihnen gefallen, auf die Zielgruppe einzugehen? Mit welchen Informationen haben Sie gearbeitet?
 _____
 _____
 _____

 2. Waren Sie als aktiver Teilnehmer schon einmal bei einem Sportevent? Wir alle
    kennen Fußball- oder Tennisspiele aus der Perspektive der Zuschauer. Schlüpfen
    Sie jetzt bitte in die Rolle des Eventmanagers: Wie macht man ein Golfevent zum
    besonderen Erlebnis, bei dem jeder dabei sein möchte?
 _____
 _____
 _____

Feedback zum Eventnavigator

1. Für die Zielgruppe stehen die persönlichen Beziehungen im Vordergrund.
2. Das neue Format geht auf diesen Wunsch ein. Es integriert geschickt Golfer und Anfänger auf dem Golfplatz.
3. Das Konzept geht sehr gut auf die Anforderungen ein. Jetzt geht es um die intelligente Umsetzung.

3.4.2 Interaktion im Fokus: Imagegewinn ohne Produktinformationen

3. Schritt

Marion Schlüter atmet erleichtert durch. Sie ist zufrieden, die Meinung der Partner durch die Interviews besser zu kennen. Zusammen mit ihren persönlichen Beobachtungen beim Event liefern die Informationen viele Anregungen.

Jetzt macht sie sich an die nächste Aufgabe: Wie kann sie beim Event den Markenaspekt „Innovation" zum Ausdruck bringen? In der täglichen Arbeit war die technische Reife der Produkte von „Total Sicher" der wichtigste Wettbewerbsfaktor. Dietmar Maier ritt in seinen Event-Vorträgen ausgiebig darauf herum. Trotzdem schien die Spitzentechnologie für die Golfer – an diesem Tag – nicht im Mittelpunkt zu stehen. Marion Schlüter nimmt sich vor, dieses Spannungsfeld strukturiert zu durchdenken. Sie stellt sich eine Liste mit vier Arbeitsfragen zusammen:

Arbeitsfragen

Passte der Markenwert „Innovation" zu einem Sport wie Golf?
Antwort auf der Grundlage der Interviews:
Man braucht eine gute Technik, Geduld und Durchhaltevermögen. So sahen die Händler auch „Total Sicher". Innovation und Golf passte zusammen.

Wie können wir „Innovation" ausdrücken, ohne Produkte zu zeigen?
Überlegungen von Marion Schlüter:
Innovation ist kein Nutzen an sich. Im Mittelpunkt steht die maximale Zielerreichung unserer Kunden. Unsere Spitzentechnologie ist nur ein Vehikel. Kraftvolle Innovationen sind dafür eine der wichtigen Voraussetzungen. Sie liefern jedoch noch keine Erfolgsgarantie für den Kunden. Das hängt von den weiteren Faktoren im Businessfall ab.

Steht die Software alleine oder geht es auch um das Zusammenspiel mit der IT-Landschaft und den Mitarbeitern unserer Kunden?
Antwort auf der Grundlage der Interviews:
„Total Sicher" ist ein zuverlässiger Partner für lange, gemeinsame Wege.

Überlegungen von Marion Schlüter:
Die Anwendungen von „Total Sicher" sind für das perfekte Zusammenspiel in der technischen Landschaft der Kunden geschätzt. Die Benutzerfreundlichkeit der Software ist ebenfalls wichtig, weil alle Anwender (Mitarbeiter der Kunden, Privatkunden) leicht und sicher damit umgehen. Ein Partner für lange, gemeinsame Wege zu sein – wie die Partner es formulierten – beschrieb die Zusammenarbeit zutreffend. Wichtiger als die eigene Spitzentechnologie war also, sich erfolgreich auf die Wünsche und technischen Anforderungen der Kunden einzustellen.

Was bedeuten diese Ergebnisse für die Vorbereitung des Golfevents?
Antwort auf der Grundlage der Interviews:
Für die erfolgreiche Zusammenarbeit ist das Vertrauensverhältnis zwischen den Beteiligten sehr wichtig. Der Golftag leistet einen Beitrag zum guten Einvernehmen. Die Händler bitten darum, ihn nicht zu überfrachten. Der Event soll keinen wissenschaftlichen Kongress oder eine Verkaufsshow ersetzen.

Überlegungen von Marion Schlüter:
Der soziale Aspekt steht den ganzen Tag im Vordergrund. Um den Zusammenhalt zwischen den Teilnehmern zu stärken, spielen wir in kleinen Teams Golf. Das macht Spaß und sorgt für Intimität. Die Informationen über „Total Sicher" und die Produkte fließen zudem leichter auf der informellen Ebene. Im neuen Konzept stehen die Unterhaltungselemente im Mittelpunkt, so dass man von einem „konsequenten Spaßprogramm" sprechen kann. Die Innovationen des Unternehmens werden nicht angesprochen. Der optische Verweis auf die Unternehmensmarke von „Total Sicher" ist allerdings wichtig. Dekoration des Veranstaltungsorts mit spezifischem Marketingmaterial ist dafür das richtige Mittel.

Nachdem Marion Schlüter sich Klarheit über ihr Vorgehen rund um den Aspekt „Innovation" verschafft hat, beschäftigt sie sich mit dem zweiten Punkt auf ihrer Agenda: Markus Wenninger hat das Motto „Konsequenter Spaß" ausgegeben. Frau Schlüter durchdenkt nun, ob ihre Agenda dieser Anforderung bereits entspricht. Sie nutzt den Reflexionsbogen „Spaßmacher" und stellt sich diese Arbeitsfragen:

Reflexionsbogen „Spaßmacher"

1. Was macht Ihren Gästen Spaß? Spiele, Bewegung und Sport, Theater, Zauberer oder Komiker etc.?

_____

_____

2. Wie viele Elemente mit Spaß-Qualität haben Sie schon in der Agenda Ihres Events vorgesehen? Welchen Raum nehmen diese Elemente im Ablaufplan ein?

_____

_____

3. Spaß „am laufenden Band" überfordert das beste Publikum. Haben Sie für angemessene Abwechslung zwischen ruhigen und spannenderen Elementen gesorgt?

_____

_____

4. Ist am Ende ein Höhepunkt geplant – oder schließen Sie den Event mit einem eher konventionellen Baustein ab?

_____

_____

▸ **Haben unterschiedliche Menschen Spaß an den gleichen Dingen?** Die Zielgruppe unseres Golfevents hat viele Gemeinsamkeiten: Es handelt sich im Praxisfall um eine männliche Community: Die Menschen gehen ähnlichen Berufen nach und haben Freude an ihrem Hobby Golf. Alle sind im gleichen Alter und haben ein vergleichbares Einkommen zur Verfügung.

Die Wahrscheinlichkeit ist groß, dass diese Gruppe an den gleichen Dingen Spaß findet. Unterschiedliche Geschmäcker gibt es natürlich trotzdem – aber weniger, als man befürchten müsste. Zudem sammeln Eventmanager intensive Erfahrungswerte: Menschen amüsieren sich, wenn sie in einer Gruppe gut aufgenommen werden. Dann treten auch Unterschiede in den Hintergrund. Gemeinsam mit anderen Menschen etwas zu erleben, wirkt positiv.

Marion Schlüter merkt durch die Analyse mit dem „Spaßmacher": Der letzte Teil des Eventkonzepts ist noch etwas zu schwach, um dem Motto „Konsequenter Spaß" zu genügen. Nach der Siegerehrung passiert im Grunde nichts mehr. Der Abend plätschert dem Ende entgegen. Das möchte Frau Schlüter ändern. Sie sucht nach einer gemeinsamen Aktivität, die gut zum Golftag passt. Sie formuliert ein Anforderungsprofil, um den passenden Baustein zu finden:

Anforderungsprofil für ein weiteres Spaßelement:

- Attraktiv für eine männliche Zielgruppe zwischen 40 und 50 Jahren
- Keine sportliche Aktivität, um eine Abwechslung zum Golf zu bieten
- Interaktion zwischen den Teilnehmern in unterschiedlicher Besetzung ist ideal
- Weitere Qualitäten: spielerischer Wettkampf, kein reines Glücksspiel – lieber ein Intelligenzspiel, für Teams oder individuelle Spieler.

Zuerst dachte Frau Schlüter an Gesellschaftsspiele wie Bingo. Das schien ihr aber doch nicht das Richtige. Sie ging im Kopf einige Kartenspiele durch. Eine Freundin arbeitete bei einer internationalen Versicherung, die berühmt war für ihr jährliches Schafkopfturnier. Jedes Jahr fand das Ereignis statt und selbst elegante Erscheinungen nahmen mit Feuereifer bei dem bodenständigen Vergnügen teil. Marion Schlüter dachte nach: Das Kartenspiel passte zum ländlichen Charakter der Veranstaltung und zur Zielgruppe. Ein Plagiat stellte Marion Schlüter aber nicht zufrieden und sie entschied sich dagegen. Frau Schlüter überlegte weiter in Richtung „Spiel". Es gibt Fußball-Kicker für Teams, die bei Events gerne eingesetzt werden. Fußball beim Golftag? Die Frage beantwortet sich Frau Schlüter selbst mit einem klaren „Nein". Bilder von Roulette-Tischen huschen durch ihren Kopf. Und plötzlich war die Idee geboren: Poker! Natürlich: Eine Pokerrunde passte ideal zum Event. Das Spiel war – im Vergleich zum gutbürgerlichen Schafkopfen – exklusiv. Es war bei Herren sehr beliebt, weil es ein cooles Image hatte. Zudem erforderte es Intelligenz und brachte trotzdem den Reiz eines Spiels. Das Fazit von Marion Schlüter: Poker ist perfekt, um ihre Gäste nach dem Abendessen noch einmal mit einer gemeinsamen Aktivität zu überraschen. Sicher hätten alle Gäste Lust, ein kurzes Turnier auszuspielen.

Markus Wenninger war von der Idee begeistert und gab sofort seinen Segen. Auch die Vertriebskollegen freuten sich auf die Gelegenheit, ihre Pokerfaces mit denen der Händler zu messen. Die Pokerrunde erschien allen ideal, um dem Tag ein Sahnehäubchen zu verpassen. Weitere Änderungen im Ablauf:

- Die Siegerehrung wird auf das Ende des Abendessens verschoben, um die Spannung zu erhöhen.
- Nach dem Turnier wird deshalb sofort die Erfrischungspause angeboten, um dann ohne weitere Unterbrechung den Abend gemeinsam zu gestalten.

Die Abb. 3.17 zeigt die Agenda des Golfevents, wie sie umgesetzt wurde.

4. Schritt: Im Rückspiegel – wie ging der Praxisfall weiter?
Marion Schlüter hatte Petrus auf ihrer Seite. Am Tag des Golfevents begrüßte der charakteristisch süddeutsche Himmel die Golfer: bayrisch weiß-blau. Das Interesse am Event war in diesem Jahr wieder groß.

- Die Teilnehmerliste füllte sich schnell und die Warteliste war imposant. Der Golf-Schnupperkurs bot den Organisatoren die Möglichkeit, auch Golfnovizen einzuladen. Die Anlage war groß genug, um nach Instruktionen von Golflehrern drei Anfängerteams gegeneinander antreten zu lassen. Die neuen Gesichter brachten „frischen Wind" in die eingesessene Runde.
- Der veränderte Look der Einladung signalisierte einen anderen Geist und die Agenda erwähnte keine Vorträge. Natürlich sorgten die Interviews für gesteigerte Aufmerksamkeit am Ablauf. Die Händler wollten jetzt wissen, ob ihre Ratschläge berücksichtigt würden – oder ob man ihnen mit Alibigesprächen nur die Zeit gestohlen hatte. Durch Vorgespräche zwischen den Händlern und „Total Sicher" war allen klar, dass in diesem Jahr Markus Wenninger die Show übernehmen würde. Das wollten die Partner nicht versäu-

Total Sicher freut sich auf Sie beim:

Golfevent 2014

11:00 Uhr	Weißwurst-Frühstück
12:00 Uhr	Akkreditierung und Teamaufstellung
12:30 Uhr	Los geht's auf den Golfplatz!
	Sind Sie noch ohne Platzreife? Wir
	bieten Ihnen einen Schnupperkurs an
17:00 Uhr	Kleine Erfrischungspause
18:00 Uhr	Abendessen mit Preisverleihung
20:00 Uhr	Poker-Turnier „Alles oder nichts"
22:00 Uhr	Ende

Abb. 3.17 Finale Agenda Golfevent

men. Sie kannten „den Neuen" jetzt schon eine Weile und mochten ihn. Der Event war trotzdem eine gute Gelegenheit, sich noch etwas zu beschnuppern.

- Die Gäste erschienen pünktlich auf die Minute zum Weißwurst-Frühstück. Die Stimmung war wie immer bei allen blendend. Markus Wenninger begrüßte zusammen mit dem Vertrieb alle Teilnehmer per Handschlag.
- Marion Schlüters Team dekorierte das Restaurant mit witzigem Marketingmaterial, das perfekt in das Gartenlokal passte. Die lustigen Brezen, Weißwürste, Golfbälle und Golfschläger waren dezent, sorgten jedoch durch das integrierte Logo von „Total Sicher" für einen charmanten Geschäftsbezug.
- Das Layout griff die Gestaltung der neuen Einladungskarten auf. Die Ideen stammten von einer jungen Werbeagentur. Markus Wenninger war auf den ersten Blick begeistert, als er ankam, und lobte Marion Schlüter überschwänglich. Alles schien beim Alten und doch konnte er der Veranstaltung seinen Stempel aufdrücken.
- Frau Schlüter hatte auch für eine veränderte Tischordnung gesorgt. In diesem Jahr saß man an Tafeln für zwölf Personen, nicht an kleinen Vierertischen. So hatten Vertrieb und Händler mehr Gelegenheit zum Plaudern. Sie bat das Restaurant, Tischdecken in der Unternehmensfarbe von „Total Sicher" aufzulegen. Das Gesamtbild war im Vergleich zu den Vorjahren nur leicht verändert. Plötzlich erinnerte die ländliche Kulisse jetzt aber ein bisschen mehr an „Total Sicher". Marion Schlüter fand die Unternehmensmarke ideal präsentiert.
- Das Frühstück war erstmalig in Selbstbedienung angerichtet. Das gab Markus Wenninger die Gelegenheit, ein paar nette Worte zur Begrüßung zu sagen, um dann das Buffet

zu eröffnen. Natürlich nutzte er den – nicht ganz neuen – Witz, dass er sich kurz halte, weil die Weißwürste die Mittagszeit nicht erleben sollten. Die Gäste grinsten. Sie fanden die kurze Begrüßung liebenswürdig – und klug auf das Wesentliche reduziert.

- Danach ging es in den üblichen Teams zum Golfspiel. Markus Wenninger machte in diesem Jahr ebenfalls mit. Er hatte Golfunterricht genommen und sportlicher Ehrgeiz hatte ihn gepackt. Trotzdem wusste er, wie sich die Schnuppergolfer in dieser Runde fühlen mussten. Taktvoll brachte er die Anfänger und die alten Hasen immer wieder auf eine gemeinsame Wellenlänge.

- Nach dem Golf kehrten die Gäste in bester Stimmung im Clubhaus ein. Es war ein sehr heißer Tag. Praktikanten brachten deshalb nicht nur zur „Half Way Pause", sondern mehrfach Getränke, Erfrischungen und auch Sonnenschutzmittel zu den Teams. Diese Aufmerksamkeit kam besonders gut an. Man fühlte sich wie in einem First-Class-Hotel. „Total Sicher" war einfach ein exzellentes Unternehmen, raunte man sich zu. Markus Wenninger grinste zufrieden über die große Wirkung des kleinen Kunstgriffs.

- Die Gespräche beim Golf waren spannend – Geschäft und Privat vermischten sich wie immer auf natürliche Weise – und der Golfplatz war herrlich. Markus Wenninger hielt sich auch mit geschäftlichen Kommentaren zurück. Er fand witzige Bezüge zu den gemeinsamen Projekten, die gut in die Stimmung passten, ohne den Event mit Unternehmensbotschaften zu überfrachten. Er war sich sicher: Das Dekorationsmaterial genügte, um „Total Sicher" als Marke vor Augen zu haben.

- Dann konnten die Gäste sich im Clubhaus frischmachen und auf das Abendessen vorbereiten. Aperitifs, Kaffee und kleine Snacks wurden gereicht. Das frühe Abendessen um 18:00 Uhr passte zum Ablauf. Der Tag an der frischen Luft machte hungrig und eine längere Wartezeit hätte die Atmosphäre beeinträchtigt. Immerhin hatte man das Mittagessen dem Golfturnier geopfert.

- Nach dem Essen freuten sich alle auf die Pokalverleihung. Alle warteten gespannt auf die Ergebnisse des Turniers. Es gab auch in diesem Jahr neben den Pokalen noch viele weitere Preise für alle Spieler. Die Stimmung war ausgelassen. Marion Schlüter hatte die Zeremonie überarbeitet: Verschiedene Musikstücke wurden als Spannungselemente eingespielt und Fotos vom gemeinsamen Tag an die Rückwand projiziert. Anstatt des Geschäftsführers überreichten jetzt zwei charmante Hostessen die intelligent ausgewählten Geschenke rund um das Thema Golf. Ein paar Produkte von „Total Sicher" wurden auch überreicht. Natürlich hatte der Compliance-Experte dafür gesorgt, dass für keinen Gast Komplikationen entstünden.

- Jeder bekam eine gerahmte Urkunde mit einem Foto und der Unterschrift von Markus Wenninger. Der Fotograf hatte die Erinnerungsstücke in der Pause vor dem Abendessen vorbereitet. Diese Präsente kamen besonders gut an. Sicher wegen des individuellen Werts, wie Frau Schlüter ihre Idee schon im Vorfeld begründete. Markus Wenninger gratulierte jedem Spieler, bedankte sich für die Teilnahme – und verschonte die Anwesenden ansonsten mit Vorträgen. Die Händler rissen ein paar liebevolle Witze auf Kosten ihres früher so gesprächigen Geschäftsführers Dietmar Maier – und fanden es gut.

- Nach dem Essen ging es an die Pokertische. Markus Wenninger war nervös, als er die Ankündigung machte. Er konnte nicht einschätzen, ob die Partner nach einem Tag auf dem Golfplatz noch Spaß daran hätten. Diese Sorge war unberechtigt. Das Pokerspiel war der zweite Höhepunkt des Tages und alle blieben bis fast Mitternacht. Beim Abschied bedankten sich die Gäste für die schöne Überraschung bei „ihrem Markus", wie sie ihn mittlerweile nannten. Sie hätten sich wunderbar amüsiert, der Tag hätte viel Spaß gemacht und man freue sich auf die weitere Zusammenarbeit.
- Markus Wenninger und Marion Schlüter berieten sich, während sie die Feedback-Bögen gemeinsam durchsahen. Das Gefühlsbarometer stand bei allen Gästen und Kollegen zweifelsfrei auf Sonnenschein. Die beiden waren sich sicher: Eine bessere Basis für die weitere Zusammenarbeit war nicht vorstellbar.

Haben Sie sich schon während der Lektüre des Abschnitts eine Meinung zum Vorgehen von Marion Schlüter gebildet? Ich biete Ihnen meine Einschätzung zum Praxisfall an. Der nächste Abschnitt fasst die Stärken und Schwächen zusammen. Sie entscheiden selbst, ob und wie Sie die folgenden Zeilen nutzen.

5. Schritt: Highlights and Lowlights im Praxisfall „Konsequenter Spaß"

Markus Wenninger zeigte Besonnenheit, als er den Golfevent unter seiner Leitung zu Beginn seiner Aufgabe unverändert weiterführte. Er sammelte zusammen mit seiner Eventverantwortlichen vor Ort wichtige Eindrücke. Dann gab er allerdings entschieden ein neues Motto aus: „Konsequenter Spaß" sollte der Leitgedanke für das Konzept sein. Der Erfolg des Events zeigte, wie gut er die Händler beobachtete und einschätzte.

- Marion Schlüter schält strukturiert die Erfolgsfaktoren aus dem bisherigen Konzept heraus. Sie identifiziert die kleinen Schwachstellen (die Vorträge und das wenig spannende Ende) und findet Lösungen, die sich gut ins Konzept integrieren lassen.
- Ihre Reflexionen über die Markenwerte von „Total Sicher" könnten unnötig kompliziert wirken. Sie sind aber so professionell und arbeitsökonomisch durchgeführt, wie man es selten erlebt. Marion Schlüters folgerichtige Entscheidung, den Markenwert „Innovation" beim Golfevent nur indirekt durch Dekorationsmaterial ins Blickfeld zu bringen, ist intelligent und mit Augenmaß getroffen.
- Besonders die Interviews schlagen mehrere Fliegen mit einer Klappe: Sie signalisieren Interesse an der Meinung der wichtigen Partner, sie festigen die Bindung zwischen Gastgebern und Gästen – und liefern wichtige Informationen zum Event und der Wahrnehmung von „Total Sicher". Die professionelle Durchführung der Gespräche und die strukturierte Auswertung der Daten durch die Praktikantin sind ideal. So wird die Innen- und Außensicht zum Event verglichen. Das ist nötig, um die Gäste zufrieden zu stellen und die eigenen Anforderungen an den Event zu erfüllen.
- Die unkomplizierten Vergleiche zwischen dem Soll-Markenwert und der aktuellen Wahrnehmung der Gäste (Ist-Wert) sind wichtig für die Planung des Events. Marion Schlüter findet pragmatische Vorgehensweisen, um die abstrakten Überlegungen rasch

durchzuführen. Besonders positiv ist es, dass sie die Reflexionsergebnisse sofort und mit hohem Praxisnutzen in ihre Planung integriert. Sie zieht die richtigen Schlüsse und hat originelle Ideen.

- Die Verbindung von Golf und Poker ist ein Erfolgsrezept. Die Gäste sind begeistert und das Element ist nicht budgetintensiv. Markus Wenninger ist damit als „der neue Gastgeber" in der guten Position, eine echte Weiterentwicklung des Golftages anzubieten. Die enge Zusammenarbeit zwischen ihm und Marion Schlüter ist perfekt, um den Event auf ihn als das neue Gesicht von „Total Sicher" zuzuschneiden.

Was nehmen Sie mit?

Sie haben den Praxisfall von Marion Schlüter aus verschiedenen Perspektiven reflektiert. Bitte fassen Sie nun Ihre stärksten Eindrücke zusammen, um so Ihre Gedanken und Lernfortschritte zu dokumentieren. Das Arbeitsblatt hilft Ihnen dabei, in der Chronologie des Praxiskapitels vorzugehen:

Erster Schritt: Markenführungssystematik

1. Markenbeschreiber

   _____

2. Markenwahrnehmer

   _____

Zweiter Schritt: Checkpoint/Kontrollpunkt

1. _____

2. _____

3. _____

Dritter Schritt: Interaktion im Fokus

1. Vier Arbeitsfragen von Marion Schlüter

   _____

   _____

2. Reflexionsbogen „Spaßmacher"

   _____

   _____

3.5   Seitenblick: Sales Summit für Teilnehmer aus siebzehn Nationen

3.5.1   Praxisfall: Harte Arbeit und Dolce Vita

Frieda Gürer übernimmt eine Eventabteilung beim internationalen Pharmaunternehmen „Forschungsstark". Die Eventexpertin hat schon auf jedem Kontinent erfolgreich Veranstaltungen umgesetzt und war die Wunschkandidatin der Marketingleiterin. Frau Gürer wechselt von einer Produktsparte in die Zentrale des Unternehmens, wo seit einigen Jahren ein Global Sales Summit ausgerichtet wird. Sie soll den Event weiterführen und – wo nötig – optimieren. Frieda Gürer wurde aus den Erzählungen ihres Vorgängers Martin Ambach nicht schlau. Es gelang ihr auch nicht, aufgrund der Planungsdokumentationen die Stärken und Schwächen des Events einzuschätzen. Sie sucht nach aussagekräftigen Informationen, um sich einzuarbeiten.

Sie rief Vertriebskollegen aus der früheren Produktsparte an, um Eindrücke von der Teilnehmerseite zu sammeln. Es war seltsam: Das Feedback zur Veranstaltung blieb ebenso nebelhaft wie die Schilderungen von Martin Ambach. Alle würden wieder teilnehmen, aber kein Kollege konnte ihr etwas über den roten Faden oder den Nutzen des Drei-Tages-Summits sagen.

Das Top-Management des Unternehmens war anwesend, das motivierte die Vertriebsexperten natürlich. Der Vice President Vertrieb und Marketing fasste die Erfolge und Misserfolge des letzten Jahres zusammen. Die ambitionierten Vertriebsziele des neuen Jahres waren den einzelnen Vertriebsleitungen schon Wochen vor der Veranstaltung in den Jahresgesprächen erklärt worden. Der Summit war also kein klassisches Kick-off, um Ziele und Zielerreichung gemeinsam zu diskutieren. So weit hatte Frau Gürer die Situation verstanden. Nur: Was war dieser Summit eigentlich? Frieda Gürer hatte das deutliche Gefühl: „Ich stehe auf der Leitung!"

Ihre neue Chefin, Marion Isarthaler, sprach von einem strategischen Vertriebskongress mit Plenar-, Trainings- und Workshop-Sessions. Die Betonung lag dabei auf „strategisch". Die Exkollegen gingen auf diesen Punkt nicht ein. Sie begeisterten sich dafür, dass sich Sales Manager und die benachbarten Berufe wie Sales Back Office oder Marketing aus siebzehn Nationen trafen. Das Community-Gefühl erhielt deutlich Rückenwind.

Die Kollegen erzählten von Workshops, deren Themen von der Zentrale festgelegt und vorbereitet wurden: „Naja, besser wissen die in der Zentrale unser Geschäft eben nicht einzuschätzen. Mehr kann man nicht erwarten. Das passt schon." Die Gelegenheit zu geplanten und zufälligen Nebengesprächen mit den Kollegen aus den anderen Vertriebsregionen oder Produktsegmenten fanden alle super. Bei Frau Gürer fiel langsam der Groschen: Die fünfhundert Teilnehmer nahmen sich die Freiheit, das Programm zu nutzen oder alternativ ihre eigene Agenda zu verfolgen. Sie hielten in der Lobby ihre Meetings und Treffen ab. Da störte ein nur „mehr oder weniger" passender Workshop nicht die Befindlichkeit der sonst so kritischen Vertriebsdiven. Frau Gürer seufzte gequälte: „Der Event motiviert. Das ist schon mal klar. Die Inhalte laufen allerdings an den Teilnehmern vorbei."

Frau Isarthaler erwähnte neulich, dass sie das Budget des Summits verwaltete. In Sparrunden fielen natürlich immer wieder eifersüchtige Augen auf die vergleichsweise große Summe. Die Besorgnis stand Marion Isarthaler im Gesicht geschrieben, dass der Event gekürzt oder gar gestrichen würde. Die Teilnehmerzahlen waren in den letzten beiden Jahren leicht rückläufig.

Frieda Gürers neues Team war noch schüchtern. Mit Einschätzungen über das Gelingen der Veranstaltung oder den Nutzen für das Unternehmen hielt man sich – genau wie Martin Ambach – auffällig zurück. Das war wohl die Kultur in der Zentrale, dachte Frieda Gürer. Da muss ich jetzt durch!

Die Eventexpertin nahm sich vor, eine Konzeptverbesserung vorzulegen, die den Nutzen des Global Sales Summit für das Unternehmen steigerte. So könnte die Abteilung das Budget selbstbewusst verteidigen. Verstanden hatte sie – trotz ihrer Berufserfahrung – die Erfolgsgeschichte des Summits noch nicht ganz. Fragen über Fragen kamen ihr in den Sinn: Welcher Baustein kam gut an – und war sinnvoll für die Vertriebsarbeit? Was erwartete der Vertrieb, um auch in der Zukunft zahlreich teilzunehmen? Wie weit konnte sie mit den Veränderungen gehen, ohne die Teilnehmer zu verlieren? Anstatt zu grübeln, machte sich Frieda Gürer an die Arbeit.

⇛ **Aufgabenstellung und Problemanalyse**
Frieda Gürer übernimmt eine Abteilung in der Zentrale von „Forschungsstark". Dort wird ein erfolgreicher Drei-Tages-Event, der Global Sales Summit, ausgerichtet. Das Kongressprogramm ist von der Zentrale bestimmt und aus der Sicht der Produktsparten nicht durchgängig attraktiv. Die Vertriebskollegen nutzen allerdings gerne die angenehme Umgebung als „Kommunikationsplattform" für Besprechungen, da sich alle Vertriebe aus der ganzen Welt treffen. Das ist hilfreich für die internationale Zusammenarbeit. Frieda Gürer schätzt den hohen Motivationswert des Events. Um aber in Sparrunden das Budget für die Veranstaltung erfolgreich zu verteidigen, nimmt sie sich vor, den Geschäftswert des Summits weiter zu steigern – natürlich ohne die Teilnehmer zu enttäuschen.

1. Schritt: Fokussierungssystematik
2. Schritt: Checkpoint
3. Schritt: Interaktion im Fokus
4. Schritt: Im Rückspiegel – wie ging der Praxisfall weiter?
5. Schritt: Highlights and Lowlights im Praxisfall „Harte Arbeit und Dolce Vita"

Frieda Gürer entschließt sich dazu, die Plenar-, Trainings- und Workshop-Sessions des Summits mit der Fokussierungssystematik zu prüfen. Begleiten Sie Frau Gürer dabei durch die nächsten Schritte:

1. Schritt: Fokussierungssystematik

▶ **Ihr Lernvorteil** Die Systematik unterstützt Sie dabei, den Nutzen der Bestandteile des Events einzuschätzen. Mit dem Leitfaden verstehen Sie besser, welche Aspekte einen Beitrag zu den Zielen leisten und an welchen Stellen sich eine Nachjustierung empfiehlt.

Jeder Kommunikationsmanager kennt die Situation, eine neue Abteilung zu übernehmen. Sie möchten sich nicht als „Besserwisser" positionieren, indem Sie die bestehenden Events kritisieren. Ihnen ist klar: So tötet man Motivation und erschwert den guten Start. Durch Ihren unvoreingenommenen Blick fallen Ihnen allerdings Punkte auf, die Sie anders angehen möchten. Ihre Führungskräfte erwarten von Ihnen „frischen Wind". Trotzdem besteht der Wunsch, sich für die bisherigen Entscheidungen respektiert zu fühlen. Im Tagesgeschäft kann dies schnell zur belastenden Hypothek werden: Frieda Gürer vermisst Informationen zu den Erfolgsfaktoren des Events. Niemand spricht Klartext, auch Frau Isarthaler hält sich zurück. Sie sucht nach einer Analysemethode, um handlungsfähig zu werden. Nur so kann sie ihrer Chefin eine sinnvolle Konzeptentwicklung vorlegen, die zum Kostendruck im Unternehmen, den strategischen Zielen des Events und den Ansprüchen der Zielgruppe passt.

Systematik für Fokussierung

a) Haupt- und Nebenziele des Events erkennen
b) Kern- und Randbeiträge identifizieren
c) Ideale Mischung festlegen

Frieda Gürer studiert die Feedbackauswertungen der vergangenen Jahre. Der Global Sales Summit erhielt meist die Gesamtnote „gut zufrieden" von den Teilnehmern. Ein schönes Ergebnis, freute sich Frau Gürer. Ob dies allerdings bei der aktuellen Sparpolitik des Unternehmens auch weiterhin genügte, erschien ihr fraglich. Frieda Gürer war sich sicher: Der Nutzen des Drei-Tages-Summits für die Teilnehmer musste wachsen. Neben Networking und Motivation war noch mehr geschäftsbezogener Mehrwert gefragt, beispielsweise durch Trainings und Arbeitsgespräche innerhalb der Produktsparten. Das sagte ihr ihre Erfahrung. Frau Gürer wollte sich aber nicht nur auf ihre Intuition verlassen und hielt sich lieber an den nächsten Schritt der Systematik:

• **Haupt- und Nebenziele des Events erkennen**
  Im Praxisbeispiel geht es darum, die unterschiedlichen Ziele der Beteiligten zu erkennen und geschickt zu kombinieren. Dazu ist es nötig, die Anliegen in Haupt- und Nebenziele zu unterscheiden und zu priorisieren.

▶ **Ihr Lernvorteil** Dieser Schritt nimmt Sie dabei an die Hand, wenn Sie Ziele erkennen und formulieren möchten. Anschließend unterstützt Sie die Systematik dabei, Ihre Ziele zu bewerten und in eine Reihenfolge zu bringen.

Frieda Gürer beginnt damit, erst einmal alle Ziele des Summits aufzulisten. Sie berücksichtigt

- die Aussagen von Frau Isarthaler
- die Berichte der Exkollegen und
- die Planungsunterlagen zum Summit aus ihrer Abteilung.

Sie erstellt die Liste aller genannten Ziele, die Sie unten sehen.

▷ **Ziele Global Sales Summit**

  - Kick-off-Meeting für das neue Vertriebsjahr
  - Networking auf internationalem Niveau
  - Community-Bildung zwischen Vertrieb und wichtigen anderen Funktionen
  - Seitengespräche mit Gesprächspartnern aus dem Tagesgeschäft
  - Strategieinformationen im Plenum
  - Strategiediskussion durch den Vertrieb
  - Training und Coaching für den Vertrieb
  - Workshops mit Themen aus der Zentrale
  - Workshops innerhalb der Produktsegmente
  - Motivation der internationalen Vertriebe

Im nächsten Schritt schätzt sie die aktuelle Zielerreichung ein. Als Grundlage dienen ihr die Feedback-Auswertungen, die Meinungsbilder der früheren Kollegen und das Briefing von Frau Isarthaler.

▷ **Einschätzung der Zielerreichung**

Kick-off-Meeting für das neue Vertriebsjahr	bisher Nein	wegen Timing
Networking auf internationalem Niveau	bisher Ja –	aber unstrukturiert
Community-Bildung zwischen Vertrieb und anderen Funktionen	bisher Ja –	auf eigene Initiative
Seitengespräche mit Gesprächspartnern aus dem Tagesgeschäft	bisher Ja –	zu intensiv
Strategieinformationen im Plenum	bisher Ja –	aber zu selten
Strategiediskussion durch den Vertrieb	bisher Nein	
Training und Coaching für den Vertrieb	bisher Ja –	mit wenig Erfolg
Workshops mit Themen aus der Zentrale	bisher Ja –	schlecht besucht
Workshops innerhalb der Produktsegmente	bisher Nein	
Motivation der internationalen Vertriebe	bisher Ja	

Frieda Gürer betrachtet die Liste und zieht ein Zwischenfazit: Gastgeber und Gäste waren sich offensichtlich nicht ganz einig über die Erwartungen an den Global Sales Summit. Die Hauptziele des Vertriebs unterschieden sich von denen der Zentrale:

Hauptziele Vertrieb

- Community-Bildung und Networking zwischen Vertrieb und anderen Funktionen
- Motivation der internationalen Vertriebe

Hauptziele Zentrale

- Strategieinformationen im Plenum
- Diskussionen zur Strategieumsetzung in Workshops

Frieda Gürer schrieb die Ziele auf Moderationskarten: grüne Karten für den Vertrieb und gelbe für die Zentrale. Sie befestigte die Karten in zwei Gruppen an einer Pinnwand und verglich sie miteinander. Sie wusste aus Erfahrung, dass solche Visualisierungen bei ihr schnell für mehr Durchblick sorgen. Innerlich hatte sie allerdings die wenig konstruktive Haltung angenommen „das kriege ich nie unter einen Hut". Als sie dann die Reihenfolge der Karten ein paarmal veränderte und die Aussagen im Kontext der geführten Gespräche durchdachte, gewann sie nach und nach einen anderen Eindruck. Drei gemeinsame Ziele nahmen Gestalt an:

- Die Teilnehmer interessierten sich für die aktuellen Strategieaussagen. Natürlich fand es die Zentrale wichtig, diese beim Summit zu kommunizieren. Die geplanten zwei Vorträge waren Frau Gürer zu wenig. Hier musste mehr passieren. Allerdings bestand in der Zentrale die Anforderung, auch die konkrete Umsetzung im Tagesgeschäft intensiv in Workshops zu diskutieren.
- Die Vertriebe waren dazu bereit. Sie fanden es jedoch sinnvoller, die Inhalte der Workshops selbst zu bestimmen und im Kreis der Produktsparten zu diskutieren – anstatt in anonymeren Themenworkshops. Schließlich kannten sie ihr Geschäft besser als die Zentrale. Zu diesem Punkt war eine Anpassung nötig.
- Die Anliegen Community-Bildung, Networking und Motivation waren sowohl für die Zentrale als auch für den Vertrieb wichtig. Allerdings schien der Vertrieb hier den Schwerpunkt des Events zu sehen. Die Zentrale legte mehr Wert auf Information, Diskussion und Training. Ein sinnvoller Kompromiss war gefragt: Die gelungene Verbindung aus Spaß und Arbeit.

Die Ziele von Vertrieb und Zentrale waren nicht so unterschiedlich, wie es auf den ersten Blick schien: Frau Gürer interpretierte die Fakten jetzt so, dass sich allerdings die Erwartungen an die Umsetzung deutlich voneinander abhoben. Um ganz sicher zu gehen, sammelte Frau Gürer ihre Gedanken zu den Themen, die sie als Nebenziele bezeichnet hatte. Ihre Notizen finden Sie unten:

Nebenziele Vertrieb

- Es fiel auf, dass der Vertrieb die Trainings- und Coachings weder besonders gut noch besonders schlecht einschätzte. Für Frau Gürer war damit klar: Sie musste die Qualität prüfen. Dieser Punkt war der Zentrale wichtig. Gegen hilfreiche Fortbildung hatten die Vertriebe natürlich auch nichts einzuwenden. Frieda Gürer vermutete, dass es hier bei der Umsetzung Probleme gab.

Nebenziele Zentrale

- Die Gelegenheit für Seitengespräche würde sich auch in der Zukunft durch lange Pausen oder beim Abendessen ergeben, das musste nicht geplant werden. Dieses Hauptziel des Vertriebs war nur ein Nebenziel für die Zentrale. Allerdings nahm sich Frau Gürer vor, die Relevanz des Programms so zu steigern, dass sich die Vertriebskollegen auch ohne Zwang gerne intensiv damit beschäftigten – und spannender, intensiver Austausch als Teil des Programms stattfand.

> **Als Fazit fasste Frieda Gürer diese Ziele für den Summit zusammen**
>
> 1. Strategiebotschaften der Zentrale
> 2. Umsetzungsdiskussionen in Workshops
> 3. Training und Coaching
> 4. Motivation, Networking und Stärken des Community-Gedankens

Sie betrachtete ihre Zusammenfassung. Der Punkt „Motivation" stand erst an vierter Stelle, trotzdem war er für Frieda Gürer sehr wichtig. Sie wusste, dass für den Vertrieb des Pharmaunternehmens in jedem Jahr das Motto „Höher – schneller – weiter als bisher!" ausgegeben wurde. Um in dem schwierigen Markt immer wieder über sich selbst hinaus-zuwachsen, benötigten die Vertriebskollegen viel Motivation. Der Event galt als Energie-spritze im Vertrieb, denn die Kollegen kamen in bester Laune zurück an ihren Arbeitsplatz. Das sollte sich beim neuen Summit-Konzept nicht ändern.

Jetzt folgte der nächste Arbeitsschritt: Frau Gürer sah in der Agenda vom letzten Jahr (siehe unten), dass die drei Tage mit Programmpunkten prall gefüllt waren. Jetzt wollte sie wissen, ob die vielen Aktivitäten auch für die Zielerreichung hilfreich waren oder nur gut gemeintem Aktionismus zu verdanken waren. Blicken Sie ihr beim nächsten Arbeitsschritt über die Schulter.

- **Kern- und Randbeiträge identifizieren**
  Das bestehende Eventformat bietet mit Plenar-, Workshop- und Trainingselementen ein breites Angebot für die fünfhundert Teilnehmer aus siebzehn Nationen. Der rote Faden

Tag 1	Tag 2	Tag 3
10:00-12:00 Start in den Summit im Plenum Vorträge des Vice President Sales und Marketing und des Vice President Sales	10:00 – 11:00 Highlights und Lowlights Tag 1 Vorstellung des Programms	10:00 – 11:00 Highlights and Lowlights Tag 2 Vorstellung des Programms
12:00 – 13:00 Mittagspause	11:00 – 13:00 Training „Kundentermin"	11:00 – 13:00 Workshop „Kundenentwicklung"
13:00 – 16:00 Workshop „Global Sales"	13:00 – 14:00 Mittagspause	13:00 – 14:00 Mittagspause
16:00 – 16:30 Kaffeepause	14:00 – 16:00 Training „Kundentermin beim Abteilungsleiter" mit Pausen	14:00 – 16:00 Workshop „Global Customer Relationship Management"
16:30 – 18:30 Workshop „Global Account Management"	16:00 – 19:30 Freizeit	16:00 – 16:30 Kaffeepause
		17:00 – 18:00 Abschlussrunde im Plenum Rückblick und Erfolge
19:30 Abendessen mit Dinner Speech	19:30 Abendessen	

Abb. 3.18 Agenda Global Sales Summit von „Forschungsstark"

im Programmverlauf des Events ist schwer zu erkennen. Es muss geklärt werden, welche Programmpunkte einen Beitrag zu den vier Zielen des Global Sales Summit leisten.

▸ **Ihr Lernvorteil** Dieser Abschnitt liefert Ihnen Anregungen, wenn Sie ein bestehendes Event prüfen möchten. Es fällt Ihnen leichter einzuschätzen, welche Punkte auf der Agenda wichtig für den Gesamterfolg sind, welche Punkte überflüssig sind oder gegen wirkungs-vollere Elemente ausgetauscht werden können.

Frau Gürer erstellt einen Kriterienkatalog mit drei Skalen, um die Agenda Schritt für Schritt zu analysieren. Sie prüft nicht nur die Aktivitäten, sondern auch, wie wirkungsvoll die Umsetzung gelungen ist. Sie bezieht sich dabei auf die Schilderungen ihrer Exkollegen und die Auswertungen der Feedbackbögen aus den Vorjahren. Die Abb. 3.18 stellt Ihnen die Agenda vor.

Kriterienkatalog

Kernbeitrag =	Unterstützt mindestens zwei Zielbeschreibungen
Kern- oder Randbeitrag =	Unterstützt mindestens eine Zielbeschreibung
Randbeitrag =	Leistet keinen Beitrag zu den Zielbeschreibungen

Ergebnis von Frieda Gürer zu den Kernbeiträgen

- Vorträge der Vice Presidents unterstützen die Zielbeschreibung 1). Der Beitrag ist allerdings bei einem Drei-Tages-Event zu kurz.
- Workshops unterstützen die Zielbeschreibung 2). Die Umsetzung ist jedoch noch nicht zufriedenstellend. Die Workshops finden nicht für die Produktsegmente statt, fördern also nur flankierend den Community-Gedanken der Kollegen mit Arbeitskontakt. Die Inhalte bleiben generisch, denn sie haben keinen Bezug zu den spezifischen Märkten.
- Trainings unterstützen die Zielbeschreibung 3). Auch hier muss die Umsetzung verbessert werden, da die Vertriebe den Nutzen nicht positiv beschreiben.

Ergebnis von Frieda Gürer zu den Randbeiträgen

- Die Struktur liefert keinen Zielbeitrag: Der Ablauf des Summits ist ohne Spannungskurve konzipiert. Die Agenda bereitet nicht auf ein Kommunikations- oder Lernziel am Ende des Summits vor. Dem Event fehlt ein klares Ergebnis.
- Die Highlights- und Lowlights-Sessions am Morgen im Plenum liefern Strukturinformationen zum Event. Der Programmpunkt ist aber zu schwach ausgeformt, um die Ziele des Summits zu unterstützen.
- Das Dinner mit oder ohne Dinner Speech unterstützt keine der Zielbeschreibungen. Neben dem Essen ist nur ein geringer Zusatznutzen erfüllt, da der Vortrag weder als besonders unterhaltsam noch als informativ im Feedback beschrieben wird.
- Freizeit als Programmpunkt unterstützt das Networking. Der Erfolg bleibt im Praxisfall dem Zufall überlassen, da steuernde Rahmenbedingungen fehlen. Das Element ist nicht zielgerichtet und deshalb bei diesem Event redundant.

- **Ideale Mischung festlegen**
  Erfolgreiche Events bestehen aus einer geglückten Mischung. Natürlich sorgen Sie dafür, dass Ihr Event in der für den Veranstaltungszweck idealen Lokation stattfindet. Der Schwerpunkt meiner Betrachtung liegt auf der Programm- und Ablaufgestaltung im Spannungsfeld zwischen Arbeit und Spaß. Dieser Abschnitt zeigt Ihnen, wie die Protagonistin im Praxisfall diese Aufgaben erfolgreich meistert.

▸ **Ihr Lernvorteil** Dieser Abschnitt stellt Ihnen Möglichkeiten vor, Arbeitsveranstaltungen durch eine Spannungskurve interessant zu gestalten. Sie bauen Spaßelemente gezielt in den Ablauf ein und schaffen so Entspannungsmomente. Die Teilnehmer sammeln neue Energien, konzentrieren sich leichter und die Freude an der Zusammenarbeit steigt.

Durch ihre Vorarbeit ist Frieda Gürer informiert, welche Programmpunkte zum Konzept und zur Zielgruppe passen. Ihr Ziel ist es, einen neuen Ablauf für den Summit zu erstellen. Gleichzeitig beschäftigt sie sich mit der Qualität der unten aufgezählten drei Elemente, um sie im Sinne der zielorientierten Umsetzung in Theorie und Praxis weiterzuentwickeln:

- Vorträge der Vice Presidents
- Workshops
- Trainings

Vorträge der Vice Presidents

- Frieda Gürer ist begeistert, dass der Global Sales Summit in der Konzernleitung eine hohe Aufmerksamkeit genießt. Die Auftritte der beiden Vice Presidents sind wichtig für den Beginn der Veranstaltung. Sie setzen die Veranstaltung in den Kontext der aktuellen Herausforderungen des Geschäftsjahres.
- Sie wünschte sich allerdings, dass die Unternehmensleitung den Summit noch mehr in die Geschäftsaktivitäten integriert: Die Manager sollten konkrete Arbeitsaufgaben erteilen, die die Teilnehmer in den Workshops erarbeiten. Frieda Gürer will Wettbewerbsgeist in den Summit bringen. Ihr schweben Ergebnispräsentationen von Vertriebsteams vor, mit einer anschließenden Siegerehrung durch das Top-Management.
- Sie will weitere Managementvertreter aus den angrenzenden Bereichen Forschung, Produktion, Marketing und Personal dafür gewinnen, beim Sales Summit eine aktive Rolle zu übernehmen: Als Feedbackgeber in den Trainings, Diskutanten in den Workshops, Referenten oder als Jurymitglied bei der Preisverleihung. Es geht ihr darum, den Summit als Informationsdrehscheibe in der Wahrnehmung der Unternehmensleitung zu verankern. Auch die Manager erhalten so Feedback über Kundenmeinungen und die Herausforderungen auf den Märkten.

Workshops

- Das Feedback der Teilnehmer überzeugte Frau Gürer davon, dass sich die Zentrale und der Vertrieb die Verantwortung teilen müssen, um geschäftsorientierte Inhalte in allen Workshops anzubieten und praxisorientiert bearbeiten zu lassen. Frau Gürer plant, spezielle Workshops für die fünf Produktsegmente einzurichten.
- So erhielten die Vertriebsleiter eine Plattform, um mit ihrer internationalen Vertriebsgemeinschaft an gemeinsamen Themen zu arbeiten: live und nicht in Tele- oder Videokonferenzen. Die Zusammenarbeit zwischen den Vertrieben in Deutschland und in den anderen Ländern könnte sich festigen. Das war ein Teil der globalen Vertriebsstrategie des Unternehmens. In den Gesprächen lernten die Teilnehmer sich besser kennen. Das Vertrauen würde wachsen, die Kollegen in gemeinsame Kundenprojekte einzubeziehen. Die eine oder andere Dienstreise erübrigte sich von alleine.
- So trat die Zentrale aus der Schusslinie, was den Themenkatalog der Workshops anging, weil die Produktsegmente ihre Themen in den festgesetzten Zeitfenstern nun selbst bestimmten. Der Vorwurf, es mangele an Geschäftsorientierung, wäre in Zukunft höchstens ein Eigentor.
- Natürlich behalten die großen Unternehmensprogramme ihren Platz auf dem Summit. Frau Gürer entwickelte einen zweigeteilten Stundenplan mit unterschiedlichen Bausteinen:

Tag 1	Tag 2	Tag 3
Plenum oder zentrale Workshops/Trainings	Plenum oder zentrale Workshops/Trainings	Plenum oder zentrale Workshops/Trainings
13:00 – 18:00 Workshops in den Produktsegmenten Bitte hier Ihre Teilagenda für das Produktsegment planen.	**13:00 – offenes Ende** Workshops in den Produktsegmenten Bitte hier Ihre Teilagenda für das Produktsegment planen.	**19:00 – 22:00** Abschlusspräsentation und Award-Verleihung

Abb. 3.19 Musterstundenplan für das Produktsegment 1 als Vorlage für die Planung der Vertriebs-leiter

- Zeitfenster für Plenarveranstaltungen, Trainings oder Workshops der Zentrale
- Zeitfenster, in denen die einzelnen Produktsegmente sich für marktbezogene Work-shops trafen. Sie konnten den Programmablauf innerhalb der Sessions individuell gestalten.

Lesen Sie in der Abb. 3.19 das Ergebnis von Frieda Gürer.

Um diesen Gedanken umzusetzen, musste Frau Gürer aber zuerst mit den Vertriebslei-tern der Produktsegmente sprechen. Lesen Sie unten ihre Vorüberlegungen:

Reflexionen von Frieda Gürer Sie wollte die drei Herren und zwei Damen überzeugen, die Organisationslast teilweise mit der Zentrale zu teilen, dafür aber auch den „gut organi-sierten Rahmen" für einen internationalen Workshop zu bekommen, der eingebettet war in ein Programm aus Strategievorträgen zu den Unternehmensprogrammen, Trainings und Motivationselementen. Wie Frau Gürer fand: kein schlechter Handel!

Die Vertriebsleiter der Produktsegmente hatten auch bisher am Event teilgenommen, aber nie den Takt vorgegeben. Frau Gürer bemerkte, dass die bisher dominante Rolle der Zentrale die Motivation der Vertriebsverantwortlichen gebremst hatte. Sie war bereit, den Kolleginnen und Kollegen Raum auf der Summit-Bühne zu geben, um mit ihrem internationalen Kollegen konkrete Arbeitskreise abzuhalten, die das Geschäft unterstützten. Das würde den Global Sales Summit aufwerten.

Frau Gürer hatte noch ein Anliegen: Das ständige Kommen und Gehen in den Workshops missfiel ihr. Es sollte sich allerdings ohne Zwang dezimieren, denn natürlich wollte sie den Teilnehmern keine Vorschriften erteilen. In einer vertrauten Runde aus bekannten Kollegen konnte man sich bei „Forschungsstark" auf ein gesundes Maß an sozialer Kontrolle verlassen. Natürlich hatte keiner der Teilnehmer Lust, im Workshop für Kollegen mitzuarbeiten, nur weil diese gerade im Foyer ein Seitengespräch führten. Bisher fühlte man sich offensichtlich in den anonymen Workshops mit unzähligen Gesichtern aus der ganzen Welt niemandem gegenüber verpflichtet. Das sollte sich ändern.

Für Frau Gürer stand im Mittelpunkt, die Relevanz des Programms zu erhöhen. Anstatt einer Teilnahmepflicht träumte sie von spannenden Themen und interessanten Diskussionen, die kein Vertriebsbeauftragter versäumen wollte. Sie nahm sich vor, möglichst viele kluge Köpfe im Vertrieb dafür zu gewinnen, sich aktiv mit Themenvorschlägen einzubringen – ohne als Organisatorin das Zepter aus der Hand zu geben. Sie strebte eine partnerschaftliche Planung auf Augenhöhe an, die zu einem neuen Esprit führen sollte. Der Nutzen für das Tagesgeschäft sollte sich erhöhen, die Themenvielfalt steigen – und bei den Vertriebsbeauftragten aus siebzehn Nationen für mehr Aufmerksamkeit am Programm sorgen. Dieses „Plus" an Arbeitsorientierung hatte bisher niemand eingefordert. Überforderte sie den Vertrieb durch ihre eigenen Ambitionen? Frau Gürer war gespannt auf die Gespräche.

Trainings Der nächste Punkt auf Frieda Gürers Arbeitsliste war die Qualität der Trainings. Sie waren ein großer Posten im Budget. Leider schienen sie nicht den gewünschten Nutzen zu liefern.

- Frau Gürer prüfte alle Feedbacks und die Konzeptpapiere der vergangenen Jahre. Nach einem Telefonat mit der leitenden Trainerin war Frieda Gürer klar: ein Problem war die Themenwahl. In den verschiedenen Ländern war das Qualifikationsniveau der Mitarbeiter unterschiedlich. Es lag auf der Hand, dass der Vertrieb – beispielsweise in den USA, wo das Unternehmen seit achtzig Jahren aktiv war – professioneller arbeitete als in einem osteuropäischen Land, wo das Unternehmen erst seit zwanzig Jahren auftrat. Nicht nur die Kompetenzen, auch die Erwartungen der Teilnehmer an ein Vertriebstraining, waren deshalb heterogen. Mit diesem Aspekt hatte man sich bisher nicht beschäftigt.
- Da der Summit in englischer Sprache stattfand, fiel das Sprechen und Verstehen in der Fremdsprache nicht allen Teilnehmern gleich leicht. Die Trainer gingen auf diese Situation nicht ein.
- Zudem wurden im Trainingskonzept bisher keine interkulturellen Aspekte berücksichtigt, obwohl die landesspezifischen Rollenerwartungen an das Lernen unterschiedlich waren: Darf man als Teilnehmer im Training nach weiteren Informationen fragen oder war es die Aufgabe des Trainers, alle Fragen durch kluge Beispiele vorweg zu beantwor-

ten? Auch die Art, wie Feedback gegeben oder angenommen wurde, sorgte zwischen den Kulturen für Verunsicherung. Frau Gürer merkte, dass der Summit noch ein Stück von der angestrebten globalen Lernkultur des Unternehmens entfernt war, denn auf solche Fragen war man bisher nicht vorbereitet.

- Das Trainerteam war spezialisiert auf Vertriebsfortbildungen. So weit, so gut. Es handelte sich um Amerikaner, die auch in der amerikanischen Tradition lehrten. Die Methode war gut geeignet, denn die Trainer reagierten zugewandt auf jeden Teilnehmer und boten eine umfangreiche Rückkopplung zu den Übungen und Fragen. Leider arbeiteten die Trainer nicht häufig genug mit Vertriebskollegen, die nicht jeden Tag Englisch sprechen. Die Trainer vergaßen schon nach kurzer Zeit, langsam zu sprechen, ihren Wortschatz einfach zu halten und an die Kenntnisse ihrer Zielgruppe anzupassen.
- Es kam hinzu, dass sie aufgrund der charmanten, indirekten Sprachtradition der Amerikaner bei Feedbackgesprächen nicht immer auf den Punkt kamen. Besonders die deutschen Teilnehmer, deren Englisch zwar ausreichend war, erfassten nicht immer die konkrete Anregung. Sie überhörten schlicht, was sie konkret besser machen sollten: Bei so viel Lob und Ermutigung im Feedback der Trainer zogen sie häufig den falschen Schluss, sie seien schon „perfekt". Frau Gürer seufzte: So waren natürlich keine Fortschritte in der Vertriebsargumentation zu erwarten. Und man konnte sich nur vorstellen, welche Missverständnisse noch zwischen den siebzehn Nationen herrschten.

Frau Gürers Lösungen für die Trainings Frau Gürer kennt sich gut aus mit Vertriebstrainings. Sie suchte nach generischen Themen, denn für Spezialtrainings war der Summit aufgrund seiner Größe und der internationalen Teilnehmer nicht der richtige Ort. So viel war sicher, seufzte Frau Gürer, während sie nachdachte. Aus ihrer Sicht gab es Dauerbrenner-Themen, die gut in das Portfolio des Summits passten:

- selbstbewusste und wirkungsvolle Kundenansprache
- überzeugende Kundengespräche mit Nutzenargumenten zum Unternehmen und seinen Produkten
- der intelligente Einsatz von Marketingmedien oder Folienpräsentationen, ohne sich hinter dem Material zu verstecken

Trotzdem fand sie eine Abfrage bei allen Vertriebsleitern unerlässlich, um alle im Boot zu haben und auch von aktuellen Qualifizierungsbedarfen zu erfahren.

Frau Gürer holte jedoch schon Angebote von Trainingsinstituten ein, um eine internationale Trainergruppe zusammenzustellen. Ihr war wichtig, dass die Trainer einen interkulturellen Hintergrund hatten, um auf die Teilnehmeranforderungen einzugehen. Ihr schwebte außerdem ein mehrstufiges Trainingscurriculum vor, um in den Trainings auf verschiedene Vorerfahrungen einzugehen und dem Lernen einen roten Faden zu verleihen. Sie sammelte erste Ideen und nahm sich vor, auch diesen Punkt beim Treffen mit den Vertriebsleitern zu diskutieren.

Tag 1

10:00-12:00
–Start in den Summit im
 Plenum
–Vorstellung des Programms,
 Arbeitsweise
–Vorträge des Vice President
 Sales und Marketing und des
 Vice President Sales

12:00 – 13:00
Mittagspause

13:00 – 18:00
Workshops in den
Produktsegmenten
–Kundenentwicklung
–Customer Relationship

18:00 – 19:00
Zentraler Workshop „Global
Account Management" mit dem
VP Sales

19:30
Abendessen mit Quiz

Tag 2

09:00 – 10:00
Highlights und Lowlights Tag 1
Vorstellung Programm Tag 2

10:00 – 13:00
–Training „Kundentermin"
–Training „Kundentermin beim
 Abteilungsleiter" mit Pausen

13:00 – 14:00
Mittagspause

14:00 – offenes Ende
Workshops in den
Produktsegmenten mit
Visitors aus dem
 Management

–Kundenentwicklung
–Customer Relationship
–Vorbereitung einer
 Abschlusspräsentation
–Flexibles Working Dinner
 in den Workshopteams

Tag 3

09:00 – 09:30
Vorstellung Programm Tag 3

09:30 – 12:00
–Training „Vorstandstermin"

12:00 – 13:00
Mittagspause

13:00 – 16:00
Zentraler Workshop „Global
Customer Relationship
Management" mit dem VP Sales
und Marketing

16:00 – 18:00
Highlights and Lowlights

19:00 – 22:00
Abschlusspräsentation der
Produktsegmente

Award-Verleihung in der
Kategorie Einzel- und
Teamleistung mit
anschließendem Abendessen

Abb. 3.20 Aktualisierte Agenda Global Sales Summit von „Forschungsstark"

Abstimmung und Freigabe von Marion Isarthaler Jetzt ging es für Frieda Gürer zuerst darum, ihre Führungskraft Marion Isarthaler in dem Abstimmungsgespräch in der nächsten Woche von ihren Maßnahmen zu überzeugen. Sie bereitete eine Zusammenfassung für Frau Isarthaler vor, die drei Hauptargumente enthielt:

1. Mehr Präsenz der Unternehmensleitung beim Summit
2. Geteilte Verantwortung zwischen Zentrale und Vertrieb für die Workshops
3. Trainings mit neuem Anbieter und mit einem dreistufigen Trainingscurriculum

Um konkrete Vorschläge mit ihrer Chefin zu diskutieren, erstellte Frau Gürer einen Entwurf für die Agenda des Summit 2014. Die Abb. 3.20 dokumentiert ihn.

Marion Isarthaler staunte nicht schlecht über die Ideen und sorgfältig vorbereiteten Unterlagen von Frieda Gürer. Sie gab ihr grünes Licht in allen Punkten. Ihre Sorge, das Budget für den Summit zu verlieren, war noch nicht vergessen. Wenn es dem Eventteam jedoch gelang, die Veranstaltung in einen globalen Marktplatz für Vertriebsthemen zu verwandeln, war ihr nicht länger bange. Frieda Gürer hatte ihrem Ruf als Wunschkandidatin alle Ehre gemacht. Natürlich unterstützte Frau Isarthaler ihre neue Eventleiterin tatkräftig durch Hintergrundgespräche und Ratschläge.

2. Schritt

▶ **Ihr Lernvorteil** Nutzen Sie diesen Abschnitt, um Ihre Eindrücke zum Praxisfall zusammenzufassen. Reflektieren Sie, ob Sie sich der Meinung und den Maßnahmen von Frieda Gürer anschließen oder ob Sie eine andere Auffassung zum Global Sales Summit haben.

Checkpoint/Kontrollpunkt
Eventnavigator „Harte Arbeit und Dolce Vita"

1. Wie schätzen Sie die Bedürfnisse der Zielgruppe ein?

_____

_____

2. Wie beurteilen Sie den aktuellen Aufbau des Global Sales Summit von „Forschungsstark"?

_____

_____

3. Welche Veränderungen am Konzept oder bei der Umsetzung schlagen Sie vor?

_____

_____

Ein Blick auf Ihre persönlichen Erfahrungen mit Mitarbeiterveranstaltungen

1. Welche Erfahrungen haben Sie als Eventmanager mit Veranstaltungen für interne Zielgruppen (beispielsweise Mitarbeiter aus dem Vertrieb) gesammelt? Wie leicht ist es Ihnen gefallen, auf die Zielgruppe einzugehen? Mit welchen Informationen haben Sie gearbeitet?

_____

_____

_____

2. Waren Sie als Teilnehmer schon einmal bei einer Mitarbeiterveranstaltung? Wie gut haben Sie sich „abgeholt" gefühlt? Was hat Ihnen gut gefallen – was hat Ihnen weniger gut gefallen?

_____

_____

_____

Feedback zum Eventnavigator

1. Die Vertriebskollegen haben einen anstrengenden Job und stehen unter hohem Druck, die Verkaufszahlen zu erfüllen. Strategische Informationen sind ihnen

wichtig, müssen aber gut mit dem Tagesgeschäft verknüpft werden. Der Spaß darf bei aller Arbeit nicht zu kurz kommen.

2. Der Summit bietet jetzt eine gute Mischung aus Arbeits- und Unterhaltungsblöcken. Die Spannungskurve ist deutlich und sorgt für einen guten Aufbau und ein starkes Ende des Events.

3. Drei Tage sind ein langer Zeitraum, der einen Eventorganisator extrem fordert. Weder Unter- noch Überforderungsgefühle sollen sich bei den Teilnehmern einstellen. Diese Aufgabe ist hier gut gelöst.

3.5.2   Interaktion im Fokus: Motivation durch Struktur

3. Schritt

▸ **Ihr Lernvorteil** Dieser Abschnitt stellt Ihnen konkrete Vorschläge für den Event von Frieda Gürer vor. Im Mittelpunkt stehen Anregungen, wie es gelingen kann, gemeinsam mit dem Vertrieb ein spannendes Programm zu gestalten, ohne das Zepter aus der Hand zu geben.

Nach dem ermutigenden Gespräch mit Marion Isarthaler ging Frieda Gürer beherzt den nächsten Schritt an. Sie wandte sich an die fünf Vertriebsleiter der Produktsegmente.

Abstimmungsmeeting mit taktischer Vorbereitung Frieda Gürer war ein „alter Hase" und wusste, dass Vertriebsleiter gerne hofiert werden. Sie begann, in Einzelgesprächen beim Mittagessen über ihre Planung und die Erwartungen der Vertriebsleiter an den Summit zu sprechen. Erst nach diesen Gesprächen und dem ersten positiven Feedback lud sie alle fünf „Silberrücken" zu einem gemeinsamen Meeting ein.

Diese Punkte standen auf der Agenda von Frieda Gürer:

* Rolle der Vertriebsleiter beim Global Sales Summit 2014
* Workshops für die Produktsegmente
* Anforderungen an die Trainings

Frau Gürer hatte durch die geschickt geführten Vorgespräche bereits für Interesse bei den Vertriebsleitern gesorgt. Natürlich hatten sich die fünf in ihrem Jour fixe über die Mittagessen gegenseitig informiert. Sie fanden die Vorschläge der neuen Kollegin interessant und folgten der Einladung zum gemeinsamen Meeting. Ihre Gefühle waren allerdings gemischt: Die Anforderungen an den Vertrieb bei „Forschungssicher" waren hart, davon konnten sie als Vertriebsleiter ein Lied singen. Es kostete sie viel Mühe, die Mitarbeiter bei allem „Fordern" auch ausreichend zu fördern. Jeder Beitrag, der ihnen dabei half, mit ihren Teams die anspruchsvollen Verkaufsvorgaben zu erfüllen, war herzlich willkommen. Allerdings waren sie in ihrem harten Tagesgeschäft mit den vielen Meetings und Geschäftsreisen nicht mehr in der Lage, viele Aufgaben anzunehmen. Jetzt waren sie gespannt, was Frieda Gürer an konkreten Ressourcen von ihnen erwartete.

Die Eventexpertin lauschte den Ausführungen aufmerksam. Sie schmunzelte, denn diese Worte klangen für sie vertraut. Gespräche wie diese hatte sie auch in ihren früheren Positionen geführt. Irgendwie gelang es den Vertriebsprofis immer wieder, charmant die maximale Ehre bei minimalem Arbeitsaufwand einzufordern, dachte sie gut gelaunt im Stillen. Trotzdem fand sie die Argumente relevant. Ihr war klar, dass die Vertriebsleiter nicht auf Aufgabenpakete von ihr warteten, um sich in ihren Jobs nicht zu langweilen.

Um den Druck aus dem Meeting zu nehmen und die Atmosphäre zu entspannen, stellte Frau Gürer das Arbeitsmodell vor, das sie zuvor mit ihrer neuen Abteilungsleiterkollegin im Marketing, Susanne Hofmann, abgestimmt hatte: Jedes Produktsegment hatte einen Ansprechpartner im Marketing. Diese Kolleginnen und Kollegen würden zusammen mit einem Beauftragten in den Produktsegmenten die Planung für die Workshops übernehmen. Wichtig war, dass die Vertriebsleiter für Informationsaustausch sorgten. Das klang gut für die Runde. So gab es auf beiden Seiten einen „Kümmerer" für den Summit, wie man es salopp nannte. Mit dieser Arbeitsteilung konnten alle leben. Jetzt waren die Vertriebsleiter bereit, sich mit Frieda Gürer über die Inhalte des Summits auszutauschen.

Sie übernahmen selbstverständlich gerne die Rolle der Taktschläger in den Produktworkshops beim Global Sales Summit. Immerhin waren sie die weltweiten Vertriebschefs. Es gab mehr als genug Themen, die sie beim Event mit ihren Teams aus allen Ländern diskutieren wollten, um die Geschäfte von „Forschungsstark" weiter auszubauen.

Auf die Veränderungen der Trainings reagierten die Vertriebsleiter zurückhaltend. Sie wollten ihre Leute nicht durch zu strenge Fortbildungen frustrieren. Aufwand und Nutzen der Maßnahmen (und damit auch der Ausgaben) sollten aber in einem besseren Verhältnis stehen. Da war man sich einig. Eine der beiden Vertriebsleiterinnen hatte vor einigen Jahren an einer Trainingsveranstaltung von Frau Gürer teilgenommen. Das brach das Eis. Petra Maierhofer schilderte begeistert, wie hilfreich und motivierend die Übungen waren. Das überzeugte die anderen Vertriebschefs schließlich. Frieda Gürer war erleichtert: Nach dem Meeting arbeitete Frau Gürer weiter und nutzte zwei Werkzeuge:

1. Arbeitsintensivierer mit Spaßcharakter Im Meeting mit den Vertriebsleitern hatte es keiner der Teilnehmer so richtig ausgesprochen. Trotzdem herrschte zu einem Thema eine Art stillschweigende Übereinkunft: Die Arbeitsorientierung ist niedrig. Etwas mehr darf beim Summit in der Zukunft auf Leistung geachtet werden. Frieda Gürer hatte natürlich nicht vor, ein „Arbeitslager" aus dem Kongress zu machen, wie einer der Vertriebsleiter zwar scherzhaft – aber sicher nicht ohne Hintergedanken – in dem Zusammenhang vorbrachte. Ihr lag etwas daran, möglichst viele spannende und praxisrelevante Themen anzubieten. Nur so wies sich die Marketingabteilung als Businesspartner auf Augenhöhe aus. Ihre Berufserfahrung lehrte sie: Bei einem packenden Programm stellte sich die Aufmerksamkeit der Teilnehmer von alleine ein. Dieser Meinung schlossen sich die Vertriebsleiter nur zu gerne an. Trotzdem war Frau Gürer klar: Geschickt verpackt musste die gewünschte Mehrarbeit schon werden, um nicht bei der Veranstaltung von den Teilnehmern kritisiert zu werden oder sogar einen kurzen „Zwergenaufstand" zu riskieren.

Sie stellte eine Mischung zusammen, die den Vertriebsbeauftragten ihren Arbeitseinsatz versüßen sollten. Frau Gürer griff dabei auf ihre Praxis mit Kongressen und Trainings zurück. Sie wusste, was bei der Zielgruppe ankommt:

Arbeitspakete mit hohem Motivationswert   Im Meeting bestätigte sich Frau Gürers Einschätzung, dass „etwas mehr Leistungsorientierung" (siehe oben) von den Vertriebsleitern mitgetragen werden würde. Frieda Gürer stellt vier Anforderungen a) bis d) zusammen, die für mehr Nutzen bei den Vertriebsbeauftragten sorgen.

a) **Management Attention für mehr Ernsthaftigkeit**
   - Für jeden Mitarbeiter ist es schmeichelhaft, Kontakt zum Management zu haben. Dabei ist es egal, ob es sich um eine kleine Agentur, einen Mittelständler oder einen internationalen Großkonzern handelt. Frau Gürer wusste, wenn es ihr gelang, einen breiten Kreis an Führungskräften als Besucher in verschiedenen Rollen auf dem Summit zu gewinnen, würde dies die Veranstaltung aufwerten.
   - Wichtig war es natürlich, dass die Teilnehmer mit den Managern im engen Austausch zu ihren Vertriebsaufgaben standen. Das Ziel von Frieda Gürer war es, einen Pool an Feedback-Gebern aufzubauen, die von der Eventabteilung angeleitet würden. Die Manager sollten bei den Rollenspielen und Übungen den Part der Kunden übernehmen oder Rollenspiele zwischen den Kollegen beobachten.
   - Frau Gürer arbeitete einen strukturierten Feedback-Leitfaden aus und stellte darin auch Musterformulierungen zur Verfügung. Aus eigener Erfahrung wusste sie, dass man in der Hitze des Gefechts als Beobachter leicht mit einer Bemerkung über das Ziel hinausschießen konnte. Ihre Briefings für die Manager standen unter der Überschrift „Maybe we are not perfect at the first day – but we work hard to become very good on the third day!". Es war ihr wichtig, dass die Vertriebsbeauftragten durch das Feedback eine klare Einschätzung erhielten. Es ging aber auch darum, die Teilnehmer zu motivieren und darin zu bestärken, ihre Kompetenzprofile weiterzuentwickeln.
   - Frau Gürer war nicht naiv. Ihr war klar, dass nicht jeder Manager sich von ihr anleiten lassen würde. Immerhin hatten die Kollegen eigene Führungserfahrung und ihren persönlichen Stil. Auch hier setzte sie auf Motivation. Wem seine Rolle Spaß machte, der würde auch sein Bestes geben. Außerdem gab es auch im Vertriebsalltag schwierige Kunden und weniger schwierige Kunden. Es kam auf den Versuch an – und auf eine mittelfristige Perspektive, um auch das Beobachterteam schrittweise zu qualifizieren.

Briefing for Observers
Our motto:

Maybe we are not perfect at the first day – but we work hard to become very good on the third day!

Please start always with positive feedback like

- Excellent
  I think it was really extremely well done that you …
  To me it was highly convincing that you …
- Very good
  I liked a lot that you …
- More than satisfying
  I really enjoyed that you …

Take care that your positive feedback takes at least as long as the part you refer to the participant's challenges. Be aware of your role.
Please only refer to your personal observations like
I have seen you … and I really appreciate it, because …
I notice that you …
I have observed that you …
If you would like to improve a participant in a certain field use a sentence like

- Satisfying
  I have observed you … and I think it was quite satisfying. It would have been even more convincing to me if you … Maybe you find an occasion during the summit to test this for you.
- Not satisfying
  I have observed you … and I saw you did the best you could in that moment. It would have been even more convincing to me if you … Maybe you find an occasion during the summit to test this for you.

Take care that you end with an encouraging comment in the end like
I am really looking forward to seeing you during the next days. You really tried to do your best today. I am sure you will deliver a great performance during the summit.
Make sure that you show respect for the situation of doing a role play in front of the top management like
Thank you very much for doing this role play today with your colleagues and me. I know it takes some effort and I really appreciate your motivation and trust.

b) Working Dinner für Zusammenhalt auf der Arbeitsebene

- Am Abend des zweiten Tages plante Frau Gürer ein Working Dinner. An diesem Tag standen die Workshops der Produktsegmente im Mittelpunkt. Frau Gürer hatte mit den Vertriebsleitern abgestimmt, dass die Teams eine Präsentation erstellen sollten, die sie bis in den Abend beschäftigen sollte.

- Das schuf eine intensive Arbeitsatmosphäre, die den Zusammenhalt in den internationalen Teams stärkte. Es entstand Gelegenheit, mit einem Sandwich in der Hand, mit den Kollegen aus den verschiedenen Ländern am Laptop fachzusimpeln. Ein besonderes Erlebnis, denn auch hier galt es sprachliche und kulturelle Gegensätze zu überwinden. Ein bisschen Kompetenzgerangel und Teamdynamik gehörten bewusst zur Dramaturgie des Abends. Aus ihrer Erfahrung wusste Frau Gürer: Dieses Erlebnis schweißte die Teams, wenn auch erst nach anfänglichen Positionierungskämpfen, wirklich zusammen.

c) Qualifiziertes Feedback und Beratung

- Der Global Sales Summit war ein Kongress für fünfhundert Menschen – also eine Großveranstaltung. Trotzdem war Frieda Gürer bewusst, dass sie auch auf individuelle Anliegen der Vertriebsbeauftragten eingehen wollte. Qualifiziertes Feedback zu den eigenen Stärken und Schwächen war wichtig für den Kompetenzaufbau. Zutreffende Rückmeldungen, die im Alltag wirklich weiterhelfen, sind zudem eine seltene und deshalb sehr wertvolle Unterstützung. Frau Gürer bemerkte in den letzten Jahren, dass immer mehr Vertriebskollegen genau danach fragten.

- Um die Qualität des Feedbacks auf dem Summit sicherzustellen, verließ sie sich auf diese beiden Elemente: klare Lernziele und gut erklärte Lernschritte. Das Trainerteam erstellte für jede Lerneinheit kurze Verhaltenskataloge, die auch den Beobachtern als Bewertungsgrundlagen vorlagen. Jeder Teilnehmer wurde immer wieder aufgefordert, persönliche Lernziele pro Übung für sich zu definieren. Die Beobachter sollten diese Lernziele abfragen und ihre Eindrücke schildern.

- Trotzdem blieb die Aufgabe, das Feedback angemessen zu formulieren. Neben den oben schon erwähnten Formulierungshilfen lieferte Frau Gürer noch einen weiteren Denkanstoß. In jedem Feedback sollte ein konkretes Ergebnis oder eine konkreter Schritt für den Transfer des Gelernten in den Alltag besprochen werden. Frau Gürer wollte „allgemeines Sprechen" vermeiden und alle Beteiligten dazu anleiten, über konkrete Kundensituationen nachzudenken. Natürlich war der Summit keine Kulisse für intensive Einzelberatungen. Trotzdem standen die Trainer und Manager für Vier-Augen-Gespräche mit den Teilnehmern bereit. Ein Angebot, das Janine Zauder in der Moderation immer wieder betonte. Das fand Frau Gürer besonders wichtig. Sie wollte mit dieser Maßnahme den Spaß an der eigenen Leistung und Leistungsfähigkeit bei den Teilnehmern wecken. Die Abb. 3.21 zeigt das Formular, mit dem die Eventgäste ihr Kompetenzprofil reflektierten und die Ergebnisse dokumentierten.

Participant:	Rajid Brahaduriji
Department:	Produktsegment 3
Country:	India

My personal strengths are:

....

My challenges are in the field of:

....

My personal objective for the summit is:

....

I would appreciate some support in:

....

Abb. 3.21 Persönliches Stärken- und Schwächenprofil für die Teilnehmer

d) Wettbewerb mit Awards als Bühne für Erfolgreiche

Frieda Gürer war eine ambitionierte Expertin. Sie hatte schon oft am eigenen Leib gespürt, wie motivierend Lob und Anerkennung wirken. Als Belohnung für gute Leistungen wollte sie deshalb beim Summit nicht mit Rampenlicht geizen.

- Sie plante zusammen mit der Moderatorin ein Galadinner am letzten Abend, um die besten Einzelleistungen und Teamerfolge zu prämieren. Frau Gürer wies auf der Einladung aus, dass für das Dinner am dritten Tag Abendgarderobe erwünscht war. Das sorgte zusätzlich für etwas mehr Glanz. Ganz nebenbei vermied Frau Gürer, dass einzelne Teilnehmer den Summit früher verließen als gedacht. Die offizielle Abreise fand für alle am nächsten Morgen statt. Um möglichst viele Kolleginnen und Kollegen auszeichnen zu können, erfand sie mehrere Kategorien und überreichte kleine Gold-, Silber- und Bronzepokale. Sie lud für diesen Abend die Redakteure der Mitarbeiterzeitung von „Forschungssicher" ein, die (auf eigene Kosten) einen Bericht über den Abend erstellten und natürlich viele Fotos machten.
- Durch die Maßnahme wuchs die Wertschätzung an den Arbeitsaufgaben beim Event. Die Teilnehmer empfanden die Übungen nicht mehr als „Beschäftigungstherapie". Jetzt entstand eine wirkungsvolle Bühne, um ganz vorne mit dabei zu sein und vor den anwesenden Managern zu punkten. Die Moderatorin konzipierte die Zeremonie witzig und gleichzeitig feierlich. Mit etwas Musik und Beleuchtung war kostengünstig ein zusätzlicher, wirkungsvoller Effekt zu erzielen. Der Summit bekam so einen echten Höhepunkt, was auch für die Spannungskurve wichtig war. Die Trainer achteten darauf, einen spielerischen Wettkampfgeist in den Trainings zu etablieren. Allerdings ohne durch zu viel Ehrgeiz die gute Atmosphäre zu belasten.

Spaßmacher mit Leistungsanreizen   Frieda Gürer war eine gute Zuhörerin. Es war ihr nicht entgangen, dass die Vertriebsleiter auch weiterhin eine „Energiespritze" für ihre Mitarbeiter vom Gobal Sales Summit erwarteten. Im fordernden Vertriebsalltag waren Motivation und Spaß wichtige Faktoren, um die in schneller Abfolge häufig wechselnden Höhen und Tiefen in Kundenverhandlungen mit guter Laune auszugleichen. Die Teilnehmer und die Businesspartner von Frau Gürer waren zu diesem Punkt zu keinem Kompromiss bereit. Auch Frieda Gürer fand, dass konzentrierte Arbeit und Freude an der Aufgabe sich nicht ausschließen. Im Gegenteil: Sie nahm diese Herausforderung sehr gerne an, denn in bester Stimmung wuchsen die Vertriebsbeauftragten sicher „über sich selbst hinaus" und erzielten optimale Ergebnisse beim Summit. Die Werkzeuge a) bis d) stellen ihr Vorgehen vor:

a) **Professionelle Moderation, die für kurzweilige Orientierung sorgt**
   Selbst bei ideal geplanter Spannungskurve: Es war nicht einfach, drei Tage lang für hohe Aufmerksamkeit bei den Teilnehmern zu sorgen. Der Moderation im Plenum fiel deshalb eine besonders wichtige Rolle beim Event zu. Der Tagesablauf und die einzelnen Bausteine mussten professionell (also sachlich zutreffend) und auch kurzweilig vorgestellt werden, so dass die Teilnehmer motiviert in die Vorträge, Workshops oder Trainings gingen. Bisher wurde diese Aufgabe von Kollegen aus dem Unternehmen mehr schlecht als recht erledigt. Es kam zu keinem Fauxpas, einen Beitrag zum guten Gelingen leistet die Moderation allerdings auch nicht. Frieda Gürer schuf sich durch geschickte Verhandlungen mit dem Hotel beim Kostenblock „Catering" einen Budgetposten und engagierte die junge Journalistin Janine Zauder für die Aufgabe. Die charmante Lady sprach und bewegte sich selbstbewusst auf der Bühne. Sie nahm sich selbst nicht zu ernst und hatte schauspielerisches Talent, deshalb war sie schnell bereit, mit unterschiedlichen Kollegen des Unternehmens kleine Sketche in die Moderation einzubauen. Frau Gürer briefte die Moderatorin sehr genau, damit sie die Ziele und Erwartungen an die Rolle der Moderation und an ihre Person genau kannte. Frieda Gürer war klar, dass trotzdem einige Fragen hochkommen würden. Um Janine Zauder anleiten zu können, vereinbarte sie mit ihr beim Summit jeden Morgen ein kurzes Informationsgespräch. Unten sehen Sie das Briefingpapier, das Frau Gürer mit Janine Zauder im ersten Gespräch durchging:

Arbeitsblatt „Moderatoren-Briefing"
Unsere Zielsetzung – Ihr Beitrag zum Gesamtkonzept

- Sie unterstützen durch Ihre Moderation einerseits den klaren Ablauf.
- Andererseits sorgen Sie für eine unterhaltsame Stimmung und eine offene Atmosphäre. Viel Interaktion mit dem Publikum ist gewünscht. Sie erhalten täglich

aktuelle Informationen zu Erfolgen und Herausforderungen im Summit, die Sie in Ihrer Moderation einarbeiten.

Ihre Zielgruppe

- Vertriebsmitarbeiter aus siebzehn Ländern (Vertriebsbeauftragte und Führungs-kräfte), auch vertriebsunterstützende Mitarbeiter wie Back Offices
- Naturwissenschaftlicher oder kaufmännischer Hintergrund
- Überwiegend männlich im Alter von 30 bis 50 Jahren

Erwartungen an Ihre Moderation

- Sie führen in den Tag ein und schließen ihn ab.
- Wichtige Strukturinformationen sind immer ein Teil in Ihrem „Nachrichten-block" zum Tag. Sie sind ein wichtiger „Energizer" und steigern das Interesse am Summit, weil Sie die Programmpunkte spannend und unterhaltsam vorstellen.
- Sie sprechen die Gäste im Plenum nicht überraschend an, um sie um einen Re-debeitrag zu bitten. Wir möchten Vertrauen aufbauen und verzichten auf lustige Überraschungsmomente. Ziel ist es, die Atmosphäre so zu gestalten, dass jeder gerne das Wort ergreift. Witze oder spaßige Kommentare auf Kosten unserer Gäs-te sind tabu.
- Bei den Highlights- und Lowlights-Sessions sind Sie für die Reihenfolge der Dis-kutanten zuständig. Falls Gespräche nicht gleich in Gang kommen oder stocken: Bitte unterstützen Sie unsere Referenten. Sie haben immer eine Frage vorbereitet, um zu steuern.
- Bei der Award-Verleihung führen Sie durch die Zeremonie und unterstützen unser Management und unsere Gäste dabei, in jeder Situation auf der Bühne eine gute Figur zu machen.
- Bitte arbeiten Sie mit Moderationskarten, die auf der Rückseite unser Firmenlogo zeigen (erhalten Sie von uns, auf Wunsch).

b) **Strukturiert angeleitetes Trainerteam**

Frieda Gürer hatte schon Arbeitserfahrung mit unterschiedlichen Lieferanten gesam-melt. Sie wusste, dass auch der beste Partner fachkundig informiert und angeleitet wer-den muss. Nur wenn über alle Ziele und die Umsetzungsschritte ein gemeinsames Ver-ständnis besteht, kann die Kooperation den idealen Verlauf nehmen. Das war umso wichtiger, als man bei einem Event „schnell gemeinsam durchstarten" musste und kei-ne lange Anlaufphase möglich war.

Frau Gürer entschied sich für ein Trainerteam aus zwölf Personen. Sie repräsentierten die meisten beim Summit anwesenden Länder. Das sollte einerseits eine liebevolle Geste gegenüber den Gästen sein – und andererseits – sicherstellen, dass unterschiedliche Voraussetzungen in Kultur und der Fremdsprache Englisch nicht aus dem Blickfeld gerieten. Die Cheftrainerin legte Frau Gürer ein didaktisches Konzept vor, das ein klares Trainingscurriculum vorsah:

- Die Teilnehmer definierten vor dem Summit ihre persönlichen Lernziele und schätzten als Ausgangspunkt ihre Stärken und Schwächen ein. So übernahmen sie Verantwortung für ihren Lernerfolg und waren von Anfang an eingebunden. Am Ende der Veranstaltung lagen natürlich Feedbackbögen bereit, die die Zufriedenheit mit der Veranstaltung – und natürlich auch den Nutzen der Trainings – abfragten.
- Zu den Themen „erfolgreiche Kundenansprache, erster Kundentermin und Entscheidungspräsentation beim Kunden" wurde ein Erwartungshorizont mit einem Kriterienkatalog ausgearbeitet. Der Kriterienkatalog half den Trainern und den Beobachtern aus dem Management dabei, eine einheitliche Einschätzung der Leistung zu formulieren.
- Die Beobachter wurden geschult und intensiv an professionelle Feedbackregeln erinnert. Frau Gürers Team führte Beobachter-Briefings durch. Die Beobachter gaben den Teilnehmern für die Rollenspiele Credit Points. Dieser Punkt sorgte sowohl für positive Erwartungen wie für Nervosität. Einerseits machten die „Noten" die Leistungen der Vertriebskollegen vergleichbar. Einzelergebnisse würden nur von den Tagessiegern, nicht von den Schlusslichtern, veröffentlicht. Trotzdem musste sichergestellt werden, dass die nicht ganz so guten Teilnehmer keine Ängste entwickelten. Auf Datenmissbrauch musste streng geachtet werden, deshalb verwaltete jeder Teilnehmer seine Credit-Points-Tabelle selbst. Nur für die Awards wurden von den Trainern die Ergebnisse parallel dokumentiert. Dieser Punkt sollte in der Plenarmoderation und bei jedem Training ausführlich erklärt werden. Es ging Frau Gürer darum, eine offene Feedbackkultur beim Event zu schaffen. Natürlich war sie hierzu mit den Vertriebsleitern in enger Abstimmung. Die Abb. 3.22 stellt Ihnen das von einem Teilnehmer ausgefüllte Formblatt zur Verfügung, um die in den Trainings erreichten Credit Points zu dokumentieren.

c) **Wettbewerbsgedanke**

Frieda Gürer wünschte sich Wettbewerbsgeist und spielerisches Kräftemessen bei den Übungen. Das war der Hauptgrund, warum sie die Credit Points als Feedbackgrundlage einführte. So konnten für ausgewählte Aufgaben auch Teamergebnisse gesammelt werden. Sie stellte sich vor, jeden Abend Einzel- und Teamsieger zu küren. Eine Art Champions-League-Tabelle für die Produktteams würde allen viel Spaß bringen. Sie ließ kleine Pokale für die Tages- und Gesamtsieger besorgen und eine kleine Zeremonie für die Siegerehrung vorbereiten. Sie war sich sicher: Die repräsentativen Erinnerungsstücke würden ihre Plätze auf den Schreibtischen und Regalen der stolzen Teilnehmer finden. Ein klarer Imagegewinn für ihren Summit und ein Schritt in Richtung „Motivation übers Jahr". Die Abb. 3.23 zeigt Ihnen die Teamliga eines Veranstaltungstages.

Participant: Department: Country:	Rajid Brahaduriji Produktsegment 3 India
Credit Points in total:	100/85
Training 1:	25/23
Training 2:	25/20
Training 3:	25/19
Final Presentation in plenum:	25/23

Abb. 3.22 Credit-Points-Tabelle für die Teilnehmer

Team	Credit Points	Trend
Produktsegment 5	271	⬆
Produktsegment 2	245	⬇
Produktsegment 3	201	⬆
Produktsegment 1	179	⬆
Produktsegment 4	168	⬇

Abb. 3.23 Teamliga beim Global Sales Summit

d) **Ernsthafte Feedbackrunden**

Im Plenum fand täglich eine einstündige Besprechung der Highlights and Lowlights des Vortages statt. Managementvertreter, die Trainer, aber auch die Teilnehmer kamen hier zu Wort. Frau Gürer setzte zwei Praktikanten aus ihrer Abteilung dafür ein, im Laufe des Kongresstages Teilnehmerstimmen und Fotoimpressionen zu sammeln. Die Praktikanten sollten jeden Tag eine aussagekräftige, aber auch wahrheitsgemäße Präsentation mit einer Stimmungskurve der Teilnehmer erstellen, die von Janine Zauder vorgestellt wurde. Die Aufgabe war wichtig und Frau Gürer ließ die beiden jungen Leute von ihrer erfahrensten Mitarbeiterin anleiten. Zusätzlich stand den Teilnehmern eine Pinnwand im Plenarsaal zur Verfügung, um auf Moderationskarten ein Feedback zu hinterlassen. Das konnte anonym erfolgen oder mit Angabe des Namens. Da diese westliche Vorstellung von Rückkopplung nicht für alle Teilnehmer selbstverständlich war, überließ sie die Entscheidung dem Teilnehmer.

Dieser Programmpunkt animierte die Teilnehmer, den vergangenen Tag zu resümieren, persönliche Erfahrungen zu reflektieren und Anliegen zu artikulieren. Hier war nicht nur Raum für Lob und Tadel – vor allem eine ernsthafte Diskussion zwischen Organisatoren und Teilnehmern sollte auf diesem Weg stattfinden.

Frau Gürer hatte bei anderen Vertriebskongressen gute Erfahrungen damit gesammelt, einmal am Tag allen Interessengruppen das Wort zu erteilen. Das schuf eine partnerschaftliche Stimmung. Gerne nahm sie kleine Anregungen oder Wünsche sofort in das Programm auf. Das kam bei den Teilnehmern gut an und hielt sie und ihr Team flexibel. Als Frau Gürer im Teammeeting ihre Vorstellungen erklärte, stöhnte das Eventteam. Die Eventabteilung war besorgt, dass unrealistische Wünsche hochkamen, die viel Zeit kosten würden. Frieda Gürer blieb dabei. Man konnte vor Ort immer noch sehen, welches Feedback kam und wie sie damit umgehen wollte. Ein bisschen Vertrauen zur Zielgruppe gehörte aus ihrer Sicht auch zum Eventgeschäft.

Natürlich hatte auch Frau Gürer den Wunsch, durch diese Elemente das Gelingen der Veranstaltung in ihrem Sinne zu steuern: In dieser Session waren Witz und Charme der Moderatorin besonders gefragt, um den Spagat zwischen glaubwürdiger Reflexion und unterhaltsamer Gesprächsanleitung zu schaffen. Frau Gürer wollte sachliche Kritik zulassen, aber vor allem ein „allgemeines Klagelied" vermeiden. Es war ihr wichtig, sich bei den Diskussionen auf Lösungen zu konzentrieren. Sie ging im Briefing mit Janine Zauder die Anforderungen sehr genau durch, damit die Moderatorin die Situation perfekt im Griff hatte. Ein Bespiel für die Highlights-und-Lowlights-Zusammenfassung sehen Sie in der Abb. 3.24, die Abb. 3.25 zeigt Ihnen die Ergebnisse der Feedback-Pinnwand.

4. Schritt: Im Rückspiegel – wie ging der Praxisfall weiter?

Frieda Gürers Recherchen, Gedanken und Initiativen veränderten die Ausrichtung des Global Sales Summit. Auf den ersten Blick blieb sie dem Aufbau treu. Sie sorgte allerdings dafür, dass neben Dolce Vita jetzt auch mehr Raum für systematisch zusammengestellte Arbeitsthemen in der Agenda waren:

- Es ist eine große Herausforderung, fünfhundert Teilnehmer drei Tage lang in guter Stimmung zu halten. Der Summit im Jahr 2014 folgte deshalb einer sinnvollen Spannungskurve und klaren Strukturen. Das Gefühl der Vorjahre, dass „viele Menschen ein bisschen chaotisch rumlaufen", war verschwunden. Die Teilnehmer fühlten sich vom

Abb. 3.24 Zusammenfassung
Highlights and Lowlights von
einem Tag

My highlight was….
great organisation
the first training
speech of VP Peter Maier

My lowlight was…
my presentation in the
workshop
my bad English

My wish for tomorrow is …
further information
good meetings
contact with management

ersten Moment an gut abgeholt und umsorgt. Sie reagierten positiv auf die Zuwendung und es stellte sich automatisch mehr Kongressdisziplin ein.

- Frau Gürer war beschäftigt, die morgendlichen und abendlichen Briefings der Trainer, der Beobachter, der Moderatorin und aller Workshopleiter nacheinander abzuhalten. Auch mit ihrem Eventteam setzte sie sich mindestens einmal am Tag zusammen, denn auch hier kamen immer wieder Fragen hoch. Die Mühe lohnte sich. Das gesamte Summit-Team fühlte sich in diesem Jahr wie eine echte Mannschaft. Die Kollegen waren gut informiert, konnten schnell auf alle Anforderungen reagieren und unterstützten sich bei Bedarf gegenseitig. Davon profitierten die Teilnehmer.
- Allerdings war die Stimmung in den Workshops zuerst etwas verhalten. Die Vertriebsleiter hatten ihre Teams weltweit auf die neuen Formate eingestimmt. Die Sensibilisierungsaufgaben zu den persönlichen Lernerwartungen und gewünschten Lernerfolgen wurden von den Teilnehmern bearbeitet. Das war neu und schuf positive wie negative Erwartungen bei den Teilnehmern.
- Die ausgesprochen professionelle und witzige Einstiegsmoderation von Janine Zauder, die zusammen mit den Vertriebsleitern einen kleinen Sketch vorbereitet hatte, ließ mögliche Sorgen schnell verschwinden. Trotz der optimalen Unterstützung durch die Trainer sorgten die Workshopaufgaben und Übungen in den Trainings auch für ein – beim Summit – neues Gefühl von Anstrengung. Der Druck stieg und die Emotionskurven der Teilnehmer waren ausgeprägter als in den Vorjahren: Prüfungsangst kam auch bei bester Moderation der Trainer auf, denn nicht jedes Feedback konnte uneingeschränkt positiv sein.
- Die Unterhaltungselemente im Programm sorgten jedoch regelmäßig für die gewünschte Entspannung. Besonders erfolgreich war die Bundesliga-Tabelle, die jeden Abend gezeigt wurde. In diesen Momenten war die gute Laune fast schon vorprogrammiert: Wie von Frau Gürer erhofft, kam ein spielerischer Wettbewerbsgeist auf und der Ehrgeiz der Vertriebskollegen war schnell geweckt. Der Höhepunkt der Veranstaltung war

Abb. 3.25 Feedback-Pinnwand für die Teilnehmer

die feierliche Award-Verleihung. Emotionale Musikstücke, effektvolle Beleuchtung und eine Nebelmaschine machten den Moment mühelos zum unvergesslichen Erlebnis für alle. Die Einzel- und Teamgewinner hatten vor Stolz glitzernde Augen und alle Teilnehmer saßen mit Gänsehaut im Zuschauerraum.

- Die Managementvertreter schienen von der Motivation der Kollegen ehrlich berührt. Sie nahmen intensive Eindrücke von ihrem Besuch beim Summit mit zurück in ihren Alltag und wollten gerne im nächsten Jahr wieder dabei sein. Ihrer Rolle als Beobachter kamen die Kollegen meistens gut nach, weil die Zusammenarbeit zwischen ihnen und den Trainern perfekt funktionierte. Ein Lob, das von den Teilnehmern bei den – übrigens sehr beliebten – Highlights- und Lowlights-Sessions erteilt wurde. Frau Gürer schmunzelte: ein Glück, dass ihre Bemühungen mit den intensiven Briefings sich auszahlten. Sonst hätte ihr neues Team sie sicher für verrückt erklärt.
- Das Trainingscurriculum passte gut zum Tagesgeschäft der Vertriebskollegen und das interkulturell erfahrene Trainerteam unterstützte perfekt dabei, Lernziele zu definieren und über den Kongress gemeinsam zu erreichen. Alle waren sich einig: Der Summit war ein voller Erfolg. In den Feedback-Bögen war diesmal auch von dem großen Nutzen der Fachthemen die Rede. Es gab keinerlei Klagen über die Arbeitsintensität, dafür viel Lob für das intensive Miteinander und den klaren, geordneten Ablauf des Global Sales

Summit. Frieda Gürer und Marion Isarthaler waren sich einig: Ihr Budget war auch für das nächste Jahr sicher.

Sie haben sich vielleicht zwischenzeitlich über die Arbeitsweise von Frieda Gürer eine Meinung gebildet. Der nächste Abschnitt beschreibt den Praxisfall in Bezug auf die positiven und weniger positiven Ansätze. Die Sammlung der Argumente ist keine abschließende Liste, sondern bietet Ihnen – in Ergänzung und Abrundung zu Ihren Eindrücken – ein Fazit aus meiner Sicht.

5. Schritt: Highlights and Lowlights im Praxisfall „Harte Arbeit und Dolce Vita"

- Frieda Gürer ist erfahren in der Konzernpolitik und mit der Gemütslage ihrer Zielgruppe „Vertrieb" gut vertraut. Das spielt für ihren Erfolg eine große Rolle und gibt ihr die nötige Sicherheit bei allen Schritten. Es gelingt Frieda Gürer, den Nutzen für den Einzelnen zu steigern und auf diesem Weg das Image des Global Sales Summit zu stärken. Sie hat die Spaßveranstaltung in einen echten Unternehmenskongress transformiert. Eine Leistung, die über Eventorganisation hinausgeht und als wertvolle Organisationsentwicklung Anerkennung verdient.
- Dabei hängt viel von ihrem hohen persönlichen Einsatz ab. Als Dauerlösung ist das nicht geeignet. Die Kooperation mit ihrem Team kommt etwas zu schleppend in Gang. Das ist normal, wenn man als Führungskraft eine neue Abteilung übernimmt. Ein Teamevent für den Start in die Zusammenarbeit hätte Frau Gürer sicher geholfen. Sicher war sie für diese Idee zu sehr von ihren neuen Aufgaben in Anspruch genommen. Der erfahrene Blick ihrer Chefin Marion Isarthaler hätte hier einen wertvollen Beitrag geleistet.
- Sie kennt die Erfolgsfaktoren für einen Vertriebskongress und entscheidet sich bewusst für mehr Managementpräsenz bei den Workshops und Trainings. Dieser Schuss hätte nach hinten losgehen und für einen sinkenden Einfluss der Eventabteilung sorgen können. Die besonnene Vorbereitung des Meetings mit den Vertriebsleitern hat das Risiko jedoch minimiert. Frau Gürer bewies ihre Managementqualitäten.
- Frau Gürer setzte eine professionelle Moderatorin und ein neues Trainerteam ein. Frieda Gürer leistet die wichtige Briefings- und Anleitungsarbeit. Allerdings trägt sie auch die Verantwortung für das Gelingen allein. Sie sollte in ihrem Team für einen qualifizierten Stellvertreter sorgen, die/der sie bei diesen Aufgaben unterstützt. Es ist kaum auszudenken, wie der Event verlaufen wäre, hätte sich Frau Gürer in der Vorbereitungsphase ein Bein gebrochen oder wäre aus anderen Gründen verhindert gewesen.
- Sehr gut gelungen ist die Mischung aus Veränderung und Neuorientierung beim Global Sales Summit. Frau Gürer implementiert sinnvolle Verbesserungen, ohne den Event komplett neu aufzurollen. Sie setzt durchgängig auf Interaktion: in der Planung mit dem Management und den Vertriebsleitern – und zwischen allen Teilnehmern in der Durchführung. Da sie den Prozess geschickt steuert, stärkt das Vorgehen ihre Rolle nachhaltig.

- Frieda Gürer führt uns vor, dass auch Großveranstaltungen straff geführt und geordnet durchgeführt werden können. Das ist alles andere als selbstverständlich, denn viele Organisationsteams zeigen sich in der Praxis davon überfordert und akzeptieren ein spürbares Maß an Chaos. Frieda Gürer hat jedoch mit ihren täglichen Briefing-Gesprächen vor Ort und ihrer guten Vorbereitung vor der Veranstaltung alle Zügel in der Hand. Sie hat die Dramaturgie des Events so angelegt, dass ab dem zweiten Tag (mit den ersten Trainings und dem Workshop in den Produktsegmenten) die Spannungskurve kontinuierlich steigt. Der dritte Tag endet mit der Ergebnispräsentation der Teilnehmer vor dem Top-Management und der Award-Verleihung – sicher der Paukenschlag, was die Emotionen aller angeht. Frau Gürer stellt damit eine klassische Struktur für den Ablauf vor, die sie konsequent umsetzt.
- Generell sind die konzeptionellen Fähigkeiten von Frieda Gürer sehr hilfreich. Sie ersetzt die komplette Kreativleistung einer Agentur. Die Zusatzkosten für die Moderation wurden sicher auf diesem Weg von ihr „verdient". Für das nächste Jahr empfehle ich Frieda Gürer den professionellen Einsatz von Sponsoring. Sicher findet sie bei sorgfältiger Recherche passende Geschäftspartner oder Medienvertreter, die mit einem Messestand oder ähnlichen Aktivitäten beim Vertriebskongress von „Forschungsstark" gegen Gebühr vertreten sein möchten.
- Frieda Gürer macht deutlich: Eventmanagement ist viel mehr als nur die Kenntnis von „coolen" Lokationen und effektvollen Showeinlagen. Frau Gürer zeigt sich als kompetente Abteilungsleiterin, die ein Vorbild für den Nachwuchs ist. Sie setzt in allen Schritten der Vorbereitung auf gut dosierte Interaktion, wie beim Feedback über den Summit von Exkollegen, das Einbinden von Management und Vertriebsleitern, intensivere Zusammenarbeit in den Workshops, perfekte Betreuung der Teilnehmer durch die Trainer und den Austausch zwischen allen in der Highlights- und Lowlights-Session.

Was nehmen Sie mit?
Sie haben den Praxisfall von Frieda Gürer aus verschiedenen Perspektiven reflektiert. Bitte fassen Sie nun Ihre stärksten Eindrücke zusammen, um so Ihre Gedanken und Lernfortschritte zu dokumentieren. Das Arbeitsblatt hilft Ihnen dabei, in der Chronologie des Praxiskapitels vorzugehen:

Erster Schritt: Fokussierungssystematik

1. Haupt- und Nebenziele des Events erkennen

_____

2. Kern- und Randbeiträge identifizieren

_____

3. Lokale Mischung festlegen

_____

Zweiter Schritt: Checkpoint/Kontrollpunkt

1. _____

2. _____

3. _____

Dritter Schritt: Interaktion im Fokus

1. Arbeitsintensivierer mit Spaßcharakter (a–d)

_____

_____

2. Spaßmacher mit Leistungsanreizen (a–d)

_____

_____

Interaktion planen und erfolgreich umsetzen

4

4.1 Toolbox Interaktionselemente

Sie haben beim Durcharbeiten unserer Fallbeispiele verschiedene Hilfsmittel kennengelernt. Im folgenden Kapitel biete ich Ihnen eine kommentierte Zusammenfassung an.

Damit Sie sich einfach orientieren können, habe ich das Kapitel chronologisch nach den Praxisfällen und Eventformaten geordnet, die Sie in Kap. 1 kennengelernt haben:

- Internationaler Kundenkongress
- Fachforum
- Executive Round Table
- Golfevent
- Vertriebskongress für siebzehn Nationen

- Unter dem Stichwort „Zur kurzen Erinnerung" finden Sie einen Überblick über die Aufgabenstellung im Praxisfall.
- Lernen an Beispielen steht für mich im Mittelpunkt. Ich bespreche die Werkzeuge mit Bezug auf das Fallbeispiel. Mein Anspruch ist folglich nicht die wissenschaftliche Reflexion oder ein theoretischer Methodenvergleich. Das Vorgehen erleichtert es Ihnen, möglichst viele Informationen auf die Herausforderungen Ihres Alltags zu übertragen und mit dem geeigneten Hilfsmittel zu reagieren. So unterstützt, können Sie sich die Anpassung an Ihre Aufgabenstellung zutrauen.
- Ich stelle Ihnen vor, wie und warum die Protagonisten oder ich die Hilfsmittel im Fall konzipiert oder an die spezifischen Anforderungen angepasst haben. Mein Augenmerk liegt darauf, Ihnen den Praxisnutzen für die Interaktion realistisch vorzustellen. Deshalb gliedere ich meinen Kommentar in drei Kategorien:
  - Zielsetzung und Anwendung
  - Nutzen
  - Beschreibung

S. Müller, *Kundenkommunikation bei Events*, DOI 10.1007/978-3-658-05030-6_4,
© Springer Fachmedien Wiesbaden 2014

- Schnell- oder Querleser unterstütze ich gerne: Die Leserführung in Kap. 1 hilft Ihnen beim schnellen Erfassen der Inhalte.

Ein Werkzeug für alle Praxisfälle Sicher haben Sie beim Durcharbeiten der Praxisfälle bemerkt: In allen Praxisbeispielen biete ich Ihnen den Arbeitsbogen „Eventnavigator" an. Sie sind eingeladen, Ihre Eindrücke vom Praxisfall zusammenfassen, mit eigenen Erfahrungen zu vergleichen und Empfehlungen abzugeben. Nach dem Arbeitsbogen finden Sie die Rubrik „Feedback", die Ihnen meinen Lösungsvorschlag als Ausfüllhilfe anbietet. Die Reflexion mit dem Arbeitsbogen unterstützt Ihr Verständnis für die Themenstellung.

Eventnavigator

1. Wie schätzen Sie die Bedürfnisse der Zielgruppe ein?

   _____

   _____

2. Wie beurteilen Sie den aktuellen Aufbau des Events im Praxisfall?

   _____

   _____

3. Welche Veränderungen am Konzept oder bei der Umsetzung schlagen Sie vor?

   _____

   _____

Ein Blick auf Ihre persönlichen Erfahrungen mit Kongressen

1. Welche Erfahrungen haben Sie als Eventmanager mit diesem Format gesammelt? Wie leicht ist es Ihnen gefallen, auf die Zielgruppe einzugehen? Mit welchen Informationen haben Sie gearbeitet?

   _____

   _____

2. Waren Sie als Teilnehmer schon einmal bei einem Event mit diesem Format? Wie gut haben Sie sich „abgeholt" gefühlt? Was hat Ihnen gut gefallen – was hat Ihnen weniger gut gefallen?

   _____

   _____

Zielsetzung und Anwendung Der Arbeitsbogen fordert Sie auf, alle erhaltenen Informationen zur Situation und den Hausforderungen bei der Eventplanung und Durchführung zusammenzufassen und zu durchdenken. Sie erhalten die Gelegenheit, Vergleiche mit eigenen Erlebnissen anzustellen.

Nutzen Die offenen Fragen geben Ihnen den Raum, Ihr Praxiswissen und die neuen Eindrücke zu verbinden. Anschließend vergleichen Sie Ihre Einschätzung mit den Zwischenergebnissen in der Rubrik „Feedback". Dieser Vergleich schafft die Grundlage für den gelungenen Transfer in den Alltag.

Beschreibung Mit fünf Reflexionsfragen setzen Sie persönliche Schwerpunkte für Ihre weitere Arbeit in den Praxiskapiteln. Sie halten Ihre Gedanken zum Praxisfall fest und sensibilisieren sich für Ihre Lernfortschritte. Die Notizen tragen Sie unkompliziert in die Antwortboxen ein.

Zu Praxisfall 3.1.1: Klassiker im neuen Kleid

▷ **Fokusthema** Mehrtägige Kongresse sind nicht in allen Branchen zeitgemäß

Zur kurzen Erinnerung Marc Schubert ist ein erfahrener Eventmanager, trotzdem kommt sein exklusiver Kongress bei der Zielgruppe nicht mehr gut an. Er hat sich zu sehr auf seine Erfahrungen verlassen und die Anforderungen der Zielgruppe aus den Augen verloren, das zeigt der Blick auf die Anmeldezahlen. Marc Schubert nutzte die Systematik für Zielgruppenorientierung, um die Situation besser einzuordnen und wieder in den Griff zu bekommen:

a) Zielgruppe festlegen und/oder prüfen
b) Anforderungen der Zielgruppe erfassen
c) Übersetzen der Kundenanforderungen in das Eventprogramm

Zielsetzung und Anwendung Die Systematik unterstützt Sie dabei, die Zielgruppe Ihres Events festzulegen oder (als Kontrolle) zu prüfen. Die Klärungs- und Analysefragen liefern Ihnen Hilfestellungen, um die Wünsche Ihrer Gäste zu erfassen und in Ihrer Planung in den Mittelpunkt zu stellen.

Nutzen Sie lernen Ihre Zielgruppe noch besser kennen. Das steigert Ihren Erfolg bei Events, weil Sie Kundenwünsche und Unternehmensziele punktgenau verbinden.

Beschreibung Die Systematik ist in drei Stufen untergliedert: Zielgruppendefinition und Beschreibung der Erwartungen der Zielgruppe an das Eventformat „Kongress". Im dritten Schritt geht es darum, diese Erkenntnisse für ein passgenau auf die Zielgruppe ausgerichtetes Konzept zu nutzen. Die Systematik unterstützt Sie dabei, die Kommunikationsziele des Unternehmens – hier „Strategiekönner" – in keiner Bearbeitungsphase aus den Augen zu verlieren.

Checkliste für Kundenanforderungen bei Events

Was ist aktuell der stärkste Antrieb Ihrer Zielgruppe: knappe Zeit, innovative Informationen über Trends, unkomplizierte Anreise, Networking und Austausch in der Branche, Anregungen auf konkrete Herausforderungen des Alltags etc.?

Wie viel Zeit kann die Zielgruppe bei Ihrem Event realistisch investieren?

Wie schätzt Ihre Zielgruppe das Programm ein? Ein glanzvoller Anlass, dessen Inhalte früher oder später einmal nützlich sein könnten? Konkrete Antworten auf dringliche und wichtige Fragen des Alltags von Entscheidern?

Wie viele „Stammgäste" haben Sie? Wie viele Stammgäste haben Sie im Vergleich zum letzten Event verloren? Warum?

Was macht Ihren Gästen besonderen Spaß? Zuhören, Informationen erhalten und sortieren, Neuigkeiten sammeln und bei Gelegenheit im Alltag einsetzen, Aktion und Dynamik, Meinungsaustausch und Ideenwettbewerb etc.?

Wie gut gehen Sie aktuell auf diese Vorlieben ein?

Zielsetzung und Anwendung Die Checkliste hilft Ihnen dabei, sich bei der Planung jedes Events auf Schlüsselfragen der Kundenorientierung zu besinnen. Sie ist sowohl als Anleitung vor der Konzeption sowie als Leitlinie während der Planung und als Endprüfung des Programms vor der Umsetzung geeignet. Das Format fordert Antworten vom Leser ein, so dass die Checkliste auch als Instrument in Teams für eine Kurzabfrage im Sinne eines Temperaturmessers gut geeignet ist.

Nutzen Sie finden im Tagesgeschäft Entlastung durch die kompakte Liste: Die Checkliste unterstützt Sie dabei, Ihre eigenen Qualitätsstandards präzise festzulegen und zu prüfen. Mit dem Werkzeug konzentrieren Sie sich immer wieder auf die Erfolgsfaktoren Ihres Konzepts.

Beschreibung Das Werkzeug ist in sechs Abschnitte untergliedert, die wichtige Dimensionen für Kundenakzeptanz bei Events ansprechen. Sie weicht vom typischen Checklistenformat ab: Sie bietet einerseits gut gewählte und sinnvoll gegliederte Erinnerungspunkte an. Andererseits arbeitet das Instrument mit offenen Fragen, damit Sie sich beim Lesen kontinuierlich mit ausgewählten Themen beschäftigen, deren Brisanz im hektischen Tagesgeschäft häufig zu schnell ausgeblendet wird.

Emotionale Bedürfnisse der Gäste

a) Ich fühle mich gut aufgenommen: Die Mitarbeiter des Events sprechen mich mit meinem Namen an. Der Vertriebsmitarbeiter von „Strategiekönner" erwartet mich bereits am Eingang und umgibt mich vom ersten Augenblick an mit diskreter Aufmerksamkeit. In keinem Augenblick fühle ich mich fremd oder nicht zu hundert Prozent willkommen, weil ich etwas früh angekommen bin und vielleicht die Vorbereitungen nicht ganz abgeschlossen sind.

b) Neben meinem Kontaktpartner aus der Kundenbetreuung von „Strategiekönner" freue ich mich darauf, auch das Management der IT-Beratung wieder zu treffen. Innerhalb kurzer Zeit begrüßen mich auf deren Initiative die Gastgeber mit meinem Namen und plaudern entspannt mit mir. Auch mit den anderen Gästen komme ich unkompliziert in Kontakt, denn die „Manndeckung" durch den Gastgeber ist komfortabel, lässt mir aber auch „die Beinfreiheit", um alte Bekanntschaften mit Kollegen aus den anderen Unternehmen zu vertiefen und neue Kontakte zu schließen.

c) Es ist für mich interessant festzustellen, dass ich im Laufe des Tages immer mehr Gesprächspartner mit ähnlichen Anliegen oder Erfahrungen treffe. Deren aktuelle berufliche und persönliche Fragestellungen spielen auch in meinem Leben eine Rolle. Die Atmosphäre ist sehr offen und man kommt unkompliziert ins Gespräch.

d) Die Vortrags- und Diskussionsthemen sind niveauvoll und bieten intelligente Anregungen für mich als Global Player. Selbstverständlich werden aktuelle Konzepte und Umsetzungsideen thematisiert. Besonders gefällt mir, dass in den gut moderierten Gesprächen immer wieder eine Brücke in meinen Alltag entsteht. So habe ich einen klaren Nutzen von den Sessions und kann sofort konkrete Gedanken entwickeln und mit den Kolleginnen und Kollegen diskutieren.

e) Ich nehme ohne Anstrengung viele praxisrelevante Anregungen auf. Die Vorträge folgen einem roten Faden. Sie liefern „Gedankenfutter", die meine Entscheidungen bereichern. Die Referate passen zum Motto des Tages und man spürt, dass alle Vortragenden umsichtig angeleitet werden. Endlich hat jemand verstanden, dass ich nicht extralange Vorträge hören möchte, das ermüdet mich sofort. Ich will wie im Management Summary meiner Mitarbeiter prägnant informiert werden. Dann freue ich mich auf die Diskussion. Klar bin ich bereit zuzuhören. Mir macht es aber noch mehr Spaß, wenn ich meine Meinung formulieren und zur Debatte anbieten kann.

f) Hier wird nichts dem Zufall überlassen und ich investiere meine knappe Zeit am richtigen Ort – und mit dem richtigen Partner.

g) Die kontinuierliche Anwendungsorientierung liefert mir nicht nur Ideen, sondern auch echte Handlungsoptionen, die sicher den Alltagstest bestehen. Schon morgen setze ich die ersten Anregungen um.

h) Mir macht ein gepflegter verbaler Schlagabtausch mit meinen Peers aus den anderen Unternehmen Spaß. Hier gibt man mir in den Diskussionen und den sinnvoll platzierten und ausreichend langen Pausen die Möglichkeit, in der Community spielerisch meine Argumentationsstärke zu messen.

Abgeleitete Aktionen und Maßnahmen von Marc Schubert:

Zu a und b)	Strukturiertes Inhalts- und Ablaufbriefing für alle Mitglieder im Organisationsteam mit direktem Gästekontakt. Konkrete Sprech- und Handlungsbeispiele sind Teil der Vorbereitung. Im Briefing für das Top-Management stehen Hospitality und der niveauvolle Small Talk im Vordergrund.
Zu c)	Das Werkzeug „Atmosphären-Schaffer"
Zu b)	Podiumsdiskussion
Zu e)	Diskussionen nach dem Vortrag und vor allem in den Workshops (Nötige Vorarbeit: Zeiteinteilung der Referate nachhalten, Workshops mit Konzept, nicht einfach „irgendwie" passieren lassen: Den Referenten stehen Fachmoderatoren zur Seite, um den Ablauf zu steuern)
Zu d, e, g)	Zeit für Interaktion ist Teil des Konzepts – kleinere Runden für Gespräche sind wichtig – die Moderation achtet darauf und fördert den ungezwungenen Gedankenaustausch zwischen den Gästen

Zielsetzung und Anwendung Marc Schubert aus dem Praxisfall hat sich von seinen früheren Erfolgen mit dem Event einlullen lassen. Die aktuelle Marktsituation und deren Einfluss auf das Tagesgeschäft der Unternehmenslenker sind ihm deshalb entgangen. Er nutzt die Beschreibung der Kundenerwartungen als Unterstützung für selbst gesteuertes Praxislernen. Er hat erkannt, dass sein Bild von der Zielgruppe fehlerhaft ist, kann seinen „Fehler" aber noch nicht ohne Hilfe greifen. Die Beschreibung ist nicht nur als „Prüfinstrument" sinnvoll. Sie ist ebenfalls hilfreich, um sich eine erste Vorstellung von einer neuen Zielgruppe zu machen.

Nutzen Zielgruppenkonzepte sind abstrakt. Diese Beschreibung liefert ein Format, um – in der Sprache von Events – einen konkreten Erwartungshorizont der Gäste zu zeichnen. Sie erhalten ein klares Anforderungsprofil. Die Beschreibung kann als Standardschritt in der Planung eingesetzt werden, insbesondere wenn mehrere Kollegen oder größere Teams zusammenarbeiten. So generieren Sie gemeinsame Vorstellungen von den Menschen, die Sie beim Event begeistern möchten. Es fällt Ihnen leichter, mit anderen eine Strategie zu entwickeln, konsequent zu verfolgen und Maßnahmen abzuleiten. Die Vorlage unterstützt auch die Arbeit von Führungskräften in Eventteams.

Beschreibung Die Sammlung von a) bis h) ist ein offener Katalog von Charaktereigenschaften und davon abgeleiteten Statements über potenzielle Erwartungen an den Kongress. Sie ist in der „Ich-Form" aus der Sicht der Zielgruppe formuliert. Die fiktiven Argumente sind der Zielgruppe dabei in den Mund gelegt worden.

Das Format liefert selbst keine Inhalte. Im Praxisfall erarbeitet Marc Schubert die abstrakten Anforderungen der Kunden mit der Zielgruppensystematik und nutzt eine Führungskraft aus dem eigenen Unternehmen als „Projektions- und Interpretationsmodell" für die Übertragung auf das konkrete Beispiel. Ein Vorteil der Sammlung liegt darin, ein unkompliziertes Format als Beispiel nutzen zu können. Sie gehen die Beschreibung Ihrer Zielgruppe auf dieser Grundlage an – oder Sie passen sie nach Ihren Wünschen an. Während Sie den Text formulieren, wechseln Sie durch die Fragen die Perspektive: Sie versetzen sich intensiv in die Lage der Zielgruppe, das präzisiert Ihr Verständnis über Ihre Gäste.

Zu Praxisfall 3.2.1: Schnell von null auf hundert

▶   **Fokusthema** Qualität anstatt Quantität

Zur kurzen Erinnerung Paul Schneiders Fachforum muss aktualisiert werden, denn die Zielgruppe hat sich verändert (jüngere Gäste, mehr Frauen). Ein kompakteres Fachforum passt außerdem besser zu den Herausforderungen der Branche. Paul Schneider muss beim Event in kürzerer Zeit die Kommunikationsziele bei der Zielgruppe erreichen. Der Eventmanager arbeitet deshalb mit der Systematik zur Beschleunigung, damit die Gäste beim Fachforum rascher untereinander in Kontakt kommen und der Austausch in Gang kommt:

a) Themenfinder
b) Vorbereitungsmotor
c) Einstiegsmonitor

Zielsetzung und Anwendung Die Systematik unterstützt Sie ebenfalls dabei, auf Ihre Zielgruppe einzugehen. In diesem Praxisfall ist es für den Eventmanager wichtig, unmittelbar nach dem Ankommen bei den Gästen ein intensives Gefühl von „ich werde in der Expertengruppe akzeptiert" herzustellen. Die Reflexionsfragen konzentrieren sich deshalb auf ideal gewählte Fachthemen (lohnend für alle Gäste) in der Verbindung mit gelungenen Eisbrechern für die unkomplizierte Kommunikation.

Nutzen Sie lernen, einen Event zu modernisieren, indem Sie die Agenda kürzen und dafür die Themen zuspitzen. Sie lockern hierarchische Strukturen auf, weil Sie mehr Dialog zwischen den Gästen und den Referenten (im Fall nur ein Vortragender) im Konzept berücksichtigen.

Beschreibung Die dreistufige Systematik unterstützt im ersten Schritt auf der kognitiven Ebene (Themenfindung). Dann reflektieren Sie die Umsetzung dieser Gedanken auf dem Gebiet des Projektmanagements (Vorbereitungsmotor). Der dritte Schritt leitet Sie an, die Emotionen der Zielgruppe – besonders zu Beginn des Events – einzuschätzen. Die Methoden helfen Ihnen dabei, das Ziel, „schnell eine offene Atmosphäre schaffen und im Verlauf des Event noch auszubauen", zu operationalisieren und strukturiert anzugehen.

Arbeitsblatt Themenfinder
Welche Meldungen rund um Innovationen im Anlagenbau sind Ihnen in der letzten Zeit in der Tages- und Wirtschaftspresse aufgefallen? Denken Sie an wachsende Anforderungen an Industrieanlagen durch Erdbeben oder Überschwemmungen.

_____

_____

_____

Recherchieren Sie in der Fachpresse (Print/elektronische Medien): Welche Themen werden mehrfach genannt, welche nur gelegentlich?
Mehrfach genannt

• _____

• _____

• _____

• _____

Gelegentlich genannt

• _____

• _____

• _____

• _____

Welche Querverbindungen können Sie zwischen den recherchierten Ergebnissen aus Frage 1 und 2 erkennen? Arbeiten Sie zwei bis vier Themencluster heraus.

• _____

• _____

• _____

• _____

Priorisieren Sie die Themencluster in Bezug auf Ihr Unternehmen. Welche Aspekte haben im Augenblick mehr oder weniger mit den aktuellen Herausforderungen in Ihrem Unternehmen oder bei Ihren Partnern zu tun?
Stärkerer Bezug zu meinem Unternehmen/Kunden und Partner:

- _____
- _____
- _____
- _____

Weniger starker Bezug zu meinem Unternehmen/Kunden und Partner:

- _____
- _____
- _____
- _____

Fazit: Welches Thema wird gerade in den Medien/in Fachkreisen diskutiert und ist relevant für den Geschäftserfolg meiner Partner und folglich für meinen eigenen?

- _____

Zielsetzung und Anwendung   Bei einem Fachforum steht der inhaltliche Diskurs im Mittelpunkt des Programms. Als Eventmanager sind Sie Experte in einem anderen Gebiet, trotzdem möchten Sie Ihren internen und externen Kunden lohnende Themengebiete für Events vorschlagen und/oder ausarbeiten. Das Arbeitsblatt unterstützt Sie bei der schnellen Sammlung und Beurteilung von – für Sie – fachfremden Informationen. Sie setzen es für individuelle Recherchen oder die Zusammenarbeit im Team ein: entweder als Vorbereitung auf Kundengespräche oder als Grundlage für die nächsten Schritte der Programmplanung.

Nutzen   Das Formular hilft Ihnen dabei, ein positives Image und ein Alleinstellungsmerkmal in der Branche aufzubauen. Sie erhalten eine Anleitung für die systematische Themenrecherche zu einem für Sie fremden Fachgebiet. Sie stärken Ihr Hintergrundwissen, lernen, sich arbeitsökonomisch – auf dem für einen Event benötigten Niveau – einzuarbeiten. So gelingt es Ihnen leichter, sich als Partner auf Augenhöhe zu profilieren.

Beschreibung   Der Bogen ist in fünf Abschnitte untergliedert. Er leitet Sie an, Daten aus der Wirtschafts- und Tagespresse zu sammeln, die auch für Eventexperten zugänglich sind. Der Bogen arbeitet mit offenen Fragen. Die Fragen sind so geordnet, dass Sie zuerst relevante Themencluster recherchieren. Im nächsten Schritt nutzen Sie die Reflexionsfragen, um einzelne Themen einzukreisen, die für Ihren Event wichtig werden können. Dabei werden sowohl die Aktivitäten der Branche als auch der Geschäftserfolg der Gäste und die Ziele des einladenden Unternehmens berücksichtigt.

Arbeitsblatt Vorbereitungsmotor mit W-Fragen
Welche Innovationen oder Anwendungsverbesserungen bietet „Schlüsselfertig" aktuell an?

- _____
- _____

Was ist in der Branche davon schon bekannt?

- _____
- _____

Welche Informationen sind für die Projektmanager relevant?

- _____
- _____

Zielsetzung und Anwendung Der Vorbereitungsmotor nimmt Sie – auf den ersten Blick – mit auf einen Exkurs. Wir verlassen mit der ersten Frage scheinbar das Eventmanagement und sprechen über das Geschäft des Kunden (im Beispiel: Anlagenbau). Die weiteren Fragen gehen auf den Kundennutzen von „Schlüsselfertig" ein. Mit dem Vorbereitungsmotor nehmen Sie die Perspektive der Kunden Ihres Kunden (oder internen Auftraggebers) ein. Sie arbeiten heraus, welchen Nutzen die Eventteilnehmer von „Schlüsselfertig" erwarten bzw. welche Information zum Leistungsversprechen von „Schlüsselfertig" beim Event erfolgen muss. Das Arbeitsblatt eignet sich als Anleitung für individuelle Recherchen oder für die Teamarbeit. Die gewonnene Sammlung an Thesen unterstützt Sie dabei, ein fundiertes und kundenorientiertes Eventkonzept zu erstellen.

Nutzen Sie verlieren die Angst vor Fachthemen und können sich unbefangen der Welt Ihrer Kunden nähern. Sie verbreitern Ihr Kompetenzprofil, weil Sie schnell Branchenkenntnisse zusammenfassen. Im Mittelpunkt steht dabei, Ihr neues Recherchewissen so zu interpretieren, dass es für Ihre Eventplanung eine Bereicherung wird. Sie lernen, die Perspektive zu wechseln. So verbinden Sie Ihre Eventexpertise mit dem Kerngeschäft Ihrer Kunden. Das vergrößert für Ihren Kunden den Nutzen an der Zusammenarbeit mit Ihnen, weil Sie Lösungen vorschlagen, die wirklich zum Ziel des Events passen werden.

Beschreibung   Der Vorbereitungsmotor ist ein Arbeitsblatt mit drei offenen Fragen. Ich nutze sogenannte „W-Fragen". Alle Fragewörter beginnen deshalb mit dem Buchstaben „W". Wenn Sie diesem Muster folgen, fällt es Ihnen leicht, für weitere Anwendungsfälle einen persönlichen Fragenkatalog zusammenzustellen. Mit den Fragen lenke ich die Aufmerksamkeit auf wichtige Aspekte im Arbeitsgebiet des Kunden, die auch für die aktuelle Eventplanung wichtig sind. Der Vorbereitungsmotor muss nicht wie im Praxisfall immer sofort konkrete Ergebnisse produzieren. Das Instrument kann auch als Leitfaden für die Vorbereitung genutzt werden, um die Antworten zusammen mit dem Kunden zu reflektieren. Wie beim Themenfinder geht es darum, das Kunden- oder Branchenwissen des Eventmanagers auszubauen, um seine Rolle im Kundendialog aufzuwerten.

Checkliste „Gemeinsamkeiten managen"

1. **Redaktioneller Bereich**
   - Prüfen, ob alle Programmpunkte des Abends Antworten/Anregungen auf die Herausforderungen der Teilnehmer liefern
     - Falls ja: dem Abendgast positives Feedback geben und auf die Bedeutung der Botschaften hinweisen
     - Falls nein: den Abendgast auch nach dem Briefing nochmals anleiten, damit dieses Kommunikationsziel von ihr/ihm berücksichtigt wird
   - Erwartungen von „Schlüsselfertig" an das Forum mit den Interessen der Zielgruppe vergleichen. Die Überschneidungspunkte herausarbeiten. Drei Botschaften für den Vertrieb als Briefing formulieren. So kann der Vertrieb durch passende Erläuterungen die Gästebetreuung abrunden.
2. **Konzeptionelles, langfristiges Beziehungsmanagement**
   - Konzept erstellen und mit dem Vertrieb abstimmen, um gemeinsam die Teilnehmer im Laufe des Jahres zu betreuen
   - Erste Maßnahmen wie eine gemeinsame Internetseite beim Forum ankündigen
   - Raum für Begegnung zwischen den Gästen in der Agenda sicherstellen (genug und lange Pausen) und ausreichende Diskussionszeit mit motivierender Moderation.
3. **Service-Bereich und Betreuung beim Fachforum**
   - Briefing für das Service-Team zu jedem Gast
   - Jeder Teilnehmer wird mit Namen angesprochen
   - Vision und Standards für die Betreuung formulieren und mit dem Service-Team besprechen. Zusammenhang mit dem Programm des Forums diskutieren.
   - Praxisbeispiele aus der bisherigen Erfahrung mit den Gästen für Rollenspiele nutzen. Rollenspiele im Team durchführen und Feedback geben.

Zielsetzung und Anwendung Die Checkliste „Gemeinsamkeiten managen" unterstützt den Eventmanager dabei, für eine Atmosphäre auf Augenhöhe zwischen den Gästen zu sorgen. Mögliche Gesprächsbarrieren sollen umgangen oder wirkungsvoll aufgelöst werden. Diese Aufgabe stellt sich für jeden Event. Der Praxisfall schildert eine kurze Veranstaltung mit einem heterogenen Teilnehmerkreis, in dem diese Anforderungen jedoch zu einem zentralen Erfolgsfaktor werden.

Nutzen Die Checkliste setzt drei Aspekte einer Veranstaltung in einen engeren Kontext, die bei guter Planung ansonsten – einzeln – betrachtet und geplant werden. Der Mehrwert des Instruments liegt darin, dass Sie die Themen als drei sich gegenseitig beeinflussende Erfolgsparameter für das Gesamtziel „Positives Gruppenerlebnis beim Fachforum" erkennen und gestalten. Sie vergrößern die Erfolgsaussichten Ihres Events.

Beschreibung Die Checkliste geht auf drei Themenbereiche ein: a) Inhaltskonzept des Fachforums, das alle Gäste anspricht, b) konzeptionelles Beziehungsmanagement, das die Kontakte zwischen den Gästen nicht dem Zufall überlässt, und c) ideale Betreuung der Gäste durch das Serviceteam, damit alle Teilnehmer sich willkommen fühlen. Pro Themengebiet bietet die Liste zwei bis vier inhaltliche Kontrollpunkte an. Es bleibt Ihnen überlassen, die Qualität Ihrer Planung in Bezug auf diese Standards zutreffend einzuschätzen. Das Instrument hilft Ihnen jedoch dabei, diese Aspekte strukturiert zu berücksichtigen und bei Bedarf Ihr Vorgehen zu justieren. Sie können die Liste nach Ihren Anforderungen anpassen.

Zu Praxisfall 3.3.1: Attraktiv für Hochkaräter

▷   **Fokusthema** Praxisnutzen hinterfragen

Zur kurzen Erinnerung Astrid Meinecke richtet einen Round Table für zwanzig Einkaufsleiter aus. Bisher lag der Schwerpunkt auf Strategiekonzepten, jetzt möchte sich Frau Meinecke bei der Planung noch mehr auf die tatsächliche Umsetzung von Strategien konzentrieren: Erfolgsfaktoren, sinnvolle Kommunikation und der Umgang mit Herausforderungen im Alltag. Sie begegnet damit dem Risiko, dass die Gäste zukünftig die Veranstaltung als interessant, aber nicht als hilfreich einordnen – und fernbleiben. Die Top-Manager beschäftigen sich natürlich mit Einkaufsstrategien für ihre Unternehmen, trotzdem soll die „Bodenhaftung" der Diskussionen sichergestellt sein. Sie nutzte die Systematik „Down to Earth", um ihr Programm zu prüfen und neu auszurichten:

a) Bodenhafter
b) Flügelverleiher
c) Zusammenbinder

Zielsetzung und Anwendung Die Systematik unterstützt Sie dabei, Innovationsprozesse aus verschiedenen Bereichen zu beleuchten. Im Mittelpunkt stehen die Unterschiede und Gemeinsamkeiten. Die Ergebnisse helfen Ihnen dabei, eine originelle Agenda aufzubauen, wenn Sie bei anspruchsvollen Zielgruppen Aufmerksamkeit und Interesse wecken möchten.

Nutzen Ihre Veranstaltungen heben sich in Themenauswahl und -zusammenstellung von 08/15-Formaten ab.

Beschreibung Die Systematik arbeitet in drei Schritten: Zuerst geht es darum herauszufinden, ob und wie gut greifbare Lösungen in den bisherigen Gesprächsthemen vertreten sind. Der Bodenhafter (ausführliche Beschreibung siehe unten) hilft dabei, den aktuellen Anteil an Umsetzungsaspekten im bestehenden Programm durch Faktoren zu bewerten. Der Flügelverleiher geht bewusst in die andere Richtung. Er hilft dabei, den Themenkatalog zu ergänzen, indem Innovationen außerhalb der Geschäftswelt einbezogen werden. So schafft er eine interessante Bereicherung zu den pragmatischen Implementierungsberichten. Im Zusammenbinder lesen Sie, wie Sie Berichte aus dem Business mit Innovationsgeschichten aus anderen Bereichen sinnvoll verknüpfen.

Bodenhafter

1. **Aktuelle Ideen mehrerer Experten**

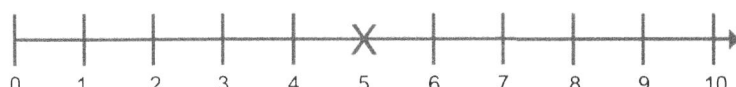

2. **Gedankenspiel eines viel beachteten Meinungsbildners**

3. **Pilot implementiert**

4. **Pilot teilweise implementiert (verschiedene Standorte/Länder)**

5. Nachjustierung einer bestehenden Implementierung

6. Implementierungsvorschau über Vorbereitungsprozess und Projektplan

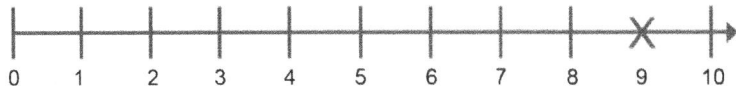

Zielsetzung und Anwendung Das Werkzeug unterstützt die themenbezogene Statusanalyse. Es unterstützt Sie dabei, Ihr Veranstaltungsprogramm einzuschätzen. Im Praxisfall stehen die Aspekte „Praxisnutzen" oder „Implementierungswert der Ideen" im Fokus. Sie können den Bodenhafter für die individuelle Reflexion anwenden oder als Leitfaden für Diskussionen in kleinen oder größeren Teams oder Projektgruppen einsetzen.

Nutzen Sie stellen sicher, dass Ihr Event sich nicht nur mit Strategien, sondern auch mit Anwendungsbeispielen der Theorien beschäftigt. Sie vermeiden das Risiko, dass Ihr Programm zu stark auf noch nicht bewiesene oder erprobte Konzepte eingeht und dadurch realitätsfern wirkt.

Beschreibung Der Bodenhafter ist ein Baustein der oben vorgestellten dreistufigen Systematik. Er arbeitet mit sechs Bewertungsskalen, um Ihre aktuelle Eventagenda einzuschätzen. Im Mittelpunkt steht es zu bestimmen, wie viele Umsetzungsgedanken/Beispiele die Vorträge bei Ihrem Event enthalten. Die Skalen sind unterteilt von 0 bis 10, so dass sich der rechnerische Gesamtwert von 60 ergeben kann. Die Einschätzung vergibt der/die Nutzer/in selbst, die Grundlage ist ihre/seine Meinung. Im Praxisfall empfehle ich einen Wert von mindestens 50, um bei der Veranstaltung einen ausreichenden Praxisbezug sicherzustellen.

World Café – Textauszug aus dem Praxisfall
So geht Astrid Meinecke vor:

- Sie beginnt erst mit einem freien Brainstorming, um unvoreingenommen Themen – jenseits von Businessaspekten – zu sammeln. Das Team arbeitet mit der World-Café-Methode: Man sitzt – wie im Kaffeehaus – an verschiedenen Tischen. Jedem Tisch ist ein Businessthema zugeordnet und die Kollegen diskutieren, welche Unterhaltungsthemen damit kombiniert werden können. Nach fünfzehn Minuten wechseln alle an einen anderen Tisch und beschäftigen sich mit neuen Themenkombinationen.

- Im nächsten Schritt möchte Astrid Meinecke interessante Fragestellungen identifizieren, die als „Verbindungen" funktionieren. Sie nennt diese Fragen „Brückenfragen". Die Diskussion an den „Kaffeetischen" geht somit in die nächste Runde. Diesmal macht man sich auf die Suche nach Arbeitsfragen. Es geht darum, gemeinsame Fragestellungen für Businessthemen und Unterhaltungsthemen herauszufinden.
- Ziel eines jeden Tisches ist es, einem Geschäftsthema ein Thema aus dem Bereich Kunst, Unterhaltung, Sport etc. zuzuweisen. Dann soll der Businessdiskurs wie auch das Unterhaltungsthema nach Erfolgsfaktoren für ideale Implementierungen beleuchtet werden. Die Zwischenergebnisse schreibt jede Arbeitsgruppe auf Moderationskarten.

Zielsetzung und Anwendung   Die Methode wird häufig in Veränderungsprozessen eingesetzt, um allen Beteiligten (oder Interessengruppen) das Wort zu erteilen. Im Praxisfall soll lediglich eine Veranstaltungsagenda verändert werden. Trotzdem ist es der Abteilungsleiterin wichtig, alle Experten der Abteilung einzubinden, um Ideen zu sammeln und im Gespräch gemeinsam zu veredeln. Das World Café ist deshalb auch für ein elaboriertes Brainstorming das ideale Instrument für Teams oder Arbeitsgruppen. Da es ein Instrument für große oder mittlere Gruppen ist, passt es besonders gut in große Agenturen, Mittelständler oder Konzerne.

Nutzen   Jeder Gedanke wird selbst von jedem Teilnehmer notiert, so gehen gute Anregungen nicht durch Missverständnisse mit einem Moderator oder durch Hemmungen als Folge der Teamdynamik verloren. Die unkomplizierte Gesprächsatmosphäre im World Café passt zu Eventmanagern und gibt jeder Persönlichkeit ausreichend Raum, um sich mit reifen Ideen einzubringen – oder unreife Gedanken zur Diskussion zu stellen.

Beschreibung   Der Ablauf im Praxisfall ist im Werkzeug beschrieben (siehe oben). Diese Ergänzungen sind sinnvoll: Sie können Papiertischdecken nutzen, um die Ideen an jedem Tisch zu dokumentieren. So ist es beim Tisch- bzw. Gruppenwechsel besonders einfach, die eigenen Gedanken mit denen der Vorgruppe zu verknüpfen. Im Praxisfall verzichtet Astrid Meinecke auf Gastgeber an den Tischen, weil die Gruppe die Aufgabe und die Methode schon gut beherrscht. Bei der ersten Anwendung ist es sinnvoll, eine Person für Fragen oder eine Anleitung pro Tisch vorzusehen, die nicht direkt in den Arbeitsprozess eingebunden ist.

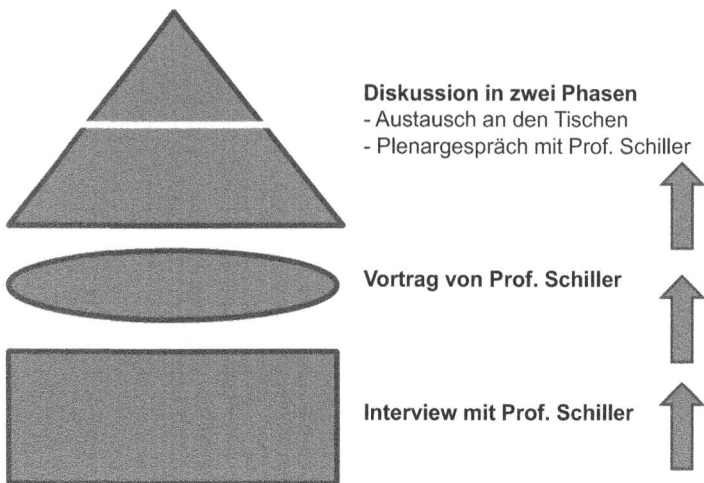

Diskussion in zwei Phasen
- Austausch an den Tischen
- Plenargespräch mit Prof. Schiller

Vortrag von Prof. Schiller

Interview mit Prof. Schiller

Dreisprung: Interview-Vortrag-Diskussion mit Abbildung

- **Interview mit dem Abendgast**
- **Vortrag des Abendgastes**
- **Diskussion in zwei Phasen**

Zielsetzung und Anwendung Das Werkzeug zeigt, wie bei einer Business Lounge mit einem Gast in drei Phasen ein spannender und abwechslungsreicher Ablauf geplant werden kann.

Nutzen Sie haben eine erprobte Vorlage für ein zeitgemäßes Veranstaltungsformat, das Sie für Ihren Event übernehmen oder nach Ihren Wünschen anpassen können. Die Grafik unterstützt Sie dabei, Ihren Plan unkompliziert im Team oder mit Partnern zu besprechen.

Beschreibung Die Abbildung ist von unten nach oben zu lesen, wie die Pfeile rechts anzeigen: Die Veranstaltung beginnt mit einem Interview des Referenten, um seine Persönlichkeit und seine Expertise vorzustellen. Das liefert die ideale Grundlage für den Vortrag, um dann in eine Diskussion in zwei Stufen überzugehen: Zuerst tauschen sich die Gäste mit ihren Tischnachbarn aus. Dieser Austausch füttert die anschließende moderierte Plenardiskussion zwischen Gästen und dem Referenten.

Interaktionsplan zweidimensional

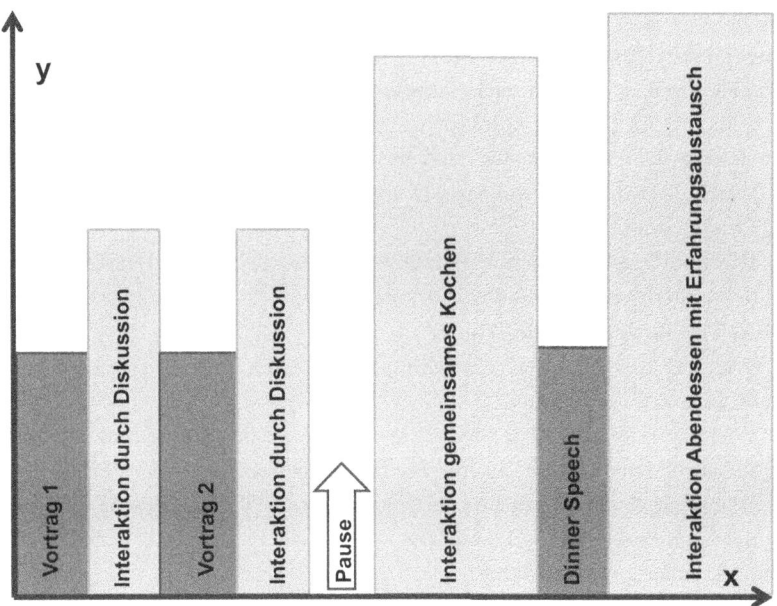

Zielsetzung und Anwendung Der Interaktionsplan ist eine zweidimensionale Matrix mit zwei Achsen. Er kann als Soll-Plan eingesetzt werden. Er ist ohne starke Anpassungen auch als Mess- oder Steuerungsinstrument zu nutzen: Lediglich Kriterien für die aktuelle Ist-Situation und Zielformulierung müssen bestimmt und in der Grafik eingetragen werden. Im Praxisfall nutzt die Eventmanagerin den Interaktionsplan als Instrument der Qualitätssicherung. Er hilft ihr dabei, die Agenda im Aktionsniveau auf das Kommunikationsziel abzustimmen.

Nutzen Der Mehrwert liegt in der Visualisierung des Programms durch eine Grafik anstatt eines Schriftdokuments. Die Programmpunkte sind im zeitlichen Ablauf dargestellt – aber auch mit Bezug auf ihren Interaktionswert. So fällt es Ihnen leichter, Ihr Programm selbst kritisch zu prüfen oder mit anderen abzustimmen.

Beschreibung Die Grafik ist eine Matrix: Die x-Achse steht für die Dauer des Programmpunkts im Ablauf des Abends. Kurze (= schmale) Vorträge im Vergleich zum langen gemeinsamen Kochen und Abendessen. Die y-Achse bezeichnet mit der Höhe der Programmpunkte die Intensität der Interaktion. Die Pause ist als Wegzeit kurz und mit einem kleinen Interaktionsanliegen ausgewiesen. Das Bild verdeutlicht, in welchen Punkten der Agenda die intensivste Interaktion stattfinden soll. Sie zeigt eingängig, dass für das Kochen und das Abendessen deshalb auch das größte Zeitkontingent nötig ist.

Drei passende Bausteine für intensivere Interaktion auswählen

1. **Kochen als Gemeinschaftserlebnis**
   Fragen, um das Angebot nach Schwachstellen zu prüfen:
   - Sollte die Aufteilung in die Kochgruppen a) spontan b) per Los oder c) nach einer geplanten Systematik erfolgen (starke und schwache Köche)?
   - Welche Art der Anleitung passte zur Zielgruppe – oder sollte man das der Chefköchin überlassen?
   - War mit Verstimmungen, Verletzungen (Gemüse schnipseln) oder kleinen Katastrophen (verbranntes Steak) zu rechnen?
2. **Ohne Tischordnung beim Dinner**
   - Wie groß war der Nutzen für „Bewegung" durch die feste Sitzordnung? Gab es dazu eine Auswertung?
   - Wie reagierten die Gäste bisher darauf, dass sie ihre Plätze und Tische nicht selbst wählen durften? Lag eine Feedback-Auswertung zu dem Punkt vor?
   - Wie schätzte das Eventteam den Charakter der Tischgespräche ein? Konnte die Interaktion verbessert werden?
3. **Der Absacker zum Ausklang**
   - Sollten sich die Kollegen von „Bewegung" abstimmen, um ihren Charme als Gastgeber ideal bis zum Ende der Veranstaltung zu verteilen? Welches Rollenverhalten war geeignet, um echte Herzlichkeit auszudrücken?
   - Welche Tischordnung der Service- und Bistrotische brachte den idealen Effekt?
   - Welche Beleuchtung unterstützte das lebhafte Gespräch zwischen den Gästen?
   - War Hintergrundmusik gewünscht? Wenn ja welche?

Zielsetzung und Anwendung Das Werkzeug setzt an, wenn Sie sich bereits drei Bausteine für Ihren Event in die engere Auswahl genommen haben. Es hilft Ihnen dabei, über die Umsetzung zu reflektieren. Drei bis vier offene Fragen bieten Anregungen zur Meinungsbildung über das „Wie?". Sie können nach dem Muster auch weitere Bausteine mit anderen Fragen unter die Lupe nehmen.

Nutzen Astrid Meinecke, die Eventmanagerin, nutzt die Liste als roten Faden, um die Themen mit ihrem Team zu bedenken. Die Liste kann auch wie eine Checkliste eingesetzt werden. Der Mehrwert der Liste ist vergleichbar mit der „Checkliste für Gemeinsamkeiten" (siehe vorne). Auch hier geht es darum, bisher separat geplante Bausteine im Programm systematisch zu durchdenken und in einen gemeinsamen Kontext zu setzen.

Beschreibung Das Instrument beschäftigt sich mit drei Themenbereichen (Kochen als Programmpunkt, Sitzordnung beim Essen, Absacker am Ende des Events). Pro Themenfeld bietet die Checkliste drei bis vier Reflexionsfragen, die bei der Entscheidung über den Einsatz des Bausteins oder die konkrete Gestaltung hilfreiche Anregungen liefern. Die Liste ist, wie auch die „Checkliste für Gemeinsamkeiten", bewusst kurz gehalten. Sie ist übersichtlich und die Anwendung benötigt wenig Zeit. Selbstverständlich kann sie von Ihnen erweitert werden.

Zu Praxisfall 3.4.1: Konsequenter Spaß

▸   **Fokusthema** Markenbotschaften teilnehmerorientiert senden

Zur kurzen Erinnerung Die Eventmanagerin Marion Schlüter arbeitet mit der Systematik „Markenführung", weil sie wissen möchte, wie gut die Markenwerke des Unternehmens „Total Sicher" bei der Zielgruppe des Golfevents bekannt sind. Es geht ihr darum, die Markenwerte einfach und lebensnah zu beschreiben. Im zweiten Schritt nimmt sie sich vor, die aktuelle Wahrnehmung rund um die Marke von „Total Sicher" bei den Teilnehmern abzufragen. Ihr Ziel ist es, beim Event die passenden Markenbotschaften zu senden. Dann möchte sie die festgestellte Informations- oder Wahrnehmungslücke zwischen Sender und Empfängern mit wirkungsvollen Aussagen schließen.

a) Markenbeschreiber
b) Markenwahrnehmer

Zielsetzung und Anwendung Die Systematik leistet einen Beitrag zur planvollen Markenführung bei Ihrem Event. Sie ist das passende Werkzeug, wenn Sie die Unterschiede zwischen Ist- und Soll-Status der Markenwahrnehmung bei der Zielgruppe identifizieren und gestalten möchten.

Nutzen Das Instrument unterstützt Sie dabei, beim Event den gesamten Marktauftritt Ihres Unternehmens in die von Ihnen gewünschte Richtung zu lenken. Sie erkennen mit der Systematik, welche Kommunikationsbotschaften Sie senden müssen, um bei den Teilnehmern die gewünschte Wirkung zu erzielen.

Beschreibung Die Systematik ist in zwei Stufen untergliedert: Markenbeschreiber und Markenwahrnehmer. Zuerst hilft Ihnen das Instrument dabei, den Wunschwert (Soll-Wert) der Unternehmenswahrnehmung zu identifizieren. Dann erfasst die Eventmanagerin den aktuellen Ist-Status der Markenwahrnehmung beim Teilnehmerkreis des Events. Die Systematik schafft die Grundlage, um Ihre Markenbotschaften – im Rahmen Ihrer Unternehmensstandards – auf die Gäste Ihres Events auszurichten.

Markenbeschreiber

1. Was wünscht sich der Kunde von uns? Worüber müssen wir unsere Händler informieren?
2. Durch welche unserer Leistungen wird die Arbeit oder sogar das Leben unserer Kunden noch besser?
3. Was bieten wir unseren Kunden, was er nicht auch – billiger oder zum gleichen Preis – bei einem Wettbewerber beziehen kann?
4. Warum sollte unser Kunde uns treu bleiben und nicht bei der Konkurrenz kaufen?
5. Was ist für uns wichtig, interessiert unseren Kunden aber überhaupt nicht?

Markenbeschreiber mit den Notizen von Marion Schlüter

1) Was wünscht sich der Kunde von uns? Worüber müssen wir unsere Händler informieren?

Erstklassige, innovative Technik und kompetente Beratung.

Gerade zum Kundendialog ist die enge Abstimmung mit den

Händlern wichtig.

2) Durch welche unserer Leistungen wird die Arbeit oder das Leben unserer Kunden besser?

Wir nehmen dem Kunden die Sorgen zu seiner Datensicherheit.

Das Herzstück der modernen Kommunikation.

3) Was bieten wir unseren Kunden, was er nicht auch – billiger oder zum gleichen Preis – bei einem Wettbewerber beziehen kann?

Unsere Software ist technisch sehr ausgereift und nutzerfreundlich.

Wir bieten zusätzlich auch schnellen Support rund um alle

Fragen. Das unterscheidet uns sicher.

4) Warum sollte der Kunde uns treu bleiben und nicht zur Konkurrenz wechseln?

Wir sind sehr zuverlässig und vertrauenswürdig. Wir arbeiten mit

den besten Entwicklern, Helpdesk-Betreuern und Partnern.

Wir interessieren uns aufrichtig für die Bedürfnisse der Kunden.

5) Was ist für uns wichtig, interessiert unseren Kunden aber überhaupt nicht?

Der Preisdruck in der Branche, sowie die Schritte und

Prozessveränderungen, die wir deshalb vornehmen. Davon

möchte der Kunde nur die gute Qualität spüren.

Steckbrief von „Total Sicher":

–Er ist männlich und in den besten Jahren
–Technik ist sein Hobby und seine Berufung
–Obwohl er technikbegeistert ist,
 liebt er auch den Kontakt mit Menschen
–Er ist spontan und schlagfertig
–Verantwortung ist nicht nur ein leeres
 Wort für ihn. Er ist sehr zuverlässig und
 steht zu seinem Wort. Gegenseitiges
 Vertrauen ist für ihn heilig
–Er ist ein solider Geschäftsmann, dem es
 nicht nur um kurzfristigen Profit geht
–Er raucht nicht, schätzt aber ein gutes
 Glas Wein oder auch mal ein Bier
–Er treibt Sport: Golf mit Freunden
–Mountainbike liebt er ebenfalls und im
 Winter geht er gerne Skifahren

Zielsetzung und Anwendung Der Markenbeschreiber ist ein kurzer Fragebogen, um arbeitsökonomisch und übersichtlich Argumente zu Ihrer Unternehmensmarke (oder die Marke Ihres Auftraggebers) zu sammeln. Die Eventmanagerin im Praxisfall nutzt das Instrument, um die Markenbeschreibung des Unternehmens gedanklich mit den Teilnehmern ihres Events zu verknüpfen.

Nutzen Der Mehrwert des Fragebogens liegt im konsequenten Perspektivenwechsel: Sie beschreiben die Unternehmensmarke aus der Sicht des Kunden. So vermeiden Sie es, dass Sie unbewusst Ihre persönliche Wahrnehmung in den Mittelpunkt stellen, anstatt den Nutzen für Ihre Kunden.

Beschreibung Das Werkzeug präsentiert fünf Fragen. Sie beschäftigen sich mit den Markenwerten von „Total sicher", allerdings aus der Perspektive der Kunden. Alle Fragen stellen den Nutzen, den Ihr Kunde durch Ihr Unternehmen, dessen Leistungen sowie die materiellen und immateriellen Vorteile durch die Zusammenarbeit erhält, in den Mittelpunkt. In den Grafiken oben sehen Sie unter den Fragen die Notizen von Marion Schlüter aus dem Beispiel. Mit dem Fragebogen sammelt sie Antworten, die sie direkt für die Arbeitsebene nutzen kann, denn sie sind konkreter als die abstrakte Markenbeschreibung des Unternehmens (siehe Fallbeispiel).

Zielsetzung und Anwendung Marion Schlüter möchte einen Event konzipieren, der die Markenbotschaft des Unternehmens aufgreift. Wenn es Ihnen schwerfällt, von den Strategieaussagen die Bausteine für einen bodenständigen Golfevent abzuleiten, ist das Instrument ideal. Es unterstützt durch eine Fantasiereise. Ein Eventteam oder ein einzelner Eventmanager kann den Steckbrief einsetzen, um zielgerichtete Eventideen zu sammeln.

Nutzen Marion Schlüter erkennt leichter, wie der Event beschaffen sein muss, damit er zur Marke von „Total Sicher" passt. Die Arbeitshilfe unterstützt dabei, die abstrakten Markenattribute von „Total Sicher" in den Lebenskontext der Eventteilnehmer zu übersetzen (angepasst an den Golfevent), wirkungsvoll zu integrieren (spürbar, aber nicht zu dominant) und unverwechselbar zu bezeichnen (so dass man sich über die Alleinstellungsmerkmale des Unternehmens unterhalten kann).

Beschreibung Marion Schlüter im Praxisfall sucht nach einer pragmatischen Beschreibung ihres Unternehmens in alltagsnahen Worten. Sie greift dazu auf die in der Kommunikationsbranche klassische Maßnahme zurück. Dazu stellt sie sich das Unternehmen wie eine Person vor: mit Wesenszügen, Vorlieben und Hobbys. So wandelt sich das Unternehmen in der Vorstellung der Eventmanagerin von einem juristischen Gebilde in eine männliche Person mit Persönlichkeitsprofil. Jetzt kann sie sich die Markenattribute beim Golfevent leichter in der Anwendung vorstellen. Der Steckbrief ist eine einfache DIN-A4-Vorlage. Auf der linken Seite ist eine Grafik von „Herrn Total Sicher" angebracht. Auf der rechten Seite sammelt die Eventmanagerin Charaktereigenschaften, die ihr – in einem intuitiven Prozess – passend erscheinen, wenn ihr langjähriger Arbeitgeber ein Mensch wäre. Das Vorgehen ist bewusst subjektiv und weckt die Kreativität der Eventmanagerin.

Interviewleitfaden Markenwahrnehmer im Grundformat

1. Sie sind Stammgast bei unserer Veranstaltung. Vielen Dank dafür. Was sind Ihre schönsten Erinnerungen?
2. Könnten Sie mir die Gründe beschreiben, warum unser Event für Sie attraktiv ist?
3. Welchen Programmpunkt schätzen Sie besonders?
4. Welcher Programmpunkt gefällt Ihnen am wenigsten? Warum?
5. Was macht für Sie den perfekten Event aus? Wie würden Sie die Gemeinsamkeiten zwischen dem Event und dem Unternehmen beschreiben?
6. Welche Eindrücke nehmen Sie vom Event in die Zusammenarbeit mit uns mit?
7. Was würden Sie uns für die nächste Planung raten?
8. Schlussfrage beispielsweise: Sind Sie bereit, in einem Jahr wieder als Interviewpartner zur Verfügung zu stehen?

Interviewleitfaden Markenwahrnehmer „Total Sicher"

1. Sie sind Stammgast beim Golfevent. Vielen Dank dafür. **Welche Preise haben Sie denn schon bei uns gewonnen?**

2. Könnten Sie mir die Gründe beschreiben, warum unser Event für Sie attraktiv ist?
3. Welchen Programmpunkt schätzen Sie besonders?
4. Welcher Programmpunkt gefällt **aus Ihrer Sicht den Teilnehmern** am wenigsten? Warum?
5. Was macht für Sie den perfekten **Golfevent bei „Total Sicher"** aus? Wie würden Sie die Gemeinsamkeiten zwischen dem Event und „Total Sicher" beschreiben?
6. Welche Eindrücke **über „Total Sicher"** nehmen Sie vom Event in die Zusammenarbeit mit uns mit?
7. Was würden Sie uns für die nächste Planung raten?
8. Sind Sie bereit, in einem Jahr wieder als Interviewpartner zur Verfügung zu stehen?

Zielsetzung und Anwendung Die beiden Leitfäden unterstützen Sie dabei, wenn Sie die Meinung Ihrer Gäste zu einem Event abfragen möchten. Die Fragensammlung funktioniert als roter Faden bei einem persönlichen Interview von maximal vierzig Minuten.

Nutzen Der Mehrwert liegt darin, das Stimmungsbild der Gäste unabhängig von den Eindrücken des konkreten Events abzufragen. Die Interviews liefern qualitativ und quantitativ andere Daten als beispielsweise die Auswertung von Event-Feedbackbögen. Die Durchführung und Auswertung der Interviews ist mit geringem Arbeitsaufwand zu leisten. Die Interviews drücken – als Nebeneffekt – glaubwürdiges Interesse an der Meinung Ihrer Gäste aus. Dies fördert die Geschäftsbeziehung.

Beschreibung Sie finden den Fragenkatalog einmal in der Grundform und – im zweiten Schritt – an den Anwendungsfall von „Total Sicher" angepasst. So haben Sie eine Vorlage, um den Leitfaden entsprechend Ihren Anforderungen zu adaptieren.

Die acht offenen Fragen werden im Gespräch dem Interviewpartner gestellt. Die Auswahl und Zusammenstellung der Fragen im Leitfaden orientieren sich an der Critical-Incidents-Methode, bei der beste und schlechteste Erinnerungen abgefragt werden. Thematisch beziehen sich die Fragen auf die früheren Events des Unternehmens „Total Sicher" und der (auch so) entstandenen Wahrnehmung des Unternehmens beim Eventteilnehmer. Der Interviewer sollte bei jeder Antwort klären, auf welchen Event in der Veranstaltungsreihe sich der Gesprächspartner konkret bei seiner Beschreibung bezieht. Im Praxisfall werden nicht alle Gäste befragt, sondern eine gezielt ausgewählte Stichprobe. Damit Sie die Ergebnisse der Interviews unvoreingenommen interpretieren können (unabhängig vom Gesprächspartner und Ihrem Vorwissen zum Event), ist es sinnvoll, die Antworten thematisch zu clustern.

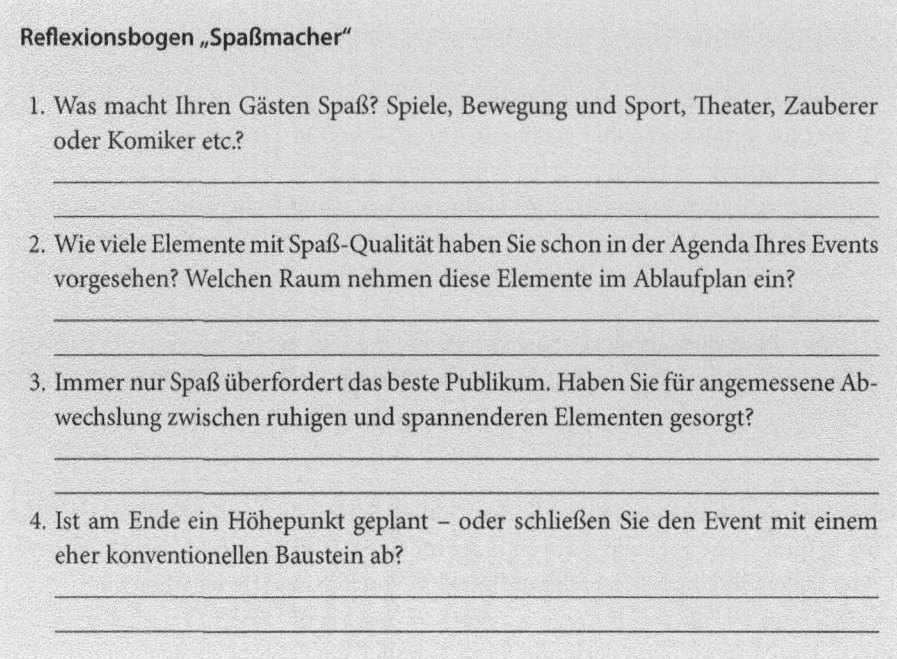

Zielsetzung und Anwendung Die Eventmanagerin reflektiert mit dem Werkzeug ihr Eventkonzept. Sie möchte sicherstellen, dass ihre Agenda die Zielvorgabe des Geschäftsführers „konsequenter Spaß für die Gäste beim Event" erreicht. Es ist ihr wichtig, dabei nicht über das Ziel hinauszuschießen. Sie sucht nach der angemessene Form, um ihre Gäste beim Event gut zu unterhalten: respektvoll, ohne Überforderung und mit einem positiven Gesamteindruck.

Nutzen Der „Spaßmacher" hilft Ihnen dabei, Ihre Planung strukturiert zu hinterfragen. So erkennen Sie noch frühzeitig im Arbeitsprozess bestehende Mängel und können Sie bei Bedarf korrigieren.

Beschreibung Das Instrument „Spaßmacher" ist ein Reflexionsbogen mit vier offenen Fragen. Sie nutzen ihn als Prüfstein Ihrer Planung. Der Einsatz ist ungefähr ab der Hälfte der Vorbereitungsphase sinnvoll. Das Instrument unterstützt Sie mit Reflexionsfragen, die Dramaturgie Ihrer Eventkonzeption zu beschreiben und in Bezug auf Ihre Zielgruppe und die Zielsetzung gelungene Unterhaltung kritisch zu prüfen.

Zu Praxisfall 3.5.1: Harte Arbeit und Dolce Vita

▷ **Fokusthema** Events als Motivatoren – und die Grenzen

Zur kurzen Erinnerung Frieda Gürer übernimmt von ihrem Vorgänger die Verantwortung für einen Vertriebskongress, der in Portugal stattfindet und drei Tage dauert. In der Eventabteilung fehlen klare Daten und Fakten über den Eventerfolg oder die möglichen Schwächen. Frau Gürers Gespräche mit den Teilnehmern zeigen, dass die Vertriebskollegen auf andere Programmpunkte im Kongress Wert legen als die Organisatoren oder die Unternehmensleitung. Frau Gürer nutzt die Fokussierungssystematik, um in diesem Jahr einen zielgerichteten Programmablauf festzulegen, der den Teilnehmererwartungen (Motivation und Networking) und den Anliegen der Organisatoren (strategische Geschäftsinformationen und Qualifizierung) möglichst gut gerecht wird:

a) Haupt- und Nebenziele des Events erkennen
b) Kern- und Randbeiträge identifizieren
c) Ideale Mischung festlegen

Zielsetzung und Anwendung Die Eventmanagerin im Praxisfall setzt die Systematik für ihre Einarbeitung ein. Ihr Anliegen ist es, den bestehenden Event auf den Prüfstand zu stellen und Verbesserungspotenziale zu erkennen. Die Systematik ist auch für die laufende Qualitätskontrolle eines regelmäßig stattfindenden Events geeignet. Hauptziel ist es, die Programmpunkte des Events einzuschätzen und ihren Beitrag zum Kommunikationsziel des Events zu bewerten und auszusteuern.

Nutzen Sie lernen, bestehende Events an aktuelle Anforderungen anzupassen. Sie lassen sich dabei von klaren Kriterien leiten, nicht von Ihren Vorlieben – oder dem Geschmack wichtiger Interessengruppen.

Beschreibung Die Systematik nutzt drei Dimensionen, um die – im Praxisfall – unterschiedlichen Erwartungen an den Event zu ordnen. Frieda Gürer sammelt und gewichtet mit der Systematik Informationen über die Erwartungen der am Kongress beteiligten Interessengruppen. Anschließend ordnet die Eventmanagerin die Programmpunkte in Bezug auf ihren Beitrag zur Zielerreichung des Events. Nach dem Ordnen und Gewichten unterstützt die Systematik im dritten Schritt dabei, die ideale Mischung der Programmpunkte für den nächsten Event zusammenzustellen. Das Instrument unterstützt eine sachliche Entscheidung über das Programm.

Kriterienkatalog

Kernbeitrag =   Unterstützt mindestens zwei Zielbeschreibungen
Kern- oder Randbeitrag = Unterstützt mindestens eine Zielbeschreibung
Randbeitrag =   Leistet keinen Beitrag zu den Zielbeschreibungen

Ergebnis von Frieda Gürer zu den Kernbeiträgen

- Vorträge der Vice Presidents unterstützen die Zielbeschreibung 1). Der Beitrag ist allerdings bei einem Drei-Tage-Event zu kurz.
- Workshops unterstützen die Zielbeschreibung 2). Die Umsetzung ist jedoch noch nicht zufriedenstellend. Die Workshops finden nicht für die Produktsegmente statt, fördern also nur flankierend den Community-Gedanken der Kollegen mit Arbeitskontakt. Die Inhalte bleiben generisch, denn sie haben keinen Bezug zu den spezifischen Märkten.
- Trainings unterstützen die Zielbeschreibung 3). Auch hier muss die Umsetzung verbessert werden, da die Vertriebe den Nutzen nicht positiv beschreiben.

Ergebnis von Frieda Gürer zu den Randbeiträgen

- Die Struktur liefert keinen Zielbeitrag: Der Ablauf des Summits ist ohne Spannungskurve konzipiert. Die Agenda bereitet nicht auf ein Kommunikations- oder Lernziel am Ende des Summits vor. Dem Event fehlt ein klares Ergebnis.
- Die Highlights- und Lowlights-Sessions am Morgen im Plenum liefern Strukturinformationen zum Event. Der Programmpunkt ist aber zu schwach ausgeformt, um die Ziele des Summits zu unterstützen.
- Das Dinner mit oder ohne Dinner Speech unterstützt keine der Zielbeschreibungen. Neben dem Essen ist nur ein geringer Zusatznutzen erfüllt, da der Vortrag weder als besonders unterhaltsam noch als informativ im Feedback beschrieben wird.
- Freizeit als Programmpunkt unterstützt das Networking. Der Erfolg bleibt im Praxisfall dem Zufall überlassen, da steuernde Rahmenbedingungen fehlen. Das Element ist nicht zielgerichtet und deshalb bei diesem Event redundant.

Zielsetzung und Anwendung Der Kriterienkatalog hilft dabei, den Wertbeitrag aller Programmpunkte der Kongressagenda einzuschätzen. Die Eventmanagerin vergleicht die Programmpunkte mit den zuvor klar – von ihr – definierten Eventzielen.

Nutzen Das Instrument bietet übersichtliche Ordnungskriterien, um den Ablauf eines Kongresses – unabhängig von der Dramaturgie im Aufbau der Programmpunkte – in einzelnen Schritten zu evaluieren. Der Nutzen besteht darin, sich von Randbeiträgen ohne inhaltlichen Beitrag zur Zielerreichung zu trennen.

Beschreibung Der Katalog bietet drei unkomplizierte Abstufungen für die Programmpunkte: Er liefert für das Unternehmen einen Kernbeitrag, einen Kern- oder Randbeitrag sowie nur einen Randbeitrag. Das Instrument nennt bewusst keine weiteren Gütekriterien, um die eindeutige Einschätzung zu erleichtern. Das Format eignet sich deshalb gut für Abstimmungen zwischen Kollegen oder Teams oder als Formular für Entscheidungsvorlagen. Die Zuteilung der Programmpunkte erfolgt durch die Eventmanagerin auf der Grundlage von Feedback oder qualitativer Beurteilungen.

Arbeitsintensivierer mit Spaßcharakter

a) **Management Attention für mehr Ernsthaftigkeit: Briefing for Observers**
b) **Working Dinner für Zusammenhalt auf der Arbeitsebene**
c) **Qualifiziertes Feedback und Beratung**
d) **Wettbewerb mit Awards als Bühne für Erfolgreiche**

Management Attention für mehr Ernsthaftigkeit

Briefing for Observers
Our motto:

Maybe we are not perfect at the first day – but we work hard to become very good on the third day!

Please start always with positive feedback like

- Excellent
  I think it was really extremely well done that you ...
  To me it was highly convincing that you ...
- Very good
  I liked a lot that you ...
- More than satisfying
  I really enjoyed that you ...

Take care that your positive feedback takes at least as long as the part you refer to the participant's challenges. Be aware of your role.

Please only refer to your personal observations like
I have seen you … and I really appreciate it, because …
I notice that you …
I have observed that you …
If you would like to improve a participant in a certain field use a sentence like

- Satisfying
  I have observed you … and I think it was quite satisfying. It would have been even more convincing to me if you …. Maybe you find an occasion during the summit to test this for you.
- Not satisfying
  I have observed you … and I saw you did the best you could in that moment. It would have been even more convincing to me if you …. Maybe you find an occasion during the summit to test this for you.

Take care that you end with an encouraging comment in the end like
I am really looking forward to seeing you during the next days. You really tried to do your best today. I am sure you will deliver a great performance during the summit.
Make sure that you show respect for the situation of doing a role play in front of the top management like
Thank you very much for doing this role play today with your colleagues and me. I know it takes some effort and I really appreciate your motivation and trust.

Zielsetzung und Anwendung Das Instrument „Arbeitsintensivierer mit Spaßcharakter" ist eine Sammlung von vier Einzelinstrumenten (a–d), die sich gegenseitig unterstützen. Die Anwendung kann einzeln oder in beliebiger Zusammenstellung erfolgen. Die Zielsetzung ist es, die Motivation der Kongressteilnehmer durch interessante, anspruchsvolle und praxisorientierte Arbeitsaufgaben zu steigern.

Nutzen Die Instrumente verbessern die Arbeitsatmosphäre beim Kongress. Aufmerksamkeit und Interesse sind bei den Teilnehmern größer, die Diskussionen gewinnen an Leidenschaft sowie fachlichem Tiefgang. Der Transfer der Inhalte (neue Vertriebssystematiken, strategische Unternehmensinformationen) auf den Arbeitsalltag ist wahrscheinlicher.

Beschreibung Mehr Mitglieder des Managements nehmen am Kongress teil, um die Ernsthaftigkeit des Unternehmensanliegens glaubwürdig auszudrücken (Information und Qualifizierung des internationalen Vertriebs). Die Manager beobachten in den Trainings und Übungen die Leistung der Teilnehmer. Im zweiten Schritt bieten sie strukturiertes Feedback an. Die Leistungsbereitschaft der Teilnehmer ist höher. Alle strengen sich an, um ihr Bestes zu geben. Um dies zu honorieren und kompetente Rückkopplung nach einem

Kriterienkatalog anzubieten, erhalten die Beobachter zuvor in einem Informationsmeeting die nötigen Instruktionen. Der Schwerpunkt des Feedbacks liegt auf dem beobachtbaren Verhalten der Teilnehmer, das die Beobachter durch ein Beispiel illustrieren. Das Briefingdokument hält die Inhalte fest und liefert als Unterstützung hilfreiche Textbausteine für die Feedbackgespräche.

Working Dinner für guten Zusammenhalt auf der Arbeitsebene

Zielsetzung und Anwendung Es handelt sich um das zweite Instrument aus der Werkzeugkollektion „Arbeitsintensivierer mit Spaßcharakter". Die Zielsetzung ist es, dass in den Workshops mehr gearbeitet wird und messbare Ergebnisse am Ende stehen. Der Workshop beginnt zu einem festen Termin und ist mit einem offenen Ende angekündigt. Die Teilnehmer entscheiden, wann und wie sie im Laufe des Abends die gestellten Fragestellungen zufriedenstellend beantworten. Die Gruppenarbeiten werden nicht durch ein formelles Abendessen unterbrochen, sondern die Teams konzentrieren sich – mit leckerem Fingerfood bewirtet – ansonsten ungestört auf die Lösung der gestellten Aufgaben.

Nutzen Einerseits drücken die Organisatoren durch das Working Dinner aus, wie hoch die Erwartungen an die Arbeitsergebnisse sind. Dieses Signal sorgt im Praxisfall unausgesprochen für mehr Leistungsorientierung bei den Vertriebskollegen. Andererseits stärkt die Situation den Zusammenhalt in der Arbeitsgruppe, weil man mit guten und weniger gut bekannten Kollegen bis tief in die Nacht ohne Zeitdruck und Störungen an Problemlösungen feilt. In der informellen Atmosphäre hält jede/jeder unkompliziert ein Sandwich in der Hand, egal welche Hierarchiestufe man bekleidet. Der Austausch zwischen den Teilnehmern ist direkt und bleibt – bei guter Moderation im Workshop – auf gute Lösungen fokussiert.

Beschreibung Das Working Dinner ist ein bewusster Teil der Dramaturgie, um in einer internationalen Gruppe – im übertragenen Sinne – Pioniergeist in einem Abendmeeting zu wecken. Der Programmpunkt steht unter der Überschrift „autonomes Lernen". Der Proviant für den Abend wird im Arbeitsraum bereitgestellt. Die Teilnehmer bedienen sich selbst. Die Gruppe entscheidet, ob alle zusammen essen oder ob jeder zu einem Happen greift, wenn sich der Hunger meldet.

Qualifiziertes Feedback und Beratung mit der Grafik Persönliches Stärken- und Schwächen-Profil für die Teilnehmer

Zielsetzung und Anwendung Das Instrument „Qualifiziertes Feedback und Beratung der Teilnehmer" ist das dritte Instrument aus der Kollektion „Arbeitsintensivierer mit Spaßcharakter". Die Vertriebskollegen erhalten von den Beobachtern aus dem Top-Management mündliches Feedback zu ihren Leistungen in den Trainings und Präsentationen. Der Bogen ist als Hilfestellung für die Selbstreflexion gedacht. Jeder Teilnehmer hat die Gelegenheit,

Participant:	Rajid Brahaduriji
Department:	Produktsegment 3
Country:	India

My personal strengths are:

....

My challenges are in the field of:

....

My personal objective for the summit is:

....

I would appreciate some support in:

....

persönliche Stärken und Lernziele zu identifizieren und festzuhalten. Natürlich wünschen sich die Organisatoren, dass die Teilnehmer im nächsten Schritt – und sensibilisiert durch das Instrument – noch mehr Verantwortung für die eigene Kompetenzentwicklung übernehmen.

Nutzen Das Formular hilft den Teilnehmern dabei, das persönliche Stärken- und Schwächenprofil zu beschreiben sowie die eigenen Erwartungen an den Kongress abzustecken. Der Mehrwert des Instruments liegt darin, dass es die Teilnehmer bei der Reflexion anleitet. Die Selbsteinschätzung könnte auch ohne das Ausfüllen des Bogens erfolgreich sein – die Visualisierung ist aber ohne Zweifel hilfreich. Man kann auch ohne weitere Daten prognostizieren, dass der Lernerfolg sehr wahrscheinlich steigt.

Beschreibung Der Bogen stellt dem Leser vier offene Fragen: Stärken, Schwächen, Lernziele und Unterstützungswünsche stehen im Fokus. Der Teilnehmer trägt seinen Status mit eigenen Worten im Bogen ein. Er oder sie wird auch aufgefordert, sich ein Lernziel für den Summit zu setzen und bei Bedarf um Unterstützung zu bitten.

Wettbewerb mit Awards als Bühne für Erfolgreiche

Zielsetzung und Anwendung Der Wettbewerb rund um die Teamergebnisse der Trainings ist das vierte Instrument aus der Kollektion „Arbeitsintensivierer mit Spaßcharakter". Die Zielsetzung ist es, die Motivation der Teilnehmer zu wecken, um den Erfolgswillen bei den Vertriebskollegen freizusetzen. Im Praxisfall war dies bei den früheren Kongressen nicht gelungen: Viele fanden die Übungen sinnlos oder langweilig. Die Organisatoren setzen anstatt auf Ermahnungen auf die Gruppendynamik. Allerdings sollen nicht schlechte Einzelleistungen bloßgestellt werden. Es geht darum, die Leistungsbereitschaft bei den

Übungen zu steigern und so den hohen Qualitätsanspruch des Unternehmens spielerisch von morgens bis abends in der Aufmerksamkeit aller Teilnehmer zu behalten. Belohnt werden die besten Teamergebnisse.

Nutzen Die Siegerehrung steigert die Motivation bei den Trainingsübungen, weil die Organisatoren gute Ergebnisse mit hoher Aufmerksamkeit der anwesenden Top-Manager belohnen. Die Teams haben ein gemeinsames Erfolgserlebnis, das steigert auch den Zusammenhalt beim Kongress und im Alltag.

Beschreibung Das Instrument ergänzt die Teamliga (siehe unten). Bei der abendlichen Showeinlage durch die professionelle Moderation (siehe unten) ist die Vorstellung der Teamergebnisse des Tages ein fester Teil des Abendprogramms. Die abschließende Ehrung der Gesamtsieger wird durch eine Inszenierung mit einer Musik- und Lichtshow zum Erlebnis. Auch Kunstnebel kommt zum Einsatz, wenn die besten drei Vertriebseinheiten Pokale mit einer Urkunde von einem der Top-Manager überreicht bekommen. Die Gewinner haben viel Freude an der Verleihung, denn durch das Instrument steigen Selbstbewusstsein und Motivation. Die anderen Teilnehmer erhalten einen Anreiz, beim nächsten Kongress alle Kräfte zu mobilisieren, um ebenfalls bald auf dem Siegertreppchen zu stehen.

Spaßmacher mit Leistungsanreizen

a) **Professionelle Moderation, die für kurzweilige Orientierung sorgt**
b) **Strukturiert angeleitetes Trainerteam**
c) **Teamliga für die Ergebnisdarstellung auf Abteilungsebene**
d) **Ernsthafte Feedbackrunden**

Professionelle Moderation, die für kurzweilige Orientierung sorgt

---

Arbeitsblatt „Moderatoren-Briefing"
Unsere Zielsetzung – Ihr Beitrag zum Gesamtkonzept

- Sie unterstützen durch Ihre Moderation einerseits den klaren Ablauf.
- Anderseits sorgen Sie für eine unterhaltsame Stimmung und eine offene Atmosphäre. Viel Interaktion mit dem Publikum ist gewünscht. Sie erhalten täglich aktuelle Informationen zu Erfolgen und Herausforderungen im Summit, die Sie in ihre Moderation einarbeiten.

Ihre Zielgruppe

- Vertriebsmitarbeiter aus siebzehn Ländern (Vertriebsbeauftragte und Führungskräfte), auch vertriebsunterstützende Mitarbeiter wie Back Offices
- Naturwissenschaftlicher oder kaufmännischer Hintergrund
- Überwiegend männlich im Alter von 30 bis 50 Jahren

Erwartungen an Ihre Moderation

- Sie führen in den Tag ein und schließen ihn ab.
- Wichtige Strukturinformationen sind immer ein Teil in Ihrem „Nachrichtenblock" zum Tag. Sie sind ein wichtiger „Energizer" und steigern das Interesse am Summit, weil Sie die Programmpunkte spannend und unterhaltsam vorstellen.
- Sie sprechen die Gäste im Plenum nicht überraschend an, um sie um einen Redebeitrag zu bitten. Wir möchten Vertrauen aufbauen und verzichten auf lustige Überraschungsmomente. Ziel ist es, die Atmosphäre so zu gestalten, dass jeder gerne das Wort ergreift. Witze oder spaßige Kommentare auf Kosten unserer Gäste sind tabu.
- Bei den Highlights- und Lowlights-Sessions sind Sie für die Reihenfolge der Diskutanten zuständig. Falls Gespräche nicht in Gang kommen oder stocken: Bitte unterstützen Sie unsere Referenten. Sie haben immer eine Frage vorbereitet, um zu steuern.
- Bei der Award-Verleihung führen Sie durch die Zeremonie und unterstützen unser Management und unsere Gäste dabei, in jeder Situation auf der Bühne eine gute Figur zu machen.
- Bitte arbeiten Sie mit Moderationskarten, die auf der Rückseite unser Firmenlogo zeigen (erhalten Sie von uns, auf Wunsch).

Zielsetzung und Anwendung Auch das Instrument „Spaßmacher mit Leistungsanreizen" besteht aus einer Sammlung von Werkzeugen (a–d). Die Werkzeugkiste ist die gedankliche Fortsetzung des „Arbeitsintensivierers" (siehe vorne).

Im Praxisbeispiel setzt die Eventmanagerin Frieda Gürer eine professionelle Moderatorin ein, anstatt diese Aufgabe selbst zu übernehmen oder einem anderen Kollegen aus dem Unternehmen zu übertragen. Um die Externe möglichst gut auf ihre Aufgabe vorzubereiten, stellt Frieda Gürer ein Informationspaper zusammen. Sie bespricht die Inhalte mit der Moderatorin in einem Treffen, damit diese Verständnisfragen stellen oder Vorschläge mit Frau Gürer direkt abstimmen kann.

Nutzen Das Informationspapier unterstützt die schnelle Einarbeitung der Moderatorin und entlastet die Eventmanagerin: Die wichtigsten Daten liegen in Schriftform vor, so dass die Moderatorin immer wieder darauf zurückgreifen kann. Zusammen mit dem Briefing-Gespräch ist es ein Baustein, um die gewünschte hohe Interaktion der Moderation erfolgreich zu steuern. Sie können es als Vorlage für entsprechende Briefings nutzen und die Inhalte an Ihre Anforderungen anpassen.

Beschreibung   Das Briefing ist in drei Abschnitte unterteilt: a) Zielsetzung des Events und der Beitrag der Moderation dazu, b) Informationen zur Zielgruppe und im Schwerpunkt c) konkrete Erwartungen an die Moderatorin (Aufgaben, Abläufe). Das Briefing ist eine Sammlung von ausgewählten, wichtigen Aspekten. Es beantwortet sicher noch nicht alle Fragen der externen Moderatorin, ist aber eine gute Basis für das folgende Briefing-Gespräch.

Strukturiert angeleitetes Trainerteam mit der Grafik Credit-Points-Tabelle für die Teilnehmer

Participant: **Department:** **Country:**	**Rajid Brahaduriji** **Produktsegment 3** **India**
Credit Points in total:	**100/85**
Training 1:	**25/23**
Training 2:	**25/20**
Training 3:	**25/19**
Final Presentation in plenum:	**25/23**

Zielsetzung und Anwendung   Der Bewertungsbogen ist das zweite Instrument aus der Sammlung „Spaßmacher mit Leistungsanreizen". Es dokumentiert die Leistung der einzelnen Vertriebsmitarbeiter (hier am Beispiel eines indischen Kongressteilnehmers). Jeder Vertriebskollege verwaltet seinen Bogen selbst, um Fehler bei der Notation zu minimieren. Aus dem Ergebnis kann der Teilnehmer ihre/seine aktuellen Stärken und Schwächen ableiten und – das steht beim Kongress im Vordergrund – die möglichen nächsten Lern- und Entwicklungsschritte planen.

Nutzen   Der Vorteil des Bogens liegt in der gebotenen Übersicht: Er zeigt auf einen Blick alle Trainings und Präsentationen, die zu absolvieren sind. Der größte Mehrwert liegt in der

Leistungseinschätzung schwarz auf weiß für jeden der fünfhundert Vertriebsmitarbeiter. Das Instrument ermöglicht es, individuelle Ergebnisse und Lernentwicklungen im Zeitverlauf zu betrachten (Punktzahl 2013 und 2014 im Vergleich).

Beschreibung Der Bewertungsbogen liefert die Einzelbewertungen und die Endbewertung – beide im Verhältnis zur maximal erreichbaren Punktzahl. Oben sehen Sie die Ergebnisse eines Teilnehmers als Beispiel. Der Bogen wird nicht veröffentlicht, sondern soll das verbale Feedback der Trainer und Beobachter aus dem Management konkretisieren und für den Teilnehmer greifbar machen.

Teamliga für die Ergebnisdarstellung auf Abteilungsebene

Team	Credit Points	Trend
Produktsegment 5	271	⬆
Produktsegment 2	245	⬇
Produktsegment 3	201	⬆
Produktsegment 1	179	⬆
Produktsegment 4	168	⬇

Zielsetzung und Anwendung Im Praxisfall erhalten die Vertriebsmitarbeiter für ihre Leistungen in den Trainings und Präsentationen von den Beobachtern eine Leistungseinschätzung in Form von Credit Points (also Punktwerten). Die Übersicht ist das dritte Instrument aus der Werkzeugkiste „Spaßmacher mit Leistungsanreizen". Die Teamliga kann als Feedback-Instrument auf Organisationsebene genutzt werden, um einen Überblick über die Erfolge der einzelnen Produktsegmente zu erhalten. Im Praxisfall zeigen die Organisatoren die aktuelle Teamliga jeden Abend, um den Wettbewerbsgeist der Teilnehmer in unterhaltsamer Weise zu steigern. Das Instrument ist bewusst einfach, erfordert aber für die Datensammlung eine gut organisierte Hintergrundarbeit. Die Teamliga eignet sich für Großveranstaltungen mit Schulungscharakter.

Nutzen Die Teamliga gibt den Produktsegmenten Feedback über ihren Leistungsstand im Vergleich zu den anderen Abteilungen. Noch wichtiger ist der Nutzen für die Gruppendynamik: Sie unterstützt das Wir-Gefühl der einzelnen Teams und sorgt darüber hinaus auch für eine kurzweilige, interessierte Atmosphäre im Plenum. Das ist bei fünfhundert Teilnehmern keine Selbstverständlichkeit.

Beschreibung Die Tabelle führt drei Dimensionen auf: Team (anstatt Abteilung oder Produktsegment), Credit Points aus der Tagesbewertung aller Übungen und den Trend (also die mögliche weitere Entwicklung). Im Praxisfall treten fünf Produktsegmente gegeneinander an, diese sind entsprechend ihrer Anzahl an Credit Points aufgelistet. Die Trendaussage unterstützt die Teamdynamik: Sie intensiviert die Resonanz der Ergebnisse bei den Zuschauern. Die Analogie zum Sport ist gewünscht, so dass bei allem Ehrgeiz der Faktor „Spaß" im Vordergrund steht. Wichtig war es, die für schwache Mitarbeiter belastende Situation des Feedbacks durch Credit Points zu entschärfen. Bei unterdurchschnittlicher persönlicher Leistung ermöglicht die Liga eine emotionale Kompensation: Das positive Teamgefühl wirkt entlastend bei individuellen Enttäuschungen.

Ernsthafte Feedbackrunden mit der Abbildung

Zusammenfassung Highlights and Lowlights von einem Tag

My highlight was….
great organisation
the first training
speech of VP Peter Maier

My lowlight was…
my presentation in the
workshop
my bad English

My wish for tomorrow is …
further information
good meetings
contact with management

Zielsetzung und Anwendung Die Eventmanagerin im Praxisfall lässt jeden Abend eine Feedbackrunde im Plenum durchführen, um den Kontakt zu ihren fünfhundert Teilnehmern zu stärken. Die sogenannte „Highlights- und Lowlights-Session" ist beliebt, weil sie von der Moderatorin kurzweilig inszeniert wird und die Wünsche der Teilnehmer dokumentiert. Die Grafik bietet in drei Clustern ein unkompliziertes Dokumentationsformat an, das durch seine Übersichtlichkeit und die Symbole auch als Folienpräsentation gut geeignet ist, um Großgruppenmoderationen zu unterstützen.

Nutzen Das Einzelfeedback wird zu einer Gesamtaussage zusammengefasst und den Teilnehmern gespiegelt. Die Botschaften sind leicht lesbar und gut verständlich, auch wenn
nicht alle Teilnehmer gleich gute Englischkenntnisse mitbringen. Die übersichtliche Grafik
ist die ideale Grundlage für eine Plenardiskussion, in der die Interaktion zwischen Veranstalter und Teilnehmer im Vordergrund steht.

Beschreibung Die Grafik ist das vierte Element im „Spaßmacher mit Leistungsanreizen".
Sie arbeitet mit drei Symbolen, die international gut verständlich sind: Sonne für Highlights, Wolke für Lowlights und ein Herz für Wünsche an den nächsten Kongresstag. Kul-
turell unterschiedlich konnotierte Zeichen wie ein Daumen nach unten oder oben zeigend,
vermied die Eventmanagerin bewusst. So entsteht eine klare Gliederung. Die abstrahierten
Ergebnisse der Einzelfeedbacks werden in Schlagworten und ohne Erklärung oder Beispiele als simpler „Wetterbericht" zum Tag veröffentlicht und diskutiert.

Feedback-Pinnwand für die Teilnehmer

Zielsetzung und Anwendung Die Pinnwand ist ein Kommunikationsangebot. Sie steht
an einem für alle gut erreichbaren Platz beim Event. Im Praxisfall ist sie in einer Ecke des
Plenarsaals vorbereitet, damit die Teilnehmer ihre Meinung zum Kongress dort diskret hinterlassen können. Die Karten dürfen mit Unterschrift oder auch anonym dort aufgehängt

werden. Die Autoren der Nachrichten können sich auf Wunsch bei der täglichen Diskussion im Plenum ergänzend oder erklärend äußern – oder auch darauf verzichten.

Nutzen Das Instrument liefert den Teilnehmern ein Ventil für Lob und Tadel. Nicht jeder Gast fühlt sich wohl dabei, im Plenum seine Meinung zu äußern. Auch wenn nicht alle Gäste zur Diskussion etwas beitragen oder eine Karte schreiben, erhalten die Organisatoren regelmäßig ein Stimmungsbild von den Teilnehmern. Der Mehrwert liegt in der nachvollziehbaren Verwendung der Informationen im Rahmen der Eventorganisation.

Beschreibung Jede Pinnwand, wie sie für Moderationen und Workshops verwendet wird, erfüllt den Zweck als Feedback-Wand. Zusammen mit Moderationskarten in verschiedenen Farben, funktionierenden Stiften und ausreichend Pinn-Nadeln ist die Aufstellwand funktionsfähig. Achten Sie darauf, dass z. B. auf einem Tisch immer ausreichend Ausrüstung vorhanden ist (Stifte, Papierkarten, Nadeln). Wichtig ist es bei dem Instrument, die Rückmeldungen des Tages einzusammeln und darauf zu reagieren (Verständnisfragen, Diskussion, sofortige Integration des Feedbacks in die Planung, wenn nein – warum nicht?).

Schluss: Happy End beim Event

Die Kommunikationsdisziplin „Eventmanagement" hat sich etabliert: Privat und beruflich sind Events zu einem Teil unseres Lebens geworden. Wir setzen bei den Organisatoren einen hohen Reifegrad voraus, was die professionelle Konzeption und Umsetzung der Veranstaltungen angeht. Hemdsärmelige Lösungen à la „Hauptsache, wir bringen bei dem Anlass viele Leute zusammen. Dann sind alle zufrieden. Der Rest passt schon." liegen hinter uns. Intelligente Themenstellungen und ein interessanter Ablauf sind für Kundenveranstaltungen heute selbstverständlich, um attraktiv zu bleiben.

Die individuelle Herausforderung: Kompetenzfeld Eventmanagement Damit Eventmanager heute und morgen ihren Aufgaben gewachsen sind, ist es sinnvoll, das eigene Kompetenzprofil laufend zu professionalisieren. Referenzpunkt für handwerkliche wie konzeptionelle Fähigkeiten sind die Anforderungen der Zielgruppe.

Drei Aspekte verdienen Ihre Aufmerksamkeit:

- Die individuelle Kompetenzentwicklung: Chancen und Herausforderungen der Eventmanager
- Die Organisationssicht: Eventmanagement als Temperaturmesser des Arbeitsmodells
- Das zeitgemäße Eventformat: klein und kurz trifft auf Großevents

Die individuelle Kompetenzentwicklung: Chancen und Herausforderungen der Eventmanager

- Die Spezialisierung in der Eventbranche setzt sich fort. Eventagenturen und damit auch Eventmanager konzentrieren sich auf bestimmte Eventformate, Zielgruppen und Märkte. So erwerben sie neben dem Veranstaltungswissen auch Know-how über die Branche ihrer Geschäftspartner – und deren spezifische Anforderungen. Sie unterstützen ihre

S. Müller, *Kundenkommunikation bei Events*, DOI 10.1007/978-3-658-05030-6_5,
© Springer Fachmedien Wiesbaden 2014

Kunden und Auftraggeber im besten Fall nicht nur mit ihrem Fachwissen als Kommunikationsexperten, sondern leisten auch wertvolle Adaptionen in Bezug auf die Zielgruppe. Das ist ein wichtiger Beitrag bei der Planung und Durchführung einer Veranstaltung. Events sind aber trotz ihrer steigenden Bedeutung keine Inseln, sondern ein Baustein in der breiten Landschaft der integrierten Unternehmenskommunikation. Durch die Spezialisierung auf allen Gebieten der Kommunikation wächst damit die Anforderung an Eventmanager, den Moment zu erkennen, in dem ein Kompetenzteam aus Profis in verschiedenen Kommunikationsfeldern zusammengestellt werden muss. Mit diesem Vorgehen gelingt es besonders häufig, Kommunikationsmaßnahmen nicht nur vom strategischen Kommunikationsziel abzuleiten, sondern inhaltlich abgestimmte Erfolgsparameter für die Umsetzung festzulegen. Für die Praxis bedeutet das: Die Erwartungen an Presseaktivitäten oder das Engagement in den sozialen Medien ist zu den angestrebten Erfolgen durch Events in Bezug zu setzen.

- Nachhaltig erfolgreiche Eventmanager kennen verschiedene Eventformate. Sie setzen die Konzepte bewusst – das bedeutet passend zum Kommunikationsziel und der Zielgruppe – ein. Auch innerhalb einzelner Formate ist es wichtig zu wissen, mit welchem Kunstgriff Sie die angesteuerten Wirkungen bei den Gästen erzielen. Neben einer soliden Ausbildung ist die Reflexion Ihrer Berufserfahrungen hilfreich, um das eigene Wollen mit der Reaktion der Zielgruppe zu vergleichen. Fachliche, methodische und persönliche Lernerfahrungen aus dem Alltag sind der ideale rote Faden für den individuellen Kompetenzauf- und -ausbau. Klären Sie, welche Stärken und Schwächen Sie haben und wie Sie professionell mit ihnen umgehen. Dann gelingt es Ihnen sicher, die richtigen Schlüsse für zeitgemäße Adaptionen im Konzept oder der Umsetzung von Ihren Events zu ziehen.

- Neben dem Fazit zur Veranstaltung ist die strukturierte Event-Evaluierung ein wichtiger Beitrag zur persönlichen Qualitätssicherung. In der Praxis wird dieser Aspekt noch zu häufig stiefmütterlich behandelt. Eventmanager interessieren sich zwar immer mehr für die Methoden der Ergebnismessung und deren arbeitsökonomische Umsetzung, trotzdem überwiegt vielfach die Sorge, die Eventgäste mit einem Fragebogen – ob beim Event oder im Nachgang vorgelegt – zu verärgern. So verlässt man sich überraschend häufig bei der Beurteilung budgetrelevanter Entscheidungen auf „diffuse Bauchgefühle". Natürlich gelingt es einem erfahrenen Eventmanager, die Atmosphäre beim Event durch gezielte Beobachtungen oder ausgewählte Feedbackgespräche einzuschätzen. Trotzdem rate ich zu mehr Selbstbewusstsein in der strukturierten Abfrage von Meinungsbildern und Verbesserungsvorschlägen. Ist der Aufwand für den Gast gering, können Sie auf die gut gemeinte Kooperation auch von hochrangigen Gästen zählen. Dazu sollten die Evaluationsbögen kompakt und die Antworten unkompliziert zu geben sein. Meine Empfehlung ist: Verzichten Sie nicht aus Zurückhaltung auf die Evaluierung. Achten Sie allerdings darauf, dass Sie das Evaluierungsformat in dem Medium einsetzen, das zu Ihrem Event und zu den Gästen passt (elektronisch, paper and pencil, beim Event oder erst danach). Die gesammelten konkreten und detaillierten Rückkopplungen rechtfertigen den (überschaubaren) Aufwand.

Die Organisationssicht: Eventmanagement als Temperaturmesser des Arbeitsmodells

- Nach meiner Erfahrung ist die Planung und Abwicklung wichtiger Veranstaltungen ein Temperaturmesser für das Arbeitsmodell in einem Unternehmen. Die Koordinationsleistung und der Qualitätsanspruch einzelner oder auch mehrerer Abteilungen stehen beim Event sichtbar auf dem Prüfstand. Die Ergebnisse der Zusammenarbeit werden vom Kunden und natürlich auch von Vertretern des Managements vor Ort beobachtet und unmittelbar bewertet. So kommt es nach Events nicht selten zu Maßnahmen der Organisationsentwicklung: Informations- und Kommunikationskanäle werden bewertet, Zusammenarbeitsmodelle weiterentwickelt, Kompetenzen klarer abgegrenzt oder auch das gemeinsame Verständnis von Qualität und Kundenorientierung an Beispielen diskutiert. Erfolgreiche Eventmanager sind ab und zu aufgerufen, sich in diesem Dschungel an unterschiedlichen Erwartungen professionell zu bewegen: weder unnötig in den Verantwortungsbereich anderer Abteilungen wie dem Vertrieb einzugreifen und trotzdem gleichzeitig den Erfolg des Events durch die richtigen Unterstützungsangebote zu sichern.
- Stellt man bei der Planung von Events die entscheidenden Fragen nach den übergeordneten Kommunikationszielen und den definierten Zielgruppen, denken Kunden oder interne Auftraggeber häufig länger nach als erwartet. Selbst wenn die Antworten beispielsweise in Form eines Strategiepapiers oder einer operativen Kurzfassung vorliegen, ist eine Veranstaltung der Anlass, die aktuelle Marschroute zu prüfen und anzupassen. Die Eventplanung kann sich deshalb verzögern. Ein Umstand, den erfahrene Eventmanager voraussehen und in der Projektplanung mit Zeitpuffern berücksichtigen.
- Sind mehrere Abteilungen wie Marketing, Vertrieb oder Kundenservice eingebunden, zeigt sich anlässlich der Eventplanung, dass die Zusammenarbeit zwischen den Disziplinen selten geübt wird. Gemeinsame Vorstellungen müssen erst diskutiert werden oder erweisen sich im Realitätscheck als ungenau. Auch in professionellen Unternehmen fehlen Teilprozesse oder ein präzise abgestimmtes Verhalten, um beim Kunden ein „gemeinsames Gesicht" zu präsentieren. Erst durch konkrete Anwendungsfälle – wie bei der Eventplanung – werden diese Leerstellen in der Zusammenarbeit entdeckt und müssen bearbeitet werden. Man kommt unter Zeitdruck und setzt dann häufig die Eventabteilung oder auch externe Eventagenturen ein, interne Abstimmungen zu moderieren. Die Eventexperten übernehmen ganze Aufgabenblöcke, um ihre Auftraggeber von ungeplanten Aufgaben zu entlasten und politische Spannungen zwischen den Abteilungen abzufedern. Wird diese Anforderung gestellt, ist es als interner oder externer Dienstleister wichtig, vorbereitet zu sein: Es gilt, diese Rolle charmant abzulehnen, ohne die Kundenbeziehung unnötig zu belasten – oder auch diese Herausforderung im Aufgabenfeld „Event" kompetent zu bewältigen.

Das zeitgemäße Eventformat: klein und kurz trifft auf Großevents Im November 2013 waren 1,3 Mio. Bürger in Bayern aufgerufen, über die Bewerbung um die Olympischen Winterspiele 2022 per Bürgerentscheid abzustimmen. Die Ergebnisse in Garmisch-

Partenkirchen, im Berchtesgadener Land, im Landkreis Traunstein und in München sprachen deutlich *gegen* die Bewerbung. An Erklärungsversuchen mangelte es im Nachgang nicht. Als Fazit formulierten Politiker und Sportfunktionäre, dass eine kritische Einstellung gegenüber Sport-Großereignissen in der bayrischen Bevölkerung vorherrsche. Das zuletzt in Deutschland ausgetragene Sport-Großereignis, die Fußballweltmeisterschaft 2006, gilt als Erfolg. Die Atmosphäre in Deutschland war positiv, geradezu euphorisch: Man spricht noch heute vom „Sommermärchen", Gäste und Gastgeber vergnügten sich gemeinsam. Man schuf für die Zuschauer ohne Stadion-Tickets die Möglichkeit zum Public Viewing sowohl in kleinen wie auch gigantischen Fanmeilen. Sensibilisiert durch den Bürgerentscheid fragt man sich nun: Ist das bayrische Abstimmungsergebnis zur Olympiabewerbung als Anzeichen einer bundesweiten Trendwende gegen Großevents zu verstehen? Die Antwort steht noch aus. Ob das bayrische Votum auf Deutschland oder auch andere Länder übertragbar ist, kann nicht prognostiziert werden – aber auch nicht ausgeschlossen. Es fehlen empirische Daten.

Die inländische und ausländische Akzeptanz der nächsten Sportgroßveranstaltungen wird vielleicht mehr Klarheit dazu bringen, ob die Meinung der bayrischen Bevölkerung als Kritik an den Sportfunktionären und/oder am großen Sportevent zu interpretieren ist. Sport- und Eventexperten blicken deshalb mit Interesse auf die Entwicklung in Brasilien, das, nach dem Weltjugendtag 2013 in Rio de Janeiro, die Fußballweltmeisterschaft 2014 und Sommerolympiade 2016 austragen wird. Zu klären ist auch, ob es in der Gunst der Bürger einen Unterschied zwischen Sport-Großveranstaltungen und anderen Events wie Musikfestivals gibt. Beschäftigt man sich mit dieser Frage und blickt noch einmal nach Bayern, kommt einem unwillkürlich das Münchner Oktoberfest in den Sinn. Es zieht jährlich sechs Millionen Besucher an, deren Anwesenheit den Tagesablauf in der Stadt merklich beeinflussen. Stehen die Münchner Bürger dem Zwei-Wochen-Event weniger begeistert gegenüber als die Gäste? Was wären die Folgen?

Reflexionen verdeutlichen: Das Thema „zeitgemäße Eventformate" wirft im Augenblick mehr Fragen auf, als Antworten angeboten werden können. Das ist ein idealer Startpunkt für die weitere anwendungsorientierte Forschung.

Bei Kundenevents beobachte ich – spätestens seit der Finanzkrise – den Trend zu klein und kurz. Viele Firmen legen ihren Fokus auf einen mit Bedacht ausgewählten Teilnehmerkreis, den man zu kompakten Veranstaltungen bittet. Bei Veranstaltungsreihen achtet man auf eine niedrige Frequenz wie maximal ein- bis zweimal pro Jahr. Der Aspekt „Wirtschaftlichkeit" spielt bei diesem Trend wider Erwarten nicht die größte Rolle. Vielmehr reagieren die Eventverantwortlichen auf die veränderten Wünsche der Kunden und Geschäftspartner. Bei diesen flattern die Einladungen vieler Geschäftspartner auf den Schreibtisch. Entscheider haben schon zahlreiche Veranstaltungen besucht und ein individuelles Interessenprofil entwickelt:

- aktuelle Fragestellungen und/oder
- interessanter Teilnehmerkreis und/oder

- direkter Dialog mit Experten und/oder Meinungsbildnern und/oder
- unterhaltsame Aktivitäten

wirken auf erfahrene Eventgäste ansprechend. Immer intensivere berufliche Verpflichtungen lassen aber auch Young Professionals wenig Raum für mehrtägige Abwesenheiten. Ein spannendes Abendprogramm oder ein verlängerter Nachmittag mit vielen Inspirationen behaupten sich allerdings auch in Phasen hoher Arbeitsbelastung im Terminplan der Eingeladenen.

Auch weniger kompakte Modelle fallen positiv auf. Hier einige Beispiele, deren Erfolgsrezepte zweifellos noch weitere Untersuchungen verdienen:

- Veranstalter von Musikfestivals, die ebenfalls ihre Tickets im freien Verkauf anbieten. Sie verzeichnen seit Jahren zunehmende Teilnehmerzahlen und werben sogar mit „mehr Tage, mehr Bühnen, mehr Musikauswahl" – wie die Veranstalter des Chiemsee Reggae Summer 2014. Der Event dauert drei Tage. Das Heavy-Metal-Musikfestival in Wacken, Schleswig Holstein, ist, seit der Schlagersänger Heino dort 2013 dort mit hoher Medienaufmerksamkeit auftrat, ebenfalls einem breiten Publikum bekannt. Es ist allerdings schon seit Jahren sehr erfolgreich und ein Zwei-Tages-Event.
- Kongressveranstalter, die erfolgreich auf mehrtägige Programme für breite Zielgruppen setzen. Im Gegensatz zu den kostenlosen, handverlesenen Einladungen bei Kundenevents handelt es sich um öffentlich zugängliche Veranstaltungen mit Ticketverkauf, die das Publikum für einen längeren Event gewinnen möchten.
- Auch in der Akademia spielen mehrtägige Veranstaltungen eine Rolle. Im Fall der Wissenschaftler trifft sich eine Community, bei der traditionell jeder Gast einen Sprechbeitrag leistet – das bereichert und verlängert das Programm, was gut in das Anforderungsprofil dieser Zielgruppe passt.

Es gibt viele Wege zum Happy End zwischen Eventveranstaltern und ihren Gästen. Egal, ob es sich um einen Megaevent oder ein kompaktes Kurzformat handelt: Das Ziel des Veranstalters wird es sein, einen nachhaltig positiven Eindruck zu hinterlassen. Die gelungene Interaktion zwischen Gästen und Gastgebern ist dafür ein wichtiger Baustein.

In meinem Buch stelle ich Ihnen Konzepte, Methoden und Werkzeuge aus der Praxis vor. Es unterstützt Sie einerseits dabei, bei Ihren Events Ihre Zielgruppe immer fest im Blick zu behalten – und andererseits Ihre Veranstaltungsplanung in ein Kommunikationskonzept einzubetten, denn frei nach John Donne:

No event is an island.

Die Autorin

Prof. Dr. Sandra Müller leitet in München seit 2009 ihre Agentur für Führung und Kommunikation simply ahead. Die Kommunikationsexpertin unterstützt Unternehmen und öffentliche Auftraggeber im Dialog mit Kunden und Mitarbeitern. Zuvor verantwortete sie in einem globalen Konzern internationale Aufgaben, Projekte und Abteilungen als Director für Kundenprogramme, Leiterin Unternehmenskommunikation und Pressesprecherin sowie als Consultant für internationale Leadership-Kommunikation. Ihre Publikationen erscheinen regelmäßig in führenden Fachzeitschriften.

Seit 2011 lehrt Prof. Dr. Sandra Müller an der Hochschule für angewandtes Management in Erding das Fach Eventmarketing. Zuvor erfüllte sie an Hochschulen in München und Hannover Lehraufträge in Unternehmensplanung, Führung und Kommunikation.

Weitere Bücher der Autorin erschienen im Springer Gabler Verlag

- Frauen als Führungskraft: Stärken nutzen – Erfolgspotenziale realisieren (2011).
- Strategien im Unternehmen erfolgreich umsetzen: Barrieren überwinden und aktiv handeln (2010).

S. Müller, *Kundenkommunikation bei Events*, DOI 10.1007/978-3-658-05030-6,
© Springer Fachmedien Wiesbaden 2014

Literatur

Verwendete Literatur

Bauer, H., Heinrich, D., & Samak, M. (2011). *Erlebniskommunikation – Erfolgsfaktoren für die Marketingpraxis*. Heidelberg: Springer.

Bruhn, M. (2011). *Unternehmens- und Marketingkommunikation*. München: Vahlen.

Bruhn, M. (2012). *Kommunikationspolitik. Systematischer Einsatz der Kommunikation für Unternehmen*. München: Vahlen.

Drengner, J. (2008). *Imagewirkungen von Eventmarketing: Entwicklung eines ganzheitlichen Messeansatzes*. Wiesbaden: Gabler.

Holzbaur, U., Jettinger, E., Knauss, B., Moser, R., & Zeller, M. (2010). *Eventmanagement. Veranstaltungen professionell zum Erfolg führen*. Heidelberg: Springer.

Mayring, P. (2010). *Qualitative Inhaltsanalyse. Grundlagen und Techniken*. Weinheim: Beltz.

Meckel, M., & Schmid, B. (2008). *Unternehmenskommunikation. Kommunikationsmanagement aus Sicht der Unternehmensführung*. Wiesbaden: Gabler.

Meffert, H., & Burmann, C. (2005). *Markenmanagement. Identitätsorientierte Markenführung und praktische Umsetzung*. Wiesbaden: Gabler.

Rosenstiel, L. (2010). *Motivation im Betrieb: Mit Fallstudien aus der Praxis*. Leonberg: Rosenberger.

Schneider, A. (2013). *Mit den besten Interviewfragen die besten Mitarbeiter gewinnen*. Zürich-Wollishofen: PRAXIUM Verlag.

Schulz von Thun, F. (2008). *Miteinander reden, Störungen und Klärungen* Bd. 1-3. Reinbek: Rowohlt.

Thinius, & Untiedt, J. (2012). *Erlebnismarketing für alle Sinne*. Wiesbaden: Springer Gabler.

Thomas, A. (2011). *Interkulturelle Handlungskompetenz. Versiert, angemessen und erfolgreich im internationalen Geschäft*. Wiesbaden: Gabler.

Zanger, C. (2010). *Stand und Perspektiven der Eventforschung*. Wiesbaden: Gabler.

Weitere Quellen

http://www.goodreads.com zum Begriff „John Donne" und „no man is an island", Zugriff am 21.01.2014

Wikipedia zum Begriff „Eisbrecher", Zugriff am 24.09.2013.

The manufacturer's authorised representative in the EU is Springer
Nature Customer Service Centre GmbH, Europaplatz 3, 69115 Heidelberg,
Germany. If you have any concerns regarding our products, please
contact ProductSafety@springernature.com

Printed and bound by CPI Group (UK) Ltd, Croydon, CR0 4YY
28/04/2026
02098479-0020